主力行为盘口解密

智 胜／编著

企业管理出版社

图书在版编目（CIP）数据

主力行为盘口解密/智胜编著. －北京：企业管理出版社，2010.5

ISBN 978－7－80255－547－1

Ⅰ.①主… Ⅱ.①智… Ⅲ.①股票－证券投资－基本知识 Ⅳ.①F830.91

中国版本图书馆 CIP 数据核字（2010）第 078714 号

书　　名：主力行为盘口解密

作　　者：智　胜

责任编辑：方　超

书　　号：ISBN 978－7－80255－547－1

出版发行：企业管理出版社

地　　址：北京市海淀区紫竹院南路 17 号　　**邮编**：100048

网　　址：http：//www.emph.cn

电　　话：出版部 68414643　发行部 68467871　编辑部 68428387

电子信箱：80147@sina.com　zbs@emph.cn

印　　刷：香河县宏润印刷有限公司

经　　销：新华书店

规　　格：170 毫米×240 毫米　16 开本　17 印张　230 千字

版　　次：2010 年 7 月第 1 版　2010 年 7 月第 1 次印刷

定　　价：35.00 元

前　言

证券行业是一个风险高、劳动强度大的行业，我在此行业从业多年，却乐在其中。在工作中不仅可以丰富、融会贯通自己的专业知识，而且还能磨练自己的心智和情商，在日复一日的忙碌中成长并成熟起来。常常听到或者看到身边的同行或同事，因为工作压力而病倒或者抑郁，从而离开这个行业。然而，“为伊消得人憔悴，衣带渐宽终不悔”，对于证券行业的热爱，我不但从未阻断，反而与日俱增。因而，我能理解那些对股市沉迷至深的朋友。

受到朋友的邀请，我欣然同意撰写此书，将自己从业多年的见闻感慨与各位读者朋友分享，并交流自己在工作中积累的股市投资策略。因为我所接触的绝大多数都是高端客户、高级研究人员、高级投资员，所以书中很多内容会参用他们的视角，同时，我相信这也会更有助于读者朋友深入领会主力的操作手法和策略。

本书从看盘基础开始，带领读者逐步深入股票世界，清晰地看透各种盘面背后隐藏的主力动机。主力对于股市的影响，值得引起大家的关注，而主力对股市的投资策略和操作手法，更值得关注股票的读者去研究分析。长久以来，主力和散户多时都是对立的，面对主力在资金、策略、操作手法等各方面的绝对优势，散户想要不败，唯有智取。正所谓“知己知彼，百战不殆”，通过深入研究分析主力，有效预测主力的趋势，将会大大有助于读者减轻股市投资的盲目性，使读者朋友能够更好地与主力共进退或者尽享“大树底下好乘凉”的好处。

对于不同的大市，需要及时认明并采取不同的投资操作策略，主力往往都有自己的应对规律，只有这样才能提高自己的投资实力。不同的主力对股市虽然都有操纵力，但是途径、方法各有千秋，这里我就以自己多年的从业经验，向读者一一道来。

主力运作股票时吸筹、洗盘、拉升、对倒、出货是必经的步骤，本书对主力的每一个步骤都有详细分析，通过案例图文并茂地将各步骤的来龙去脉展示给读者朋友，过目之后相信读者朋友对股票的动态追踪将有更多的捷径和智慧。

“老鼠仓”“黑马”“涨停板”，是股市中的热门话题，投资者对这些是爱恨交织。虽然“老鼠仓”的骂声较多，但是，当前很长一段时间存在是必然的，“与其怨之不如用之”，如果能够及时发现它，还可能会捕捉到发财的机会。“黑马”和“涨停板”，能令股票投资者热情澎湃。但是什么样的股票才算“黑马”，什么样的涨停板才可以追，读者朋友可有思索？我将会在书中和读者朋友一同探索。相信经过此番熏陶，读者朋友对股市会有更深刻的认识，也会向主力进行“去粗取精”地吸收利用，向其靠拢，加快前进步伐。

当然，从业多年，同行中人抱怨辛苦和压力的声音从没断过，毕竟，证券投资是个高风险的行业，所以，无论读者投资达到何种境界，“股市有风险，投资需警慎”仍要牢记。

最后，预祝读者朋友在股市前进的道路上畅通无阻！

作　者

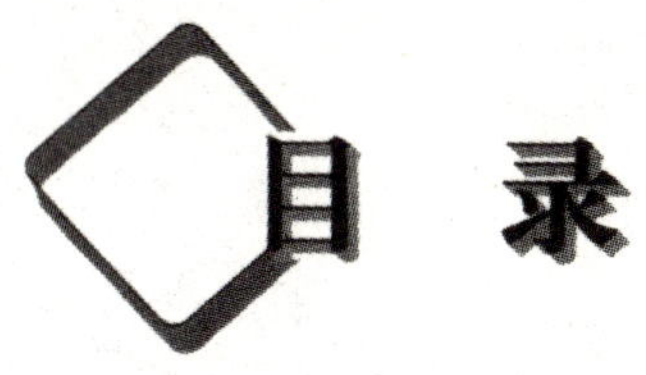

目 录

第一章 盘口解读入门

第二章 主力操作策略

第三章 主力操作行为

第四章 主力与黑马

第五章 主力与涨停板

第六章 用软件学看图

第一章

盘口解读入门

主要内容

◎ 1.1 看盘基本要点

◎ 1.2 主力操作主要手法

……

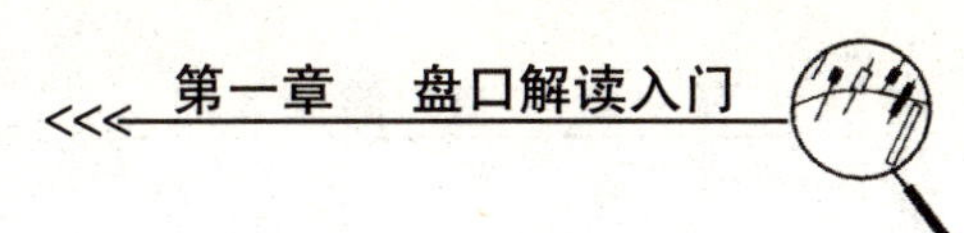

要从盘口摸透主力行为，当然要学会看盘，这必然要下一定功夫。在这里，首先向各位读者介绍一些看盘的基本要点。

1.1　看盘基本要点

1. K 线图

K 线图最早是日本德川幕府时代大阪的米商用来记录当时一天、一周或一月中米价涨跌行情的图示法，后被引入股市。K 线图有直观、立体感强、携带信息量大的特点，蕴涵着丰富的东方哲学思想，能充分显示股价趋势的强弱、买卖双方力量平衡的变化，预测后市走向较准确。

（1）日 K 线是根据股价（指数）一天的走势中形成的四个价位即：开盘价、收盘价、最高价、最低价绘制而成的。

收盘价高于开盘价时，则开盘价在下收盘价在上，是阳线，二者之间的长方柱用红色或空心绘出；收盘价低于开盘价时，则开盘价在上收盘价在下，二者之间的长方柱用黑色或实心绘出，是阴线。无论阴线、阳线，上影线的最高点为最高价，下影线的最低点为最低价。（如图 1－1 所示）

（2）根据 K 线的计算周期可将其分为日 K 线、周 K 线、月 K 线和年 K 线。

周 K 线是指以周一的开盘价，周五的收盘价，全周最高价和全周最低价来画 K 线图。月 K 线则以一个月的第一个交易日的开盘价，最后一个交易日的收盘价和全月最高价与全月最低价来画K线图，同理，可以推得年K线定义。周K线、月K线常用于分析中期行情。对于短线操作者来说，众多分析软件提供的5分钟K线、15分钟K线、30分钟K线和60分钟K线也具有重要的参考价值。

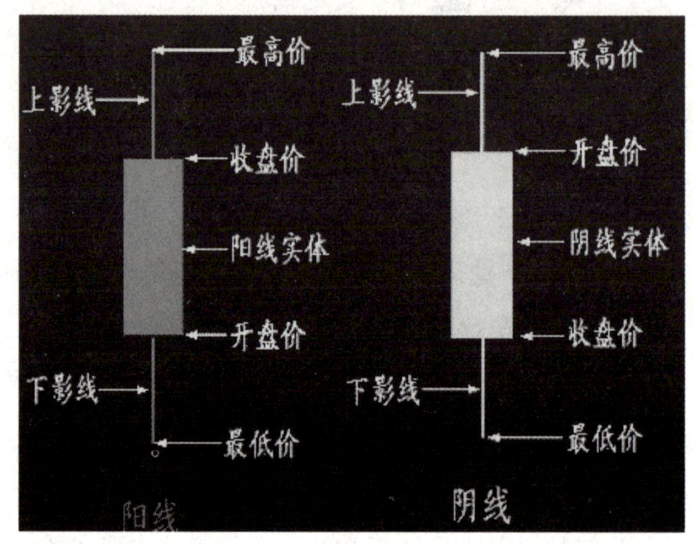

图1-1　K线图解

（3）根据开盘价与收盘价的波动范围，可将K线分为极阴、极阳，小阴、小阳，中阴、中阳和大阴、大阳等线型。

它们一般的波动范围是：极阴线和极阳线的波动范围在0.5%左右；小阴线和小阳线的波动范围一般在0.6-1.5%；中阴线和中阳线的波动范围一般在1.6-3.5%；大阴线和大阳线的波动范围在3.6%以上。

（4）下面以带有成交量的分时走势图，分别说明数种典型的单个日K线图的形成过程和不同含义。

分时走势图记录了股价的全天走势，不同的走势形成了不同种类

的K线，而同一种K线却因股价走势不同而各具不同的含义。

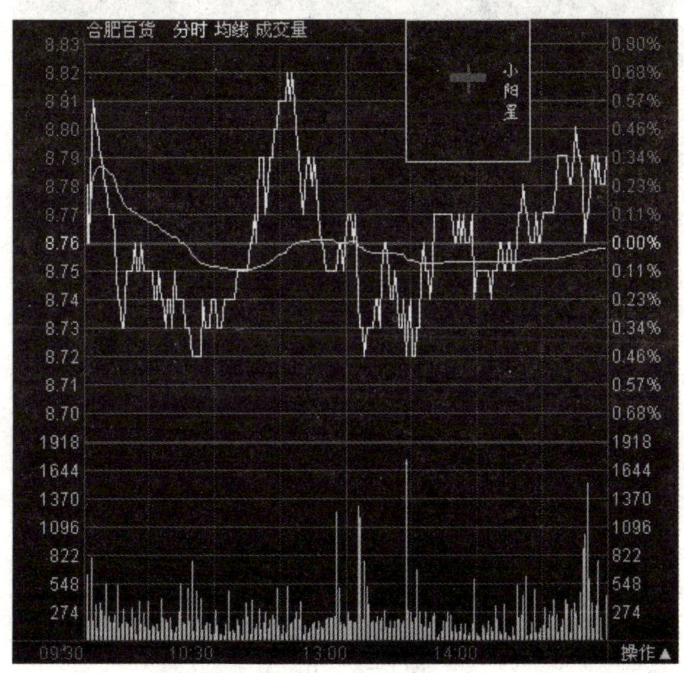

图1－2　小阳星

整个交易日中股价波动很小，开盘价与收盘价极其接近，收盘价略高于开盘价。小阳星的出现，表明行情正处于混乱不明的阶段，后市的涨跌无法预测，此时要根据其前期K线组合的形状以及当时所处的价位区域综合判断。

全日中股价波动很小，开盘价与收盘价极其接近，收盘价格略低于开盘价格。小阴星的出现表明行情疲软，发展方向不明。其波动范围较小阳星增大，多头稍占上风，但上攻乏力，表明行情发展扑朔迷离。

如果在低价位区域出现上吊阳线，如图所示，股价表现出探底过程中成交量萎缩，随着股价的逐步攀高，成交量呈均匀放大事态，并

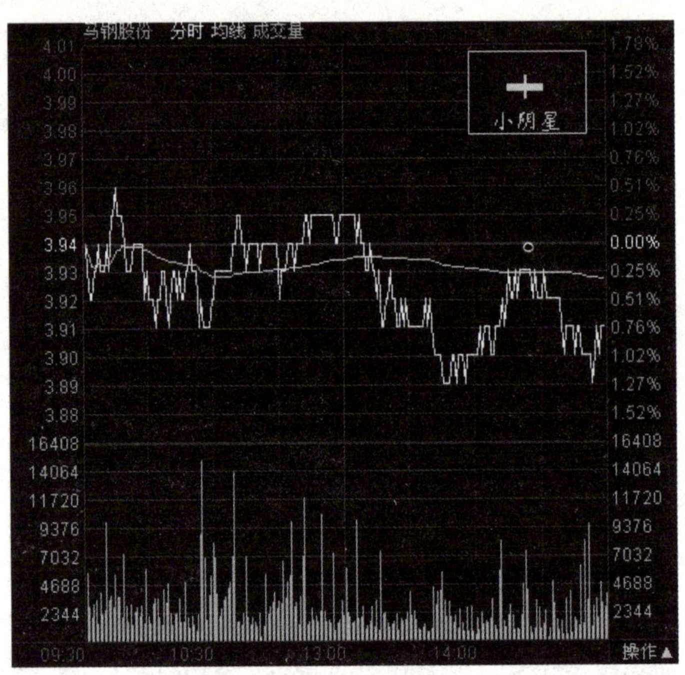

图1-3 小阴星

最终以阳线报收，预示后市股价看涨。

如果在高价位区域出现上吊阳线，股价走出如图所示的形态，则有可能是主力在拉高出货，需要留心。

它的出现，表明多空交战中多方的攻击沉稳有力，股价先跌后涨，行情有进一步上涨的潜力。

上影阳线是一种带上影线的红实体。一开盘买方强盛，价位一路上推，但在高价位遇卖方压力，使股价上升受阻。卖方与买方交战结果为买方略胜一筹，显示多方攻击时上方抛压沉重。这种图形常见于主力的试盘动作，说明此时浮动筹码较多，涨势不强。

股价走势如图所示的图形说明多方已占据优势，并出现逐波上攻行情，股价在成交量的配合下稳步升高，预示后市看涨。同样为穿头

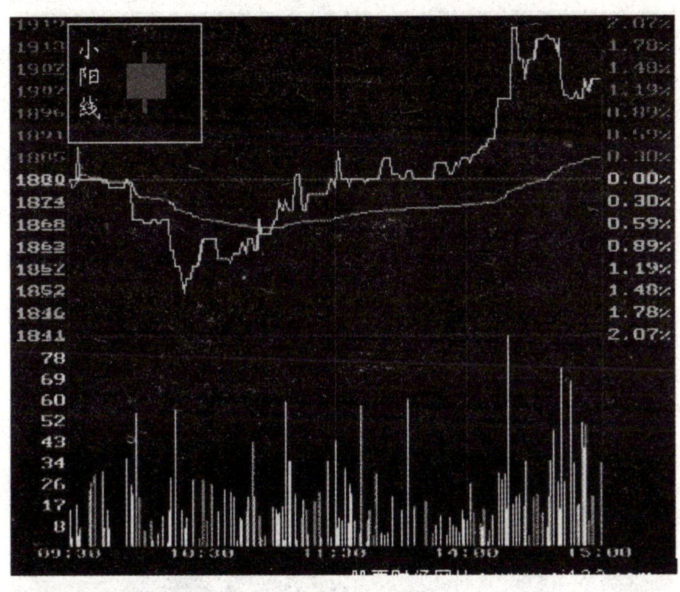

图 1-4 小阳线

破脚阳线，股价走势若表现出在全日多数时间内横盘或者盘跌而尾市突然拉高时，预示次日可能跳空高开后低走。

还有一种情况，股价走势若表现为全日宽幅振荡尾市放量拉升收阳时，可能是当日主力通过振荡洗盘，然后轻松拉高，后市可能继续看涨。

光头阳线若出现在低价位区域，在分时走势图上表现为股价探底后逐浪走高且成交量同时放大，预示为一轮上升行情的开始。如果出现在上升行情途中，表明后市继续看好。

光脚阳线（同图“上影阳线”）：表示上升势头很强，但在高价位处多空双方有分歧，购买时应谨慎。

小阴线是指开盘价与收盘价波动范围较小阴星增大，小阴线在盘整行情中出现较多，也可在下跌和上涨行情中出现，多空双方小心接触，但空方略占上风，呈打压态势，但力度不大。单根小阴线分析意

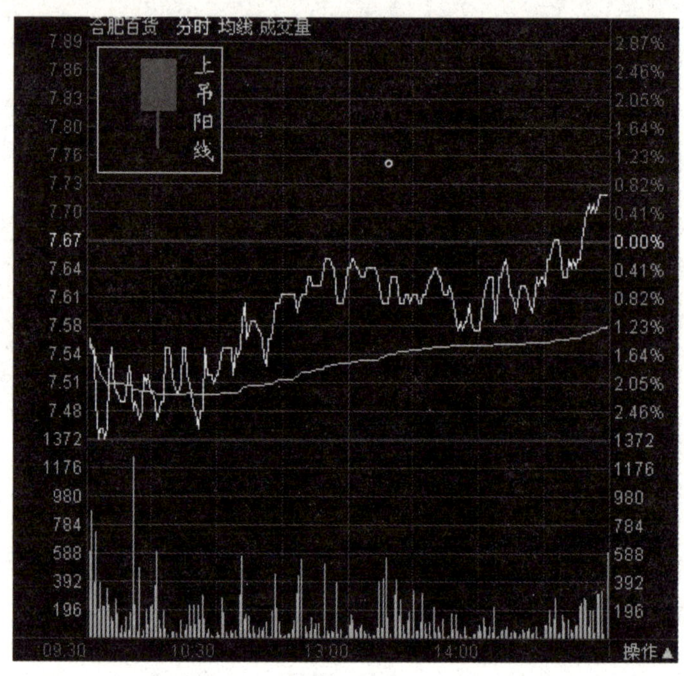

图 1－5　上吊阳线

义不大，应结合其它 K 线形态一起分析。

光脚阴线是一种带上影线的阴实体。收盘价即成为全日最低价。开盘后，买方稍占据优势，股票价格出现一定涨幅，但上档抛压沉重。空方趁势打压，使股价最终以阴线报收。一般来说，如果在低价位区域出现光脚阴线，表明买方开始聚积上攻的能量，但卖方仍占有优势。如果在高价位区域出现光脚阴线，表明买方上攻的能量已经衰竭，卖方的做空能量不断增强，且占据主动地位，行情有可能在此发生逆转。

光头阴线是一种带下影线的阴实体，开盘价是最高价。一开盘卖方力量就特别大，价位一直下跌，但在低价位上遇到买方的支撑，后市可能会反弹。实体部分与下影线的长短不同也可分为三种情况：

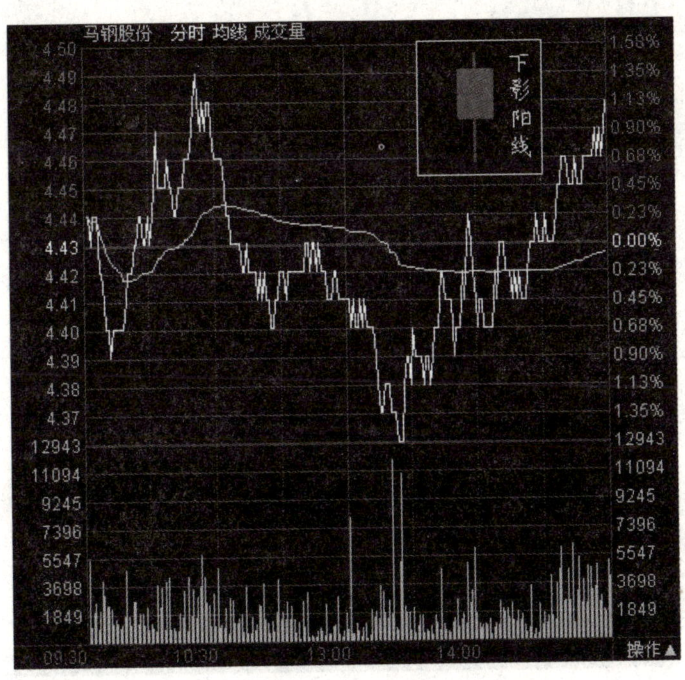

图 1－6　下影阳线

① 实体部分比影线长，表明卖压比较大。一开盘，股价大幅度向下，在低点遇到买方抵抗，买方与卖方发生激战，影线部分较短，说明买方把价位上推不多。从总体上看，卖方占了比较大的优势。

② 实体部分与影线同长，表示卖方把价位下压后，买方的抵抗也在增加，但可以看出，卖方仍占优势。

③ 实体部分比影线短，表示卖方把价位一路压低，在低价位上，遇到买方顽强抵抗并组织反击，逐渐把价位上推，最后虽以阴棒收盘，但可以看出卖方只占极少的优势。后市很可能买方会全力反攻，把小阴实体全部吃掉。

这种线型如果出现于低价位区，说明抄低盘的介入使股价有反弹迹象，虽然短期内不会立即出现大幅上涨，但由于有买盘在低价位区

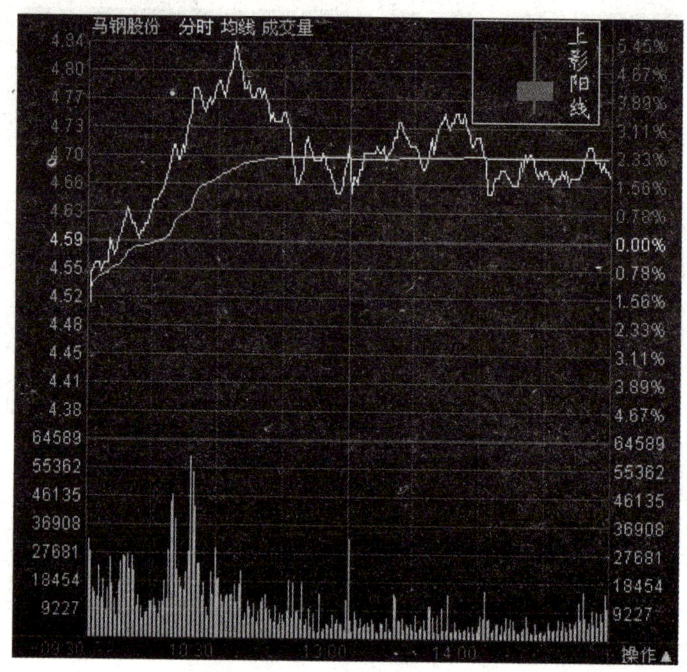

图1－7　上影阳线

介入，后市会有一定的上涨机会。

这三种线型中的任何一种出现在低价位区时，都说明下档承接力较强，股价有反弹的可能。

这两种线型中的任何一种出现在高价位区时，说明上档抛压严重，行情疲软，股价有反转下跌的可能；如果出现在中价位区的上升途中，则表明后市仍有上升空间。

这是一种只有上下影线，没有实体的K线图。开盘价即是收盘价，表示在交易中，股价出现高于或低于开盘价成交，但收盘价与开盘价相等。其中：上影线越长，表示卖压越重；下影线越长，表示买盘旺盛。通常在股价高位或低位出现十字线，可称为转机线，意味着出现反转。其虽有阴阳之分，但实战的含义差别不太大，远不如十字

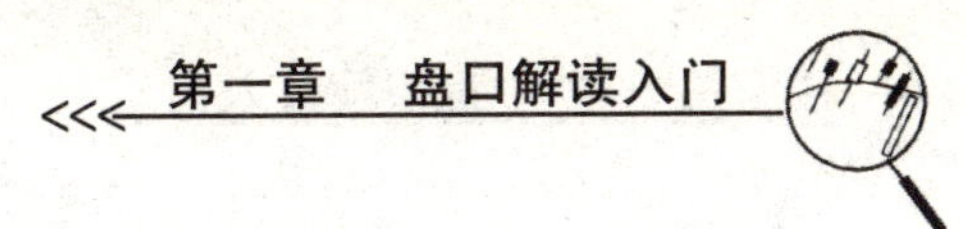

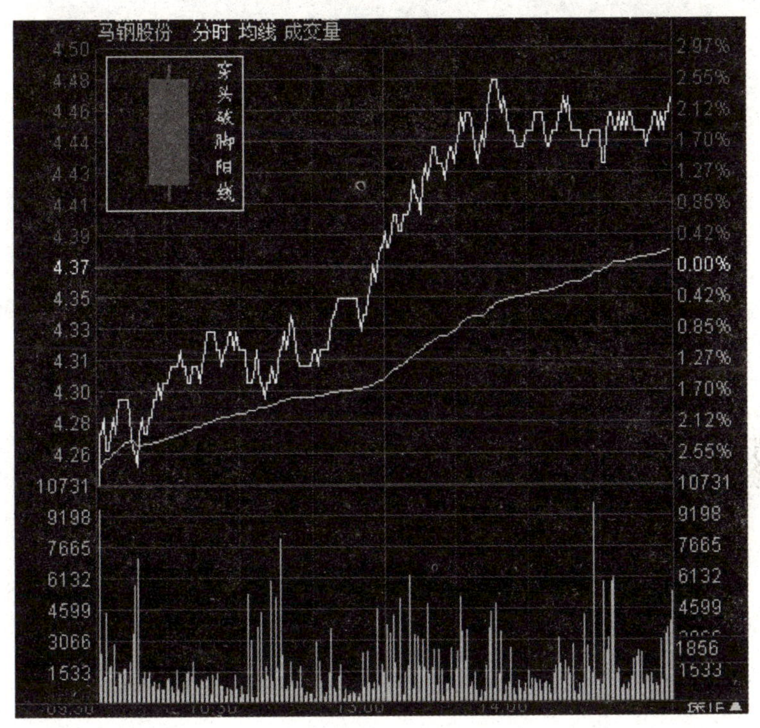

图 1－8　穿头破脚阳线

星本身所处的位置更为重要，比如出现在持续下跌末期的低价区，称为“希望之星”，这是见底回升的信号；出现在持续上涨之后的高价区，称为“黄昏之星”，这是见顶转势的信号。十字星往往预示着市场到了一个转折点，投资者需密切关注，及时调整操盘的策略，做好应变的准备。

股价横盘一日，尾盘突然放量下攻，表明空方在一日交战中最终占据了主导优势，次日低开的可能性较大。如果股价走出如图所示的逐波下跌的行情，这说明空方已占尽优势，多方无力抵抗，股价被逐步打低，后市看淡。

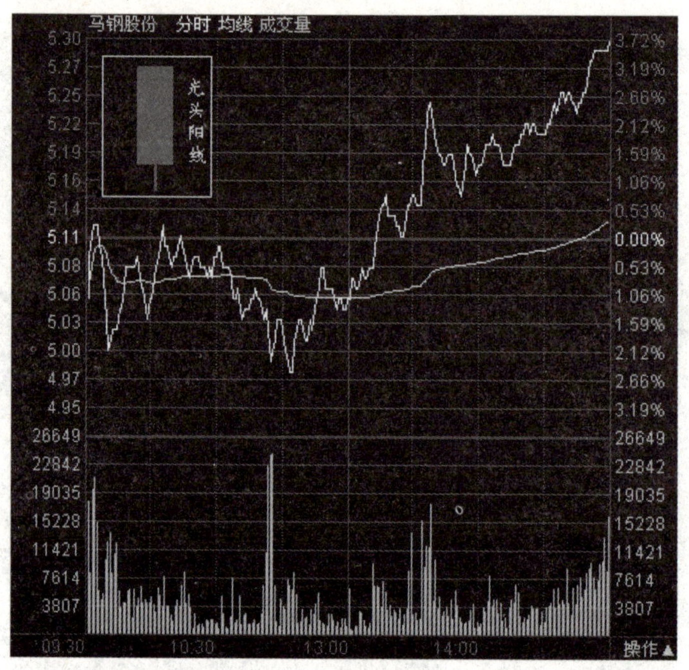

图1-9　光头阳线

2. 分时图

分时图是指大盘和个股的动态实时分时走势图，其在实战分析中的地位极其重要，是实时把握多空力量转化即市场变化的直接根本。

大盘指数实时分时走势图：

(1) 白色曲线：表示大盘加权指数，即证交所每日公布媒体常说的大盘实际指数。

(2) 黄色曲线：大盘不含加权的指标，即不考虑股票盘子的大小，而将所有股票对指数影响看作相同而计算出来的大盘指数。

(3) 红绿柱线：在红白两条曲线附近有红绿柱状线，是反映大盘实时所有股票的买盘与卖盘在数量上的比率。红柱线的增长缩短表

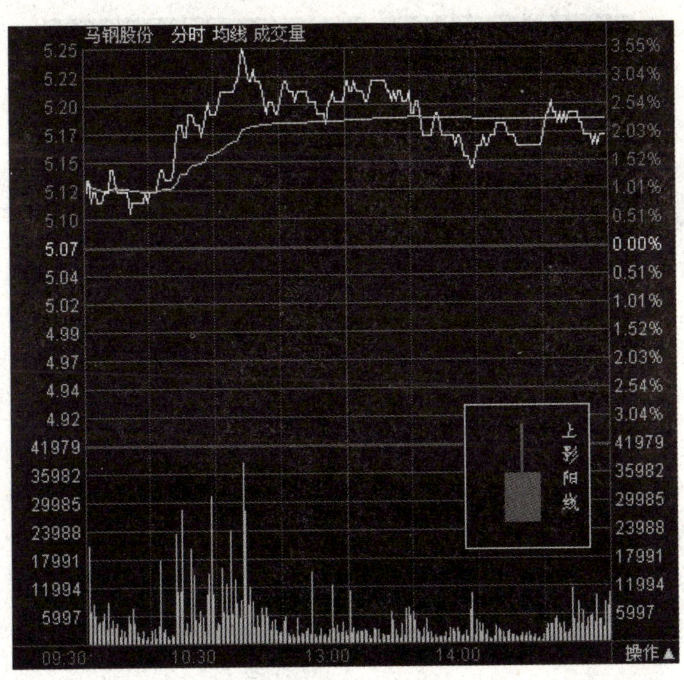

图 1-10　上影阳线

示上涨买盘力量的增减；绿柱线的增长缩短表示下跌卖盘力度的强弱。

（4）黄色柱线：在红白曲线图下方，用来表示每一分钟的成交量，单位是手（每手等于 100 股）。

（5）总成交量：是指从开盘以来到现在已成交的总量。

个股实时分时走势图：

（1）白色曲线：表示该种股票实时成交的价格，也叫分时价格线。

（2）黄色曲线：表示该种股票实时成交的平均价格，即当天成交总金额除以成交总股数，也叫分时均价线。

（3）黄色柱线：在红白曲线图下方，用来表示每一分钟的成

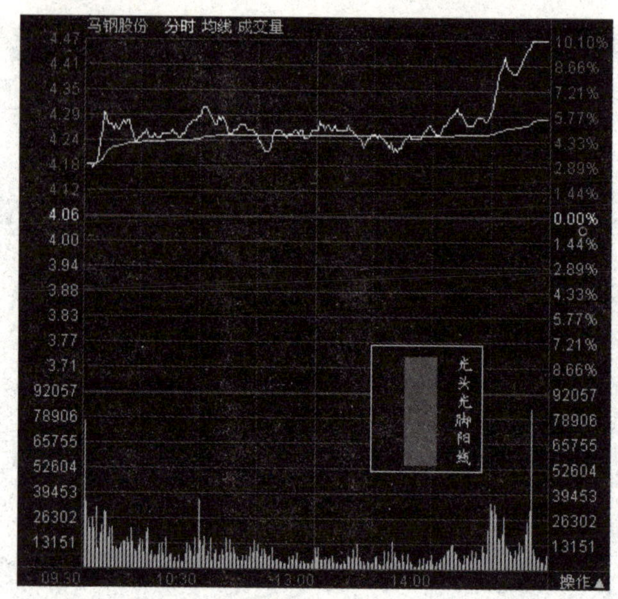

图1－11　光头光脚阳线

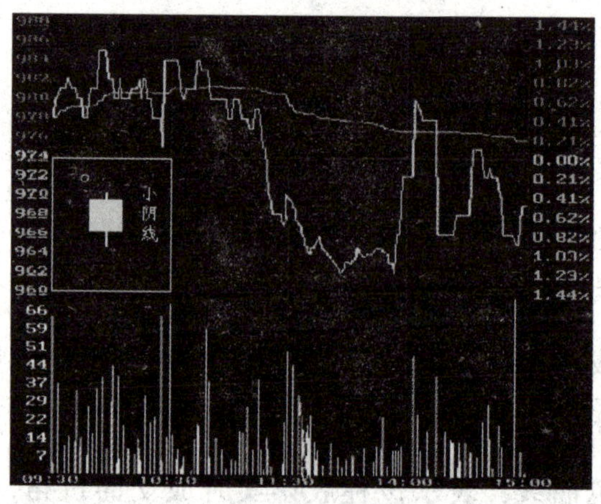

图1－12　小阴线

交量。

（4）成交明细：在盘面的右下方为成交明细显示，显示动态每笔成交的价格和手数。

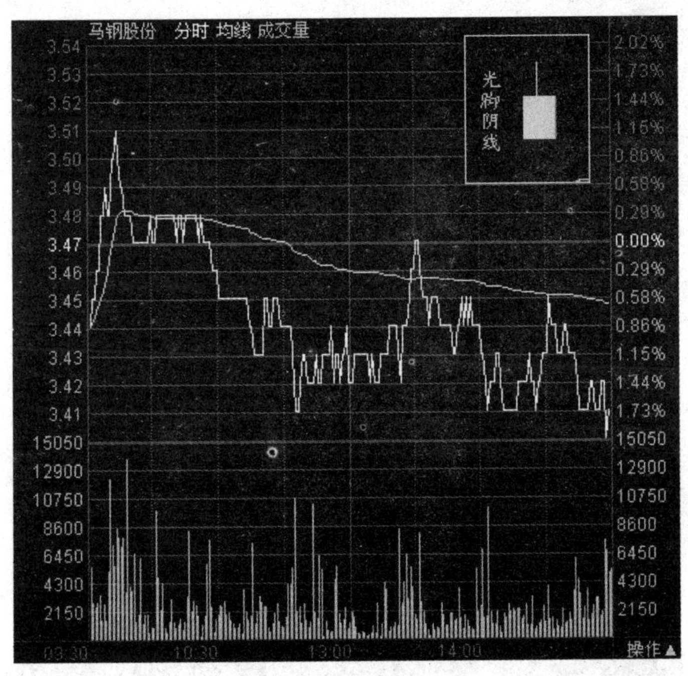

图 1－13　光脚阴线

（5）外盘内盘：外盘又称主动性买盘，即成交价在卖出挂单价的累积成交量；内盘又称主动性卖盘，即成交价在买入挂单价的累积成交量。外盘反映买方的意愿，内盘反映卖方的意愿。

（6）总成交量：指从个股开盘以来到现在已成交的总量。

实战中的 K 线分析，必须与实时分时图分析相结合，才能真实可靠的读懂市场的语言，洞悉盘面股价变化的奥妙。

3. 成交量

成交量，在实时分时图中提到过，这里我们单独介绍，足见这个要素的重要性。

成交量是一种供需的表现形式，它代表股票市场投资人购买股票

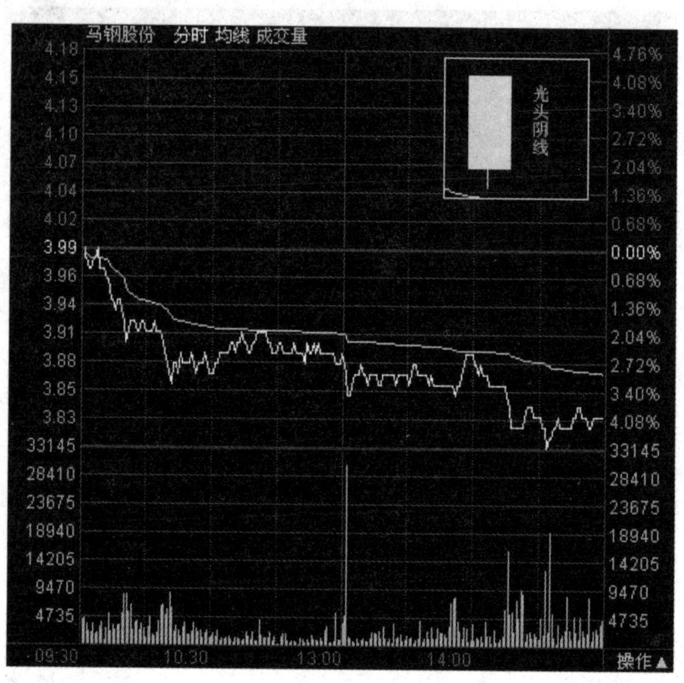

图1－14　光头阴线

欲望的强弱。在市场中成交量指成交金额或成交股数。一段行情初起，成交量值开始增加，是渐进，直至无法再增加，行情便告一段落，进入整理阶段，成交量渐渐减少，至另一段上升行情再起，股价继续上升，成交量再度逐渐增加，股价也创出新高。股价下跌时，人气四散，成交量开始迅速或缓慢萎缩，无法再减少时，下跌行情告一段落。因此，美国投资专家葛兰维就曾说："成交量是股市元气，股价只不过是它的表征而已，所以，成交量通常比股价先行。"这便是"先见量后见价"的完美解释。市场中有俗语：量是真的，价是假的。也就是说成交价格具有较大的可变性，而成交量才是实实在在的市场表现形式。可以说，成交量是测量行情变化的温度计：成交量的大小决定了多空战争的规模，投资者亦可通过成交量的变化趋势来分

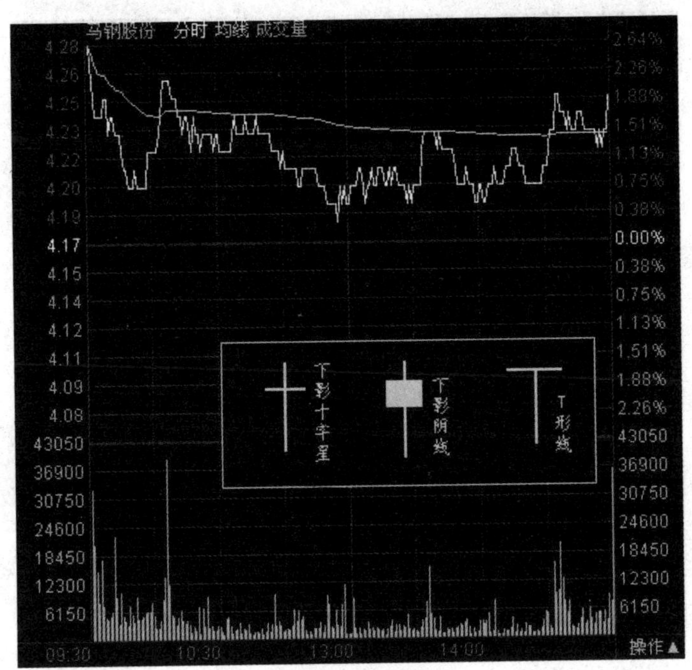

图 1－15　下影阴线、下影十字星、T 形线

析股价的变动趋势。

利用成交量分析行情的一般法则：

法则一：股价经过长期下跌，股价波动幅度也越来越小，交易情况日渐清淡，成交量萎缩至极限后已不能再萎缩的程度，这时股价只是小跌、不跌甚至反涨的走势，一般来说，暗示股价已经见底，即通常所说的“地量有地价”，一波上升行情将要来临。

法则二：股价在经过长期上涨或大幅上涨后，激发投资者购买欲望达到最高潮，而连续出现大成交量后，股价继续上涨已经有限甚至会出现一定程度的下跌，即“量增价滞”也就是投资者通常所说的滞涨情况出现，这就是危险成交量，意味着股价将反转下跌。即“天量有天价”。

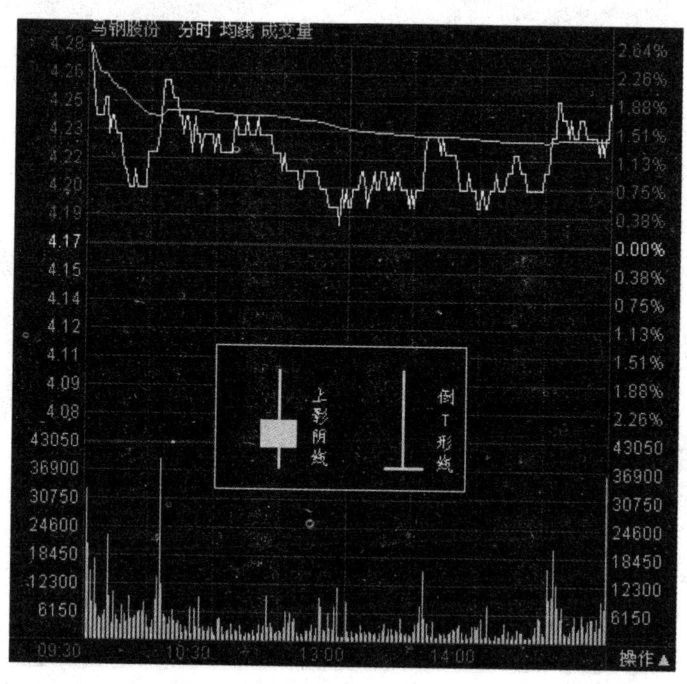

图 1-16　上影阴线、倒 T 形线

法则三：在市场运行过程中一般量价关系有六种情况出现，它们分别是：量增价升、量平价升、量减价升、量增价跌、量平价跌、量减价跌，一般来说量增价升是良好的上行走势，预示着市场投资者交投活跃参与积极，后市有继续上涨的能量，而量平价升说明市场保持相对的平稳状态，后市一般来说将是呈现震荡上移的走势，而量减价升是一种量价背离的现象，这种现象出现预示着股价已经走到了相对高位，后市继续上行幅度有限，往往预示着行情即将结束。相反，量增价跌、量平价跌、量减价跌的走势情况和上述刚好来个相反，只不过把上涨改为下跌而已。

在熟悉利用成交量分析行情后，投资者也要注意归纳实战结果并且形成自己能够掌握的运用方法：

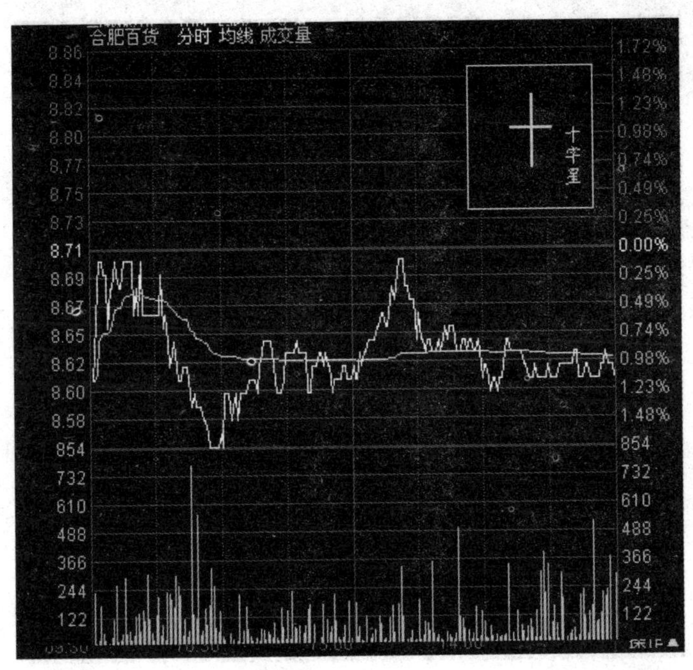

图 1－17　十字星

① 关于大盘的天量与地量："天量"与"地量"没有固定的标准公式来计算，只能根据市场规模和股市人气来推测。要求投资人能不断根据市场规模的变化，用动态的眼光来衡量、推测天量与地量。因此对于天量和地量来说没有绝对的标准，投资者应该根据历史的情况和目前的实际变动做出比较合理的判断，才能够较好的把握运用法则。

② 如果股价经过了长期的调整，在相对的低位出现连续的巨量交易，往往暗示有新主力进场，后市有大行情，可及时跟进。当然这种所谓的低位放量投资者应该要关注该股前期的表现情况，而且盘中的成交单也需要密切关注，如果某只个股前期有了非常大的涨幅，虽然出现了较大幅度的调整，到了所谓的低点，而且盘中仅仅只是对倒

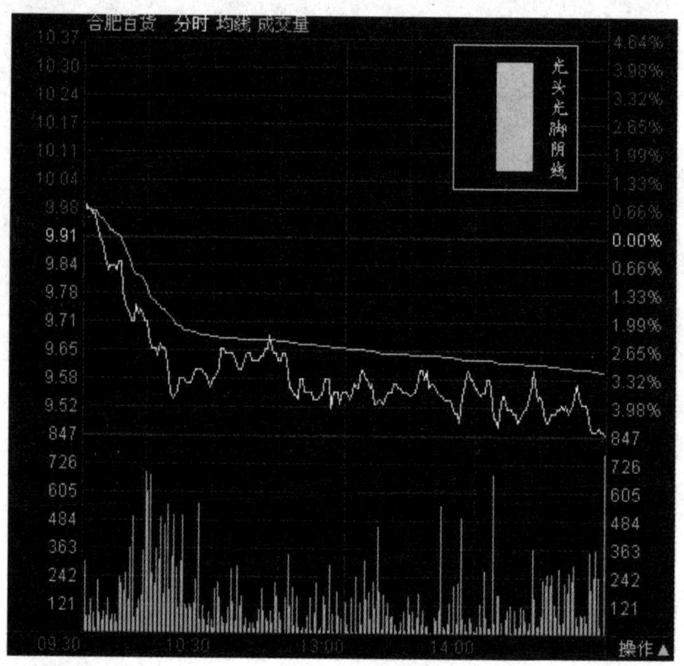

图 1-18　大阴线

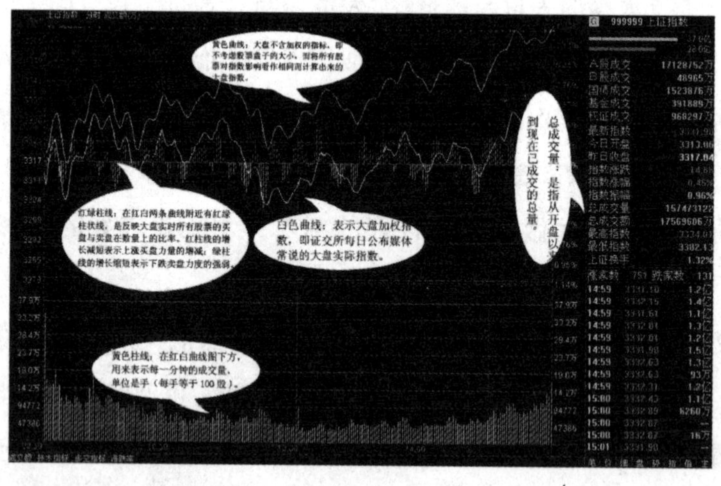

图 1-19　大盘指数实时分时走势图

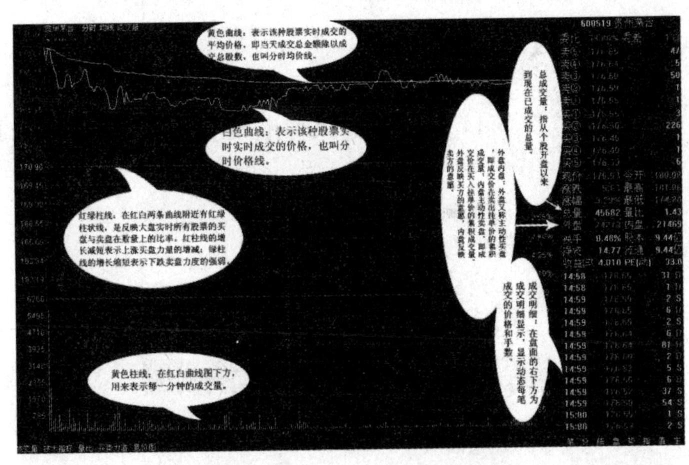

图 1－20　个股实时分时走势图

出现的放巨量，往往都是旧主力借用成交量的技术判断方法来达到出货的目的，投资者应该要谨防上当。

③ 如果股价经过大幅上涨后，若某日成交量小盘股超过该股流通股本 15% 以上，大盘股出现了 10% 左右的成交量，后市继续上涨基本上再也不能呈现价增量升的良好运行势头，股价有见顶的可能。这时投资者应该果断分批离场，以防短线出现较大幅度的调整。

④ 如果股价经过持续上升后，不管是大盘股还是小盘股，成交量持续三天以上达到流通股本的 10% 以上，往往暗示股价有见顶可能，即使是股价还保持较好的上升势头，但是这时投资者也应该注意逢高离场。

⑤ 成交量是股价的灵魂，利用其它技术分析方法来分析行情。如忽略成交量的分析，无疑于舍本求末，很难达到理想的效果。因此，在使用其它方法来分析和预测行情，必须搭配成交量来综合分析，这可使分析和预测的准确性大大提高。这是投资者应该要谨记的一点重要的方面。

4. 叠加指数

在个股分时走势窗口，可通过鼠标右键菜单选择“叠加指数”，

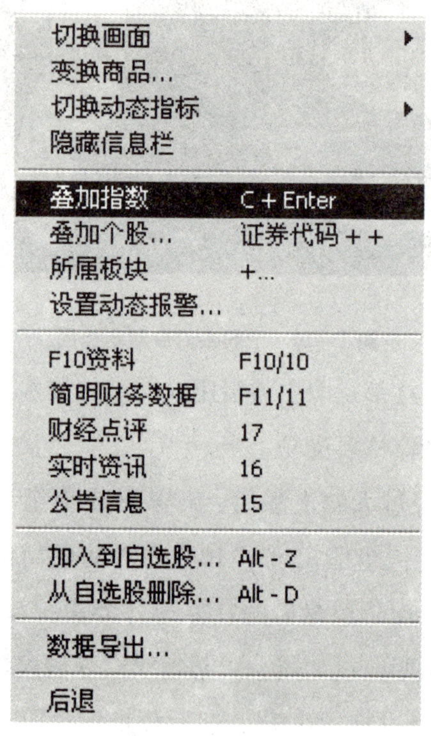

图 1－21　叠加指数示意

即可迭加该商品所属的大盘指数，快捷键为 C + Enter。看盘时将指数迭加上去，比如研究沪市股票将上证指数迭加上去，研究深市股票将深证指数迭加上去，这会给看盘带来很多好处。

首先，迭加指数后不用老是在个股和指数走势之间翻来翻去，迭加后同时可看到上证指数的走势。其次可观察个股相对于上证指数的强度。我们经常提到相对强度指标，用于分析个股相对于指数的强度。最后是分析个股交易的自然性。

就走势而言，理论上股价应该是与指数同步的，我们观察大部分个股的走势都会证实这一点：只要指数出现拐点，个股的股价也会出现拐点，即使没有明显的拐点也会有其它的表现形态。比如，对于一些超级大盘股来说，主动性单子会出现方向性改变，对于一些成交清淡且挂单稀少的个股来说，会出现逆向挂单的增加等，这些现象同样也是价格拐点。如果不同步就有可能受到非自然因素的干扰，另外，还要注意同向波动的幅度，即与指数同向波动的幅度上是否大致一致，这一点更重要。

举个实例：某日大盘跌幅较大，某股却在上午冲高后横盘至收市，涨幅超过5个点，而在下午，指数是逐波下跌的。迭加后的走势告诉我们，该股的拐点与指数基本吻合，关键在于同向波动的幅度不一样。在上午的走势中指数也是几波下跌，不过该股却能够在指数每次回升过程中大幅度上涨，这样即使回调的力度与指数相同，其结果也会是现在这样。下午的走势中每次的波动幅度与指数都差不多，所以下午走势看上去在盘整。这一天走势显示股价受到非自然因素的干扰，用市场语言来说，就是股价被主力推高。

仔细分析以上情况可得知主力的运作轨迹：当日上午股价被主力资金推高，不过大盘走势出乎意料，所以，下午放弃推升股价，但为了维护股价不得不接下更多筹码，下午2点钟完成减仓任务后重新推升股价。

以上分析结果结合其它交易细节显示：主力介入程度较深，目前处于推升股价状态，但不愿意继续增加仓位，一旦被迫加仓就会尽快减仓。如我们在本案例中没有迭加指数，那么就会少很多一手数据。

5. 盘口秘诀

（1）上有盖板，而出现大量隐形外盘，股价不跌，为大幅上涨的先兆。

（2）下有托板，而出现大量隐形内盘，为庄家出货迹象。

（3）外盘大于内盘，股价不上涨，警惕庄家出货。

（4）内盘大于外盘，价跌量增，连续第二天，是明眼人最后一次出货的机会。

（5）内外盘都较小，股价轻微上涨，是庄家锁定筹码，轻轻地托着股价上走的时候。

（6）外盘大于内盘，股价仍上升，看高一线。

（7）内盘大于外盘，股价不跌或反有微升，可能有庄家进场。

这些秘诀，我们会在后面给读者详细讲解。

1.2 主力操作主要手法

1. 主力定义

什么是主力？一定有人认为是手握大资金，不但在股票市场能兴风作浪，也时常玩弄中小散户于手掌之间的机构团体。这个理解不够全面。所谓主力，是有能力并且有意愿对股价产生影响的资金：有能力控制一段时间内的股价走势；有意识地进行与目的相反方向的操作，即要买入时，还得不时地卖出以稳定股价；要卖出时，还要买入以拉高股价。

主力存在的形式多种多样，可以是正规的投资公司，也可以是其它一些非投资类的企业、个人。我们只能看到有人投入大量的资金在运作一只股票，至于是谁打着什么样的旗号在运作，那就没必要去深究了。也许是某投资公司，也许就是表面上与股票投资毫不相关的企业，形式很多。

2. 主力操盘主要手法

主力最常用的运盘手法有八大手法：震仓、轧空、变化成本、引导、定位、定式、协同、逆反。

（1）震仓。

震仓是尽量把心态不坚定的跟风盘甩掉。就是指主力明明想把股价做上去，但是由于有短线买家利用图表分析跟风持货，或收到该股票的小道消息入货，而主力又不想让这些人白“坐轿子”，白赚钱，于是明明想往上拉抬的，偏偏有意把股价打下去。多数短线炒家都是买涨不买跌，或追涨杀跌的，当股价出乎意料地向下跌，就会令很多数短线跟风者斩仓离场，被主力“震”出来。震仓的最主要方式有以下几个：

① 控盘建仓式震仓。

某主力非常看好一个品种，在已有相当筹码的情况下，使用明显的弱于大盘走势的下降通道趋势震仓，其特点是股价运行有规律且无量，当日个股波动有逆盘特征（否则达不到建仓的目的）。

② 清洗浮筹式震仓。

一些主力在正式上涨发动前，为了达到最后的建仓与清洗浮筹的目的而使用短线快速下跌走势，其特点是有消息配合或者日交易时间的最后一个小时的放量下挫。

③ 逆反作空方式震仓。

市场大主力在大盘没有上涨空间或者市场背景明显给出作空提示的背景下，主力在没有明显盈利点时会大举作空，为后势腾出赢利空间，其作空震仓的主要目的是打出恐慌盘（此时会强反弹）并把指数打到低位（无恐慌盘出现，大盘需要较长时间的横盘处理或弱反弹）。

操作经验比较丰富的机构一般不轻易震仓，因为那样会有交易成本的损失，短线庄股不宜震仓。但新机构比较喜好震仓。结果主力自己也平白无故的损失了大量的交易成本。

（2）轧空。

轧空是指证券市场上的某一操纵集团，将证券市场流通股票吸纳集中，致使证券交易市场上的卖空者，除此集团之外，已经没有其它来源补回股票，轧空集团乘机操纵证券价格的一种方式。轧空形成一种空头倾轧空头的现象。比如，股市上的股票持有者一致认为当天股票将会大下跌，于是多数人却抢卖空头帽子卖出股票，然而当天股价并没有大幅度下跌，无法低价买进股票。股市结束前，做空头的只好竞相补进，从而出现收盘价大幅度上升的局面。

主力庄家在完成低部建仓后，关键就是使股价脱离成本区，此时需要轧空运作，轧空运作的主要交易时间段比较容易发生在周末与周初，且在开盘交易的前一个小时，除了脱离成本区以外，不少主力机构还有以下目的，如继续搜集筹码。

轧空主要体现在：长期反复在低位箱体震荡的冷门股，让市场猜测题材；基本面或者消息面发生渐进性的重大转机与题材；长期走上升通道的个股在出货前的最后打压；大盘进入末期的大盘指标庄股；被重套的庄股拆来新的解套资金。

（3）变化成本。

变化成本的运盘手法主要运用于长线庄股。该类股票一般在低位持有充足的筹码（60%以上），主力为了获得套利之外的信息费用与节省交易成本，一般采取规律性向上的震荡或者借外力接力棒资金上推股价，以使自己的成本价不变或者降低，同时其它持有该股的投资者的买入价不断提高，变化成本是长线庄家日后能够顺利出局的前提。凡是这点作不好的庄股很容易短线变长线，长线变贡献。

（4）引导。

证券投资是一项对抗性极强的活动，可以说投资者之间存在着强烈的利益竞争，因此机构需要在盘面感觉上、技术指针提示上、媒体信息暗示上引导对手按自己的目的操作，比如说助涨引导、锁筹引导、摊平引导。一个操盘手的水平好坏关键体现在市场引导技术与经验上，引导技术的应用需要整体化连贯使用，单项技术的隔离使用效果一般，股价在低位时没有远期设想，把股票的市场形象一旦做坏，可以说短期内没有任何办法。控盘大资金与跟风中小资金都需要在该方面多加练习与提高，反引导的手段是长期跟踪目标股并把目标股的所有异动记录下来进行分析。

（5）定位。

大资金的运作全过程主要有以下几个方面：低位建仓、抬高股价、高位跟风、现金兑现。不少大资金以为做庄简单，仓促上阵，结果建仓很简单，拉升很容易（照涨停板买就是了），到了后来无法出货，出现“泡妞泡成老公，炒股炒成股东”的现象。好的庄家把股价拉到高位后，利用个股的题材、热点、联动、行业、业绩、股本扩张等手段使得市场对后来的股价有较好的认可性，做到自己赚钱别人不亏钱的局面，中关村的运作可以说是比较成功的。跟风盘对于这方面骗局的防范措施是加强对目标股的市场成本分析与跟踪。

（6）定式。

股市定式是投资者在看盘时经过反复观察大盘或个股活动形成的一种肯定性看法和行动，设定定式是吸引市场注意引来买盘，打破定式是为了顺利出货。主要的定式有：

① 买卖盘挂单异动定式，在买卖盘上有意挂出特别大的买卖单。

② 盘面小差价异动定式（收出带长上影线的 k 线）。

③ 量能与形态配合定式，故意做出所谓的换庄形态与低位放量形态。

④ 板块热点定式，目标股光荣的加入了某热点概念。

（7）协同的用处。

主力集团的协同主要指的是部分超级主力为了更好的提高套利效率，通过阵线联合，整体筹划，来达到热点策划，非冲突建仓，推升震荡，掩护出货，沽压空间等方面的协同，最为常见的协同手段有：

① 以跳空或者放量为先导的趋势发展协同。

② 热门股存在一个相似的题材热点协同。

③ 利用指标股B股与主要重仓股的逆反掩护协同。

（8）逆反。

逆反运作是机构操作获利的关键，主要逆反运作有以下几点：

① 指数逆反，主要是恐慌情绪与狂热情绪逆反。

② 消息逆反，这包括有高位利好逆反与低位利空逆反。

③ 成本逆反，这是远离成本的庄家最容易使用的方法。

④ 操作逆反，给出小的方向性差价，诱使投资者反方向运作，比如说预建仓某股，开盘时往上冲一下，给出4%的差价，如果你不卖，尾盘股价又掉下来，下次运作时你就会卖了。

技术的熟练与提高需要智力天赋与勤于练习。看了棋谱不一定就能拿到冠军，读者不要指望绝招制胜。投资的胜果获得，第一需要不断的实战磨练和与高手切磋，使书本知识变成本能反应；第二需要仔细观察研究市场与对手，及时发现自己的可操作利润点，瞄准容易攻击的敌人进攻。

第二章

主力操作策略

主要内容

◎ 2.1 不同大市下的主力操作策略

◎ 2.2 谁主导大盘走势

◎ 2.3 主力寻找卖点的技巧

……

2.1 不同大市下的主力操作策略

正所谓看天气穿衣、对症下药，根据不同的市场走势进行不同的操作，这是炒股致胜的基本要求。一般来说，下跌市有下跌市的操作方法，反弹市有反弹市的操作策略。牛市见顶前的最佳选择是出货离场，熊市见底时的最佳策略是逢低建仓。如果熊市当作牛市来操作，弱市当作强市来决策，结果如同不对症乱吃药，十有八九会有问题。

1. 上涨市

（1）上涨市的含义。

上涨市就是牛市，例如2006年10月至2007年10月，2008年11月至2009年10月的两波行情就是典型的上涨市行情，也叫“傻子”行情（如图2－1，图2－2）。“傻子”行情是每一位股市投资者梦寐以求、无比欢喜的事。这是因为，在牛市阶段，股票投资者多数都能赢利，只不过是赢多赢少的问题。但是，仍然有投资者在上涨市不仅没有赚到钱，反而亏了本钱，原因就是缺乏相应的操作技巧。他们常常在该买入的时候，顾虑多多不敢出手；股价涨高，却是欲望跟涨，渴望求取更多，不愿及时退出以致高位被套。因此，并不是所有上涨市里的投资者都能赚钱，“只赚指数不赚钱”的现象可不罕见。

（2）上涨市操作策略。

那么，面对上涨市，究竟应该如何操作呢？一般来说，在牛市启动之初，我们应该大胆介入，借势前进，但当牛市进入末期，已经疯

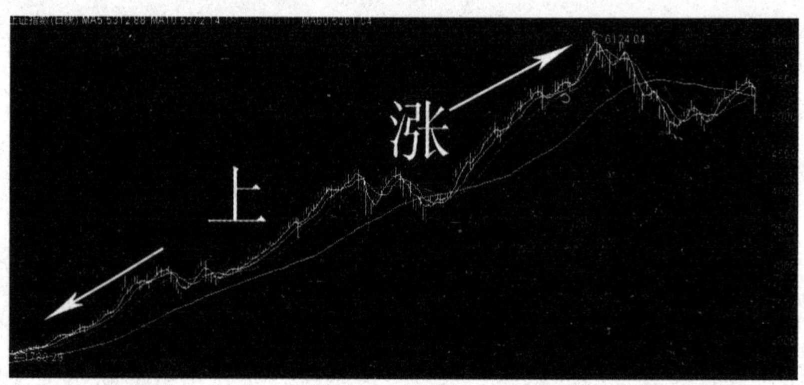

图 2－1　2006 年－2007 年上涨市

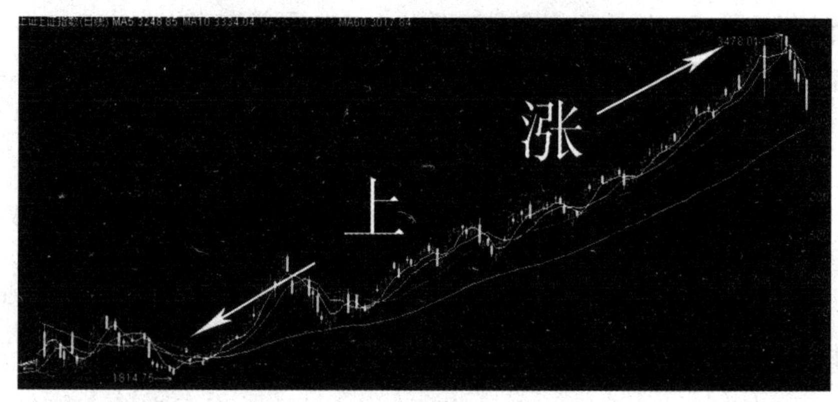

图 2－2　2008 年－2009 年上涨市

狂的时候，往往意味着危险即将来临，我们必须果断撤离，将已有利润纳入口袋。许多投资者不能正确地认识到这点，股市一涨，就得意忘形，丝毫没有考虑顶部的风险，或者贪念盛行，结果大多在顶部高位套牢。

根据多年的投资经验总结，要在大涨市中获取尽可能多的胜利成果，可以采取以下操作策略：

① 敢于看多，持续持股。

敢于持续看多。在大涨市中进行实际操作，首先是在思想上要敢

于看多，克服“恐高症”，改变一涨就卖的思维方式。因为一旦行情得以确立，在消息面、资金面没有根本改变前，行情就不会轻易结束。行情得到政策、资金配合，持续走高，如果总是不敢看多，势必会失去很多赚钱机会。在一次真正的强势中股价升了可以再升。甚至于升到你不敢相信的程度。如果在升势的中间抛出有一些获利的股票，除非你不再买入或者换股。一般来说都会截掉一段你的应得利润。

中线持股为主。操作过程中，一旦买入主流品种，就要抱着中线持股的心态，不宜频繁换股，更不宜短线操作。因为主流品种往往会走出持续上涨的行情，比如2008年至2009年的彩虹股份（600707）、山东威达（002026）等。这些股票很少有短线机会，一旦过早卖出，便很难买回，结果错过极好的获利机会。

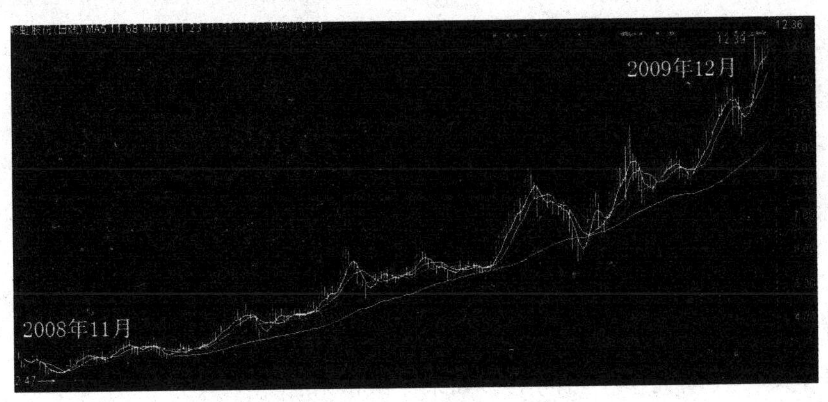

图2－3　彩虹股份（600707）

在牛市中，所有的股票都有上涨的机会。不要看到别的股票上涨而轻易抛掉手中的股票去追买已经上涨许多的股票。也许，你刚刚抛出认为是“垃圾”的股票，它马上就变成了的“下金蛋的母鸡”；而你追买的“下金蛋的母鸡”却马上又变成了“垃圾”。因此，牛市当

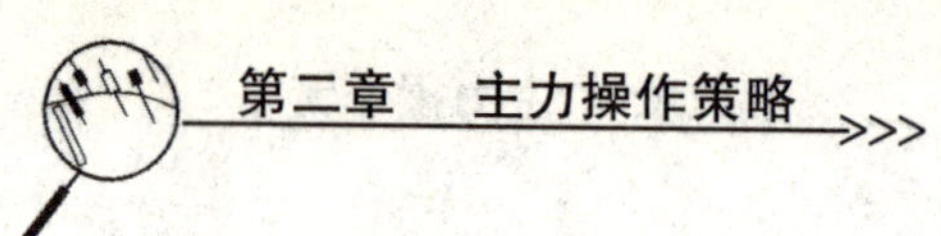

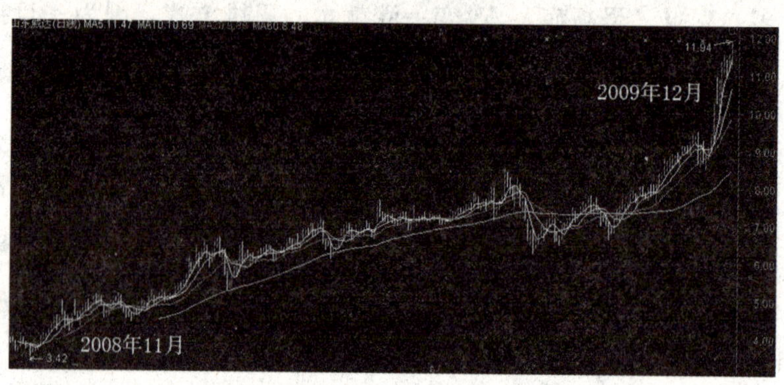

图 2－4　山东威达（002026）

中最要紧的事情是牢牢握好你手中的股票。这是牛市当中最笨也许是最聪明的投资策略。

② 顺势选股。

在上涨市的整个过程中，选股也是至关重要的操作环节，它直接关系到投资者是否赢利和赢利的多少。根据规律总结可知，上涨市的起始阶段应当是优质股率先上升，如果优质股表现不佳，具有投机题材的低价小股轮番跳升，则意味着当前的行情很有可能是一段投机性升势。在这种情况下，应当随时做好出货离场的准备。不过，有时候大的多头行情也可能由投机题材引发，但接下来一线优质股必须要能够及时跟上。然后再一路带头向上展开，并由此给二、三线股腾出上升空间。拉动大市一路向上，如果一线股和二线优质股的升势的一直靠低价位投机股的上升推动，并且成交量过多地分布在投机股上，是升势也难以持久。在操作中千万注意这些重要的行情迹象。不可被一时繁荣热烈的市场表现冲昏头脑。在多头市场的中间阶段，升势最凌厉的股票一般以股本较小的二线优质股为多。特别是有利好题材的小盘绩优股，在多头行情中总有机会当上一轮明星。因此，多头行情进入主升段之后，宜购入并持有这一类的小盘绩优股。即使是这一类股票，也应当尽量选择受比价关系制约较小的股票。有的股票虽然确实是盘小绩优，但其前后比价关系比较固定。升起来也常常不够凌厉。多头行情的最后阶段往往是疯狂的投机热潮，三线低价股乱跳是主要的行情特征，这个阶段当然可以参与这种投机游戏，但千万不可追入已被炒得热火朝天的三线股；另一方面，这个阶段应随时考虑抛股套现，离开市场了。

紧盯龙头品种。一波上涨行情当中，上涨幅度最大的肯定是领涨品种。在牛市操作过程中，一定要紧紧抓住龙头品种，并在资金配置上加大龙头品种的买入比例，只有这样，才能跑赢大盘。

把握联动机会。如果在行情的初期，或者在领涨的龙头品种启动后没有及时介入，也没有太大关系。因为一个板块成为主流板块之后，在领涨龙头品种持续上涨的带动下，其它个股将会出现联动上涨，选择有重组题材或流通市值小的相同板块股票，一样可以获得较大收益。

敢买黑马股票。在上涨市当中，黑马股的涨幅常常惊人，有的甚至超过大盘平均涨幅的好几倍。例如，在2008年11月以来的牛市行情中，苏宁环球（000718）、中山公用（000685）、中国医药（600056）等黑马股票的涨幅都大大超过其它股票。如何在牛市中捕捉黑马股？对于这一点，我们会在本书第四章当中进行详细讲解。对于题材股、新上市股和朝阳产业的股票都可以积极关注。好品种往往会持续上涨，操作中要善于追涨龙头品种，在其刚刚出现放量拉升或刚刚突破一个平台时追进，也是很好的策略。切忌因为黑马股有了一定涨幅而不敢追进，或不愿意买入，这将失去难得的获利机会。

及时调换股票。在行情初期，往往很难看清谁是龙头品种。但一旦看清主流板块和品种，就要把自己持有的非主流板块及时换成主流品种，比如在有色金属启动之后，及时把钢铁、电力等非主流品种进行换股，相信会获得较好的收益。2008 年底至 2009 年的这波行情中，我们可以清晰看见整个行情中是各个板块轮流滚动，一个板块炒到一定程度后各路资金就会默契地调转马头合力进攻另一板块。显然，踩准他们的步伐，跟随板块轮动及时换股会获取更大的收益。如果一味拿着非主流热点股票不动，不去换股操作，即使大盘涨了许多，也只能落个“赚指数不赚钱”的结果。

③ 波段操作。

牛市也并不是直线式地上涨，其中也会迂回调整，如图 2－1、图 2－2所示。按照波浪理论，1、3、5 浪为上升波；2、4 浪为调整浪；A、B、C 三浪为下跌浪，见图 2－5、图 2－6。因此，作为股市投资者应该踏准牛市节奏，做波段操作，以获取更为可观的收益。做波段一般是根据波浪理论确定买卖点。即在 1 浪起点、2 浪底部、4 浪底部买入；在 1 浪顶部、3 浪顶部、5 浪顶部卖出；高明的投资者还可以做一下 B 浪反弹。

提醒读者注意的是，学会在调整时抄底。牛市中还要学会在调整中大胆抄底，尤其是对于领涨的主流品种，在其出现第一次大调整过程中，一旦出现缩量走稳，便可大胆介入。因为主流品种的第一次上涨往往都是建仓过程或是脱离主力资金成本过程，调整后才会展开最具爆发力的拉升行情，如果在调整末期及时抄底，随后的涨幅也相当大。以潞安环能（601699）为例，经过第一次连续上涨后出现调整，如果在2009 年3 月4 日走稳时介入，收益也相当丰厚（见图2－7）。同时，在一波行情尚无见顶迹象之前，期间的调整都是不错的进场机会。

（3）顶部及时松手。

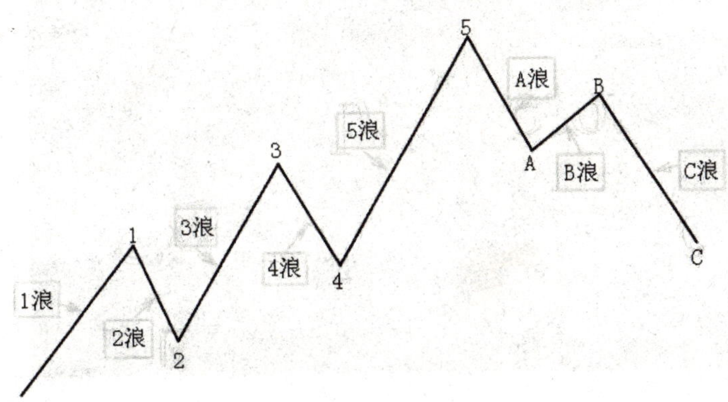

图 2－5　波浪的基本形态图解

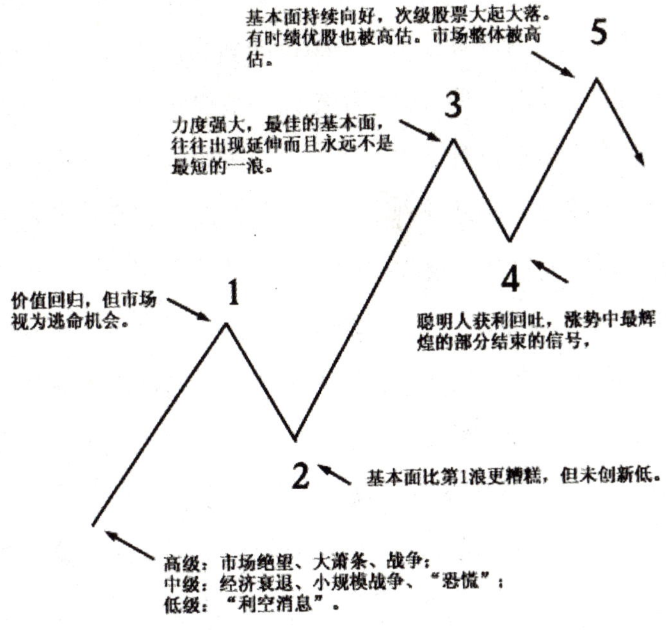

图 2－6　波浪理论的五浪图解

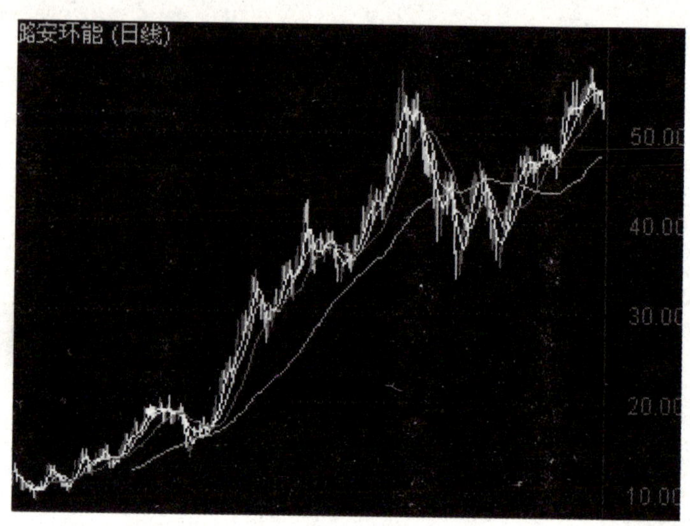

图 2-7 潞安环能（601699）

虽然已经告诉读者在大涨市时学会波段操作，还是要提醒读者注意顶部及时离场。投资者在牛市中赚得的利润，能否最终保住，关键之处就在于能否及时逃顶。股市中绝大多数投资者之所以最终亏损就在于不能在牛市末期及时逃顶；而股市中少数投资者之所以赢利甚至大赚也主要是能够及时逃顶。当股价不断升高，成交量不断增加的走势持续了一段时间之后，就需要随时注意升势到顶的一些预兆了。典型的顶部征兆除投机潮大起、一线股比指数升得慢很多之外，还有就是成交量持续保持在高额状态，但大市的上升已出现了停顿，这期间尤其需要留意日线图的图表形态，如果图表上有走出典型的反转型态如“M 头”、头肩顶的迹象时，就当特别小心了，不要被热烈的假象所迷惑。当然，在升势的全过程中，股价会出现几次回落调整，区分回落调整与升势见顶有一定难度，回落的强势调整一般是跌幅有限，并且成交量在调整期间会减少。另外，调整主要体现在短时间内涨幅很大的股票上，涨幅小的优质股一般不会回落太多，回落调整所经历

的时间不会太长，如果长时间地走高位横盘行情，说明市场上追高资金太少，后市可能会掉头向下发展。

当然，在强势刚刚形成不久的期间不必太担心股价会跌下去，跌势经常是在市场上大多数人都处于获利状态的时候出现，并且一经出现跌势，则最初的下跌是很猛的，但随之而来的则是一个极好的短线反弹机会，反弹做完之后就暂时离场观望等待危险过后的机会。

2. 下跌市

（1）下跌市含义。

下跌市，是股价持续下降的时段，一般可能会有几个月，甚至几年，也叫熊市。这时候的市场特征，是连续阴线，偶尔出现阳线，但可能会被更大更长的阴线所消灭。如图 2－8 所示，2007 年 10 月至 2008 年 11 月股市经历了从 6000 多点下滑到 1600 点的大跌市。

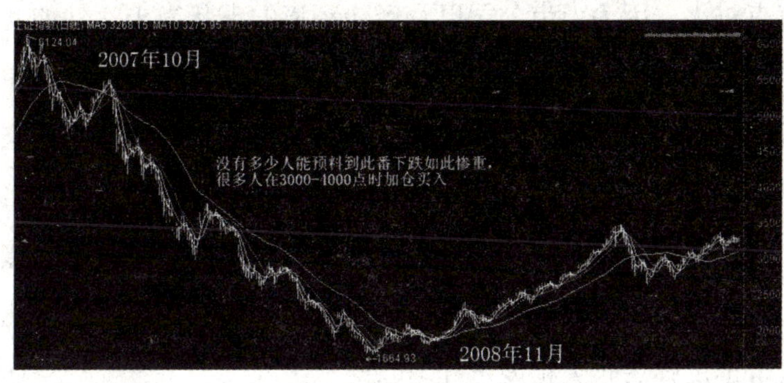

图 2－8　2007 年 10 月至 2008 年 11 月股市大跌

人们根据多年数据统计和经验总结发现，下跌市可以分为三个不同阶段：

下跌市第一阶段。（如图 2－8 所示的 6000 高点的顶部阶段）其初段就是上涨市的末段，往往出现在市场投资气氛最高涨的情况下，这时市场绝对乐观看多，投资者对后市变化完全麻木，贪婪的欲望横行。市场上真真假假的各种利好消息到处都是，公司的业绩和盈利达到不正常的高峰。不少企业在这段时期内加速扩张，收购合并的消息频传。当绝大多数投资者疯狂沉迷于股市升势时，少数明智的投资者和个别投资大户已开始将资金逐步撤离或处于观望。因此，市场的交投虽然十分炽热，但已有逐渐降温的迹象。这时如果股价再进一步攀升，成交量却不能同步跟上的话，大跌就可能出现。在这个时期，当股价下跌时，许多人仍然认为这种下跌只是上升过程中的回调。其实，这是股市大跌的开始。

下跌市第二阶段。这一阶段，股票市场的一点点动静，就会触发“恐慌性抛售”。一方面市场上热点满天飞，想要买进的人反因难以选择而退缩不前，处于观望。另一方面更多的人开始急于抛出，加剧股价急速下跌。经过一轮疯狂的抛售和股价急跌以后，投资者会觉得跌势有点过火，因为上市公司以及经济环境的现状尚未达到如此悲观的地步，于是酝酿了的市场会一次较大的回升和反弹。这一段中期性反弹可能维持几个星期或者几个月，回升或反弹的幅度一般为整个市场总跌幅的30%至50%。经过一段时间的中期性反弹以后，经济形势和上市公司的前景没有同步趋好，各种真假难辨的利空消息又接踵而至，对投资者信心造成进一步打击。这时整个股票市场弥漫着悲观气氛，股价继反弹后较大幅度下挫。

下跌市第三阶段，也就是下跌市的底部阶段。在下跌市第三期中，股价持续下跌，但跌势没有加剧，由于那些质量较差的股票已经在第一、第二期跌得差不多了，再跌的可能性已经不大，而这时由于市场信心崩溃，下跌的股票集中在业绩一向良好的蓝筹股和优质股上。这一阶段正好与牛市第一阶段的初段吻合，有远见和理智的投资

者会认为这是最佳的吸纳机会（主力机构也是如此），这时购入低价优质股，待大市回升后可获得丰厚回报。

一般来说，下跌市经历的时间要比上涨市短，大约只占上涨市的三分之一至二分之一。不过每个下跌市的具体时间都不尽相同，因市场和经济环境的差异会有较大的区别。

（2）下跌市操作策略。

投资者在下跌市演化的过程中，要针对市况的不同特点，采取灵活应对的策略：

① 要以现金为王，坚持长空短多。

如果股市由上涨市转变为下跌市，那么调整的时间通常会相当长，而且下跌的速度也会相当大。所以，在应对下跌市时首先要转变在强市中持续看多的思想观念，坚定的持续看空，以便把资金安全地带到下跌市末期或上涨市初期。在熊市的多数时间里，保持空仓或轻仓，平时不轻易抢反弹，理由是熊市不言底，尤其是熊市初期的每次反弹，卖出都是正确的。多看少动能够躲避风险，保留大量现金，也就保留了希望，保住了真正抄底的火种。

坚持现金为王，即使反弹操作也不轻易重仓出击。在熊市中，投资者的持股信心整体不足，反弹行情随时都有可能夭折。所以，无论长线投资者还是短线投资者，都应见好就收，落袋为安。留住青山，以图东山再起。

② 充分利用反弹。

涨势受到压制、人气散逸，在这种状况下，行情可能处于一种下挫与反弹相互交错的进程中，抢反弹是不错的策略。抢反弹的散户与趁机脱逃的大户庄家形成不同的心态，一些散户仍受前期的牛市气势迷惑，没有察觉行情上升的基础已不复存在，仍然不断入场；同时，庄家却在震荡中非常坚决地退场，从而加速了弱市气势的形成。在这种情况下，投资者要想保全自身，就要利用反弹的机会，及时退出，即使有所亏损，也要着眼长远，因为在大盘下跌通道中，想要逆流而上，是自断前路。

做大级别反弹。在弱市中，因为空方力量明显大于多方力量，所以，即使出现反弹，其幅度较小，时间一般也很短，再者，反弹之后常常还会继续下跌，迭创新低。所以，投资者抢反弹时要反映迅速、手脚灵活。尽量做大级别反弹，因为大级别的反弹行情，主力介入程度较深，拉高派筹周期也较长，抢反弹的机会大于风险。如果频繁操作小反弹，往往是今天追入明天套，因小失大，得不偿失。

抢反弹风险大，要准确判断分析。要特别强调的是，由于是在下降趋势中抢反弹，其风险性是极大的，对操作要求也很高，对市场判断和个股选择都需要准确的分析。进行短线操作，应该仔细研究K线图，精选底部状态，成交量明显放大，逆势走强的个股，不要盲目追高，强势股的补跌常常是造成短线高手大亏的主要原因。一旦发现错误，就需要尽早离场，避免深度套牢，因为反弹行情的结束往往意味着新的下跌行情来临，后市还有更大的跌幅。抢反弹一定要在看准的有效支撑位处买入，看不准时宁可错失短线机会，也不宜在跌势未尽时束手被套。

在一般的反弹行情中，多数股指的最大反弹空间在20%－30%左右，领涨个股最大反弹幅度有望达到50%，但多数个股反弹力度有限，要降低盈利预期。即使是那些最强势的个股，在扣除进出成本之后，预期的盈利空间一般都不要超过20%，至于非强势品种能达到10%就相当不错了。因此，在弱市抢反弹行情中，盈利的要求是要大大降低的，要特别遵守止盈原则，否则很有可能被套。如果错过了最

好的介入时机，一般建议放弃机会，在没有太大个股把握的情况下遵守现金为王，场外观望的操作策略。

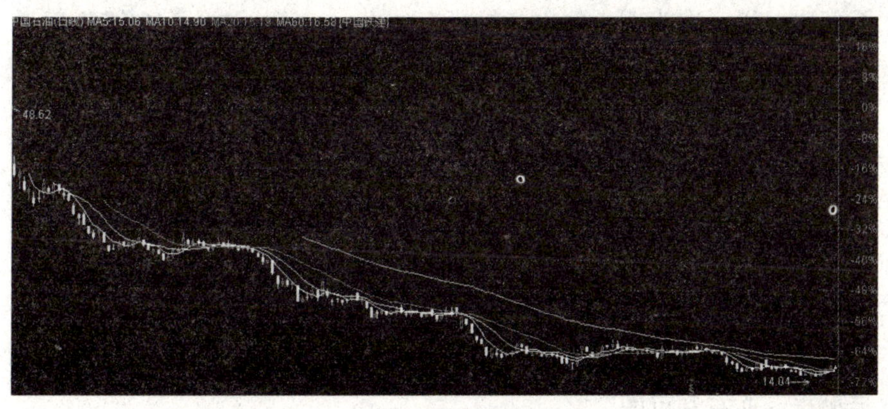

图 2-9　中国石油（601857）

以中国石油（601857）为例，如果在 45 元上方被套的投资者希望被动地等待解套，也许要等上 5 年甚至更多时间。如果采取大跌市利用抢反弹进行波段操作策略，则可以大大缩短解套时间。就以该股票 2008 年的行情为例：中国石油曾经在 1 月 4 日、2 月 4 日、2 月 20 日、3 月 4 日、3 月 12 日的反弹中创出 31.81 元、26.45 元、25.08 元、23.44 元和 23 元的相对高点；在 1 月 28 日、2 月 15 日、2 月 26 日、3 月 10 日的探底过程中分别创出 24 元、23.46 元、21.8 元和 21.88 元的相对低点。如果我们能在这些关键的点位进行波段操作，比如在 1 月 4 日以 31 元卖出在 1 月 28 日以 24 元买进（其中的差价为 7 元）；在 2 月 4 日以 26 元卖出，在 2 月 15 日以 24 元买进（其中的差价为 2 元），在 2 月 20 日以 25 元卖出，在 2 月 26 日以 22 元买入（其中的差价为 3 元）；在 3 月 4 日 以 23 元买出，在 3 月 10 日以 22 元买入（其中的差价为 1 元）；那么也就意味着在不到 3 个月的时间内可以使你的持仓成本降低 10 元以上，相当于 30 多元的买入价格，那么真正解套的时间就缩短了。

采取分批吃进的方法。一是采用逐次平均买进法，多至六次，少至三次。以三次为例，每次各投资三分之一，算出均价，在股价反弹后上升到你购入的平均价，并除去各种费用后抛出，就可获取利润。二是采用加倍买入摊平法，就是在第一次用三分之一资金买进后，如继续下跌，则第二次用三分之二的资金投入，以求摊平成本。如资金宽裕，也可用三段加倍买进平摊法，即将资金分成八等份，第一次至第三次分别投入八分之一、八分之三和八分之四的资金，这个办法在第三次买进后，股票价位回升到第二次买进的价位，再除去各种费用后抛出，亦有利可图。

反弹操作不宜重仓出击，应见好就收。因为在大跌市中，投资者的持股信心整体不足，反弹行情随时都有可能夭折。所以，无论长线投资者还是短线投资者，都应见好就收，落袋为安，仓位要严格控制。当然，反弹行情一旦结束，就更应立即撤退，止损出局。

③ 选择黑马股和优质超跌股。

一般来说，大跌市的初、中期不宜入市，应以观望为上策。但这也不是绝对的，如果投资者有较强的操盘技巧，也可以尝试进行一些短线操作。如果操作得好，同样也可获利。

选准熊市“黑马”快骑速离。弱市中大多数股票都处于下跌趋势，但一些庄家主力为了解套或者获利的需要，也会想方设法从熊市中拉出几匹黑马来，由此出现“弱市牛股”的现象。中小散户若能乘机骑上一程，利润也是极其可观的。下跌市中的“黑马”一般有以下特征：盘小、股性活、价低、绩优、有题材。下跌市中庄家制造的题材一般有资产重组、业绩成长、内部职工股上市、收购等，具有这些题材的股票易成为“黑马”。再结合盘面来分析，庄股的运行速度一般比股指快，不受大盘影响走出独立行情。同时伴有价涨量增、价跌量减、有规律的走势。特别要引起注意的是，下跌市中的“黑马”行情是短暂的，散户切忌贪婪，骑上“黑马”走一程，赚取一些差价后迅速弃马走人，以防被套。

买进超跌优质股，以搏差价。在熊市做短线的思路要与强势中相反。在强势中人们要选一些技术图形好，正在上升过程中的股票。因为强势中强股会更强。而在熊市中，要选一些跌无可跌的低价股吃进，暴跌的越深，离阻力位越远，将来反弹的力度也就越大，而且建仓的时间要选在急跌后。这样的股票一般会走出反弹或补涨行情。若是该股有幸被主力看中很可能会有一段可观的行情。另外，大跌市中，绩差股，亏损股因为没有业绩做支撑而抗跌性较差，成为冷门股；而质地较优良的股票，因为有业绩支撑而抗跌性较强，在反弹时容易受到投资者关注，成为热门股。所以大跌市中要选超跌股，而且是优质的超跌股。

④ 及时止损。

跌势已定，人心涣散，要果断离场止损。大跌市形成后，会有一种急跌的交易情况，恐慌心态迫使一些股票出现持续暴跌，进而超跌的情况。投资者面对这种一泄千里的困境，切不可逆流而动，而应该反手为空，或者上岸等待洪流过去。在暴跌过程中，庄家大户绝不可能出来救市，一些投资基金也不会出来平衡市况，因为基金只对具体投资者负责，没有救市的责任。

大跌市中做股票坚持少量参与，同时要做好随时撤退的准备。如果股价不涨反跌，跌至预先设定的止损价位，投资者就应坚决抛空出局，以免遭受更大的投资损失。胜败乃兵家常事，智者在逆境中应保存有生力量。以图有朝一日重整旗鼓，东山再起，卷土重来。

⑤ 大跌市末期抄底。

大跌市最后一跌，可能会摧毁多数投资者的信心，从而割肉斩仓。但在大跌势末期，阴极将阳生，善于寻机入市建仓者，必将无往而不利。台湾著名投资专家胡舒寒认为，盛极而衰，否极泰来，股市火爆、股价上扬，大家齐声欢呼的时候，我们应该及时克制自己的贪欲，趁早获利了结，不要老是期望涨了还涨，赚了还赚；当股价重挫，如果你手上的股票本质不坏，用不着流血杀出，可以等反弹时减磅；而当大家都认为后市无望，个个唉声叹气的时候，你则要有勇气敢于买进，因为这是抄底赚大钱的机会。弱市末期，大多数股票已经跌到了底部，当很多质地优良的股票出现百分之八九十跌幅时，意味着股市已进入大跌市末期，则可以大胆出击。在股价持续大幅下跌后，没有理由越跌就越失望，事实上越跌风险越小，正所谓“风险是涨出来的，机会是跌出来的”。许多股市高手，就是在众人悲观失望的2008年末大胆抄底，成为大赢家的。此时，投资者应对质地优良，具有发展前景的股票进行积极建仓，并捂股不放。

股价不会永远上升，也不会永远下跌，股市最悲惨之际就是最佳入货时机。在此阶段入市时，可以采取逐次向下买进的做法，即先买进一半或三分之一，之后不论行情涨跌都再加码买进，这样即使是在弱市进场，也不会错失入市良机，最少可收到摊平成本的效果。

3. 反弹市

（1）反弹市含义。

在下跌途中，偶然出现某种突发利好，市场主力“将计就计”地利用，强劲拉升指数，高开高走，其速率之快，有时达到令人难以想象的程度，这显示主力要做一波中级反弹行情。充分利用反弹良机，做轧空、逼空走势手法，促使广大投资者迅速跟风追涨，尤其是迫使看空、做空的空城计人物以空翻多。但是一般反弹仅能连续三阳，很少出现连续五阳或七阳局面，经常情况是出现三阳后，势必作回调整理。如果回调整理两三天，继续攀升走势，意味着主力机构蓄意要做足一波大的中级反弹行情。但不管其反弹速率多快，频率多强劲，还要观察其反弹有没有超越前期高位。如果在前期高位附近开始回头，表明上升压力较重，预示着反弹结束。

反弹的种类主要包括：技术性反弹、超跌型反弹、报复性反弹、脉冲式反弹、中继型反弹和诱发型反弹。其中脉冲式反弹、中继型反弹投资者应尽量避免参与；技术性反弹和诱发型反弹需要根据当时的市场情况以及诱发反弹的利好消息的实质作用来分析；相对而言，超跌反弹和报复性反弹比较适合投资者参与。

如何识别反弹真假？看盘的目的，不是别的，是试图精准地把握一些市场操作机会，及时跟进大盘可能随时出现的行情。可是，主力随时会根据市场大众的从众心理，制造虚假盘面信息，吸引心态不够稳定的投资者上当。主力手法虚虚实实，庄家拉盘有真有假，这是任何一位投资者深有感触的事情，如果你认为甲种股票确实会大涨，于是采取跟进，而对乙种股票觉得还会跌，给予抛售或观望策略，结果可能是：你买进的前者会在次日跳水，而后者却一马当先，绝尘而去。所以辨别反弹真假极其重要，建议从如下几点关注。第一，深沪两市各有 10 个以上的涨停品种。说明主力做多欲望强烈，个股存在一定的反弹要求，而这个基础是市场本身的内在力量。第二，跌停股票不能够超过 3 支，而且是以没有最好，当然，有一种情况是长期停牌的股票，复牌后补跌，这个情况比较特殊，可以忽略不计。跌停股多，说明市场主力做空欲望强烈，资金出逃的意愿坚决。另外，要注意下跌尾端，主力利用砸指标股恐吓市场大众恐慌抛售的目的。第三，涨停品种有清晰的板块效应，最少 2－3 个热门板块轮流出现，如果大盘是这样的格局运行，那么，这个反弹就是真实的，能够维持 2－3 个热门板块上涨，说明多头部队的力量比较大，资金规模也不是很小，迟早会引起大盘走势群体上行。第四，涨停个股、板块能够有一定的持续性，尤其是热门股和强势股能够保持连续上涨，树立强烈的赚钱效应，而非今涨明跌，大搞一日行情套人，比如汶川大地震发生的时期和北京奥运会开幕前，不少个股上冲涨停，可是，在随后的交易日里就直接低开套人，跟风资金屡屡上当。第五，量价配合必须协调。个股成交量主力容易操纵，但是，大盘的成交量就很难左右了。因此，对 2000 点以下，上海大盘的成交量我们可以按照每 30 分钟以 85－120 亿左右的资金运行，全天的成交资金最好不要超过千亿这个总原则去判断。如果这个量过于大，应该警惕主力变盘。但是也有特殊时候，需要具体对待，例如有时候市场长期下跌后，突破某一重要压力线引发大量资金抛售变现或者踏空者回补放量，这就不是变盘信号。第六，均线系统的支撑程度。大盘真实的反弹通常会获得技术指标的良好支撑，有不少读者会因为技术指标的迟钝性感到不好判断，可以根据分时指标去判断。以指数比较真实的深成指 5－60 分钟指标做参考，最好不要光看上海指数，这个指数一直受指标股干预大。在分时图里我们总能够敏锐地发现上升趋势的雏形，因此，在短线操作上，投资者按照下轨进场总是风险比较小的。需要提醒的是，分时图的小趋势必须服从日 K 线的大趋势，比如现在日 K 线的多头均线全部构成对大盘的支撑，那么短线资金不用犹豫。

（2）反弹与反转的区别。

反转，是大盘运行方向的根本性转变，由下跌转为上涨或者由上涨转为下跌。1995 年股指跌到 325 点时，管理层发布三大救市政策，促使整个大盘反转向上，全线飘红，头一天就上涨 200 多点。这种行情爆发，不仅上演喷井式情景，而且其上升速率与频率像火箭上天。以笔者回顾，创建股市以来，曾经有过几次，像 1992 年放开涨停制，以及国债期市宣布暂停和今年 5. 19 行情等，类似情景所相似的是，当市场正处于狂欢喜笑声中时，行情则逐渐趋向落幕收场。

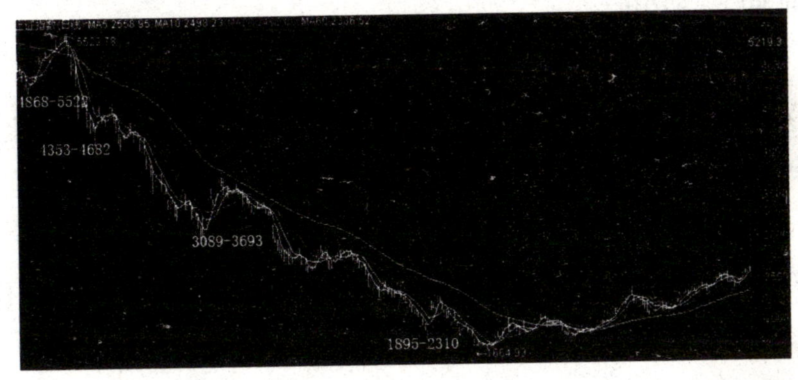

图 2 – 10 反弹市

反弹未必能演化为反转，但反转却一定由反弹演化而来。在调整中出现任何上涨行情，投资者都应先将其当做反弹行情来看待，根据反弹与反转的鉴别标准进行不断分析，一旦反弹行情发生质变，则随时调整投资策略。

鉴别反弹与反转有六项标准：

① 政策面取向的鉴别标准。

因为这是制约股市趋势的最重要因素，也是反弹行情向反转行情演化的决定性因素。当政策面转暖，基本面向好时，市场环境的宽松会使反转行情比较容易形成。而在缺乏来自于政策面基本面支持时的股指上扬多数还是反弹。

② 成交量的鉴别标准。

反转行情通常都会带量突破前期关口，而反弹时成交量较小，量能无法有效持续放大。

③ 形成过程的鉴别标准。

反弹行情一般是在技术面出现一定超卖，或下跌过急时出现的短暂恢复性行情，而反转行情则是在严重超跌，投资者基本上没有获利空间的时候产生的。

④ 增量资金介入的鉴别标准。

反弹行情中比较缺乏增量资金的积极介入，个股的活跃基本上是依赖存量资金的护盘拉高，股价的上涨显得十分勉强和滞后。而在反转行情中，活跃的资金动向能显示出增量资金有条不紊地逐渐介入，随着大势转暖，一批有增量资金介入的个股往往会得到充分的炒作，比较容易给投资者带来丰厚的利润。

⑤ 市场热点的鉴别标准。

反弹时缺乏领涨的热点或新的有影响力的领头羊，主力做多意愿不强，后续热点转换的频率较快，不能形成有持续性的主流热点，市场人气涣散。而反转行情中形成的热点大多属于能够带动一轮行情崛起的热门板块，通常具有一定的市场号召力和资金凝聚力，能有效激发稳定上扬的人气，聚集投机资金，使行情得到良好的发展。

⑥ 心理预期的鉴别标准。

反弹行情出现时，市场中会出现一些盲目乐观的气氛，部分投资者存有幻想，误以为新一轮行情又来临了，于是纷纷追涨，结果往往造成中线套牢。而反转行情是在股市处于漫长的熊市下跌末期产生的，之前曾经出现过多次反弹行情，都以失败告终。所以，反转行情到来时，投资者往往已不抱任何期望，市场气氛表现平淡。

由于反弹行情和反转行情有本质的不同，对投资者而言将关系到操作方向的选择。在反弹行情中，投资者主要侧重于及时减轻仓位，保护资金；而在反转行情中，投资者则要及时调整持仓结构，在必要时可能还需要追高介入。因此，在股指出现上涨时，对反弹还是反转的判断是需要面对的第一个问题。

反弹行情的操作，在前面我们已有叙述，这里主要介绍反弹行情操作中如何选股。此时要选择恰当的股票作为操作对象，一般的原则是：

① 选择那些跌幅偏大且下跌无量的股票。

首先，由于该类股票下跌幅度偏大，往往超过同类别的个股，其中不排除主力顺势刻意打压的成分；其次，下跌无量说明前期主力无出局意愿或者无法出局，只能委曲求全，舍命陪君子，与普通投资者一起暂时共患难。一旦大盘企稳，该类股票的价格离套牢密集成交区较远，反弹过程中解套压力轻，其反弹的力度自然也就会最大，短线赢利的机会也大。

② 选择跌破长期平台后加速下跌的股票。

这类股票在平台的整理过程中，一般经过了很大比例的换手，持股者大都是长线的坚定分子。平台的整理时间越长，跌破后对股价的牵制力也越大，该类股票跌破平台的颈线位后，快速下跌，与短期均线系统的乖离率加大，技术上将出现一次颈线位突破后的回抽确认过程，抢反弹失手的可能性较小。还有一种可能是主力打破平台是为了制造空头陷阱，如果是这种情况，那就获得了“意外”的收获，抢反弹无意中就抄了底。类似的 M 头、头肩顶、下降三解形突破性下跌到各类形态的量度跌幅后，理论上都将有一次对突破颈线位的回抽

确认。

③ 选择那些受到利空打击严重的股票。

这类股票因受到利空消息的影响，持股者大量抛售，股价受空方猛烈打压，往往跌得较惨。但当利空消息解除，本来被利空消息扭曲了的股价，必将还其本来面目，恢复到合理价位。

④ 选择逆势而动的强庄股。

投资者对于逆势而动的强庄股应给予关注。在跌势中表现顽强、逆势走高的属于强庄股，一旦大势跌势趋缓，这类股票往往有出色的表现，因此应该成为投资者抢反弹的品种。当然，你得眼急手快，进出利索，否则极有可能成为庄家的替罪羔羊。

⑤ 选择有利好消息但受低迷大市拖累的股票。

碰到有的股票有利好消息本应上涨，但受大市拖累该涨未涨。一旦大市回升，它必会脱颖而出。

⑥ 选择新上市的股票。

新上市股票纠缠的问题少，并常常受到大户和主力机构的关照，很容易跑赢大市。但是，国家为了严控市场风险，对炒作新股也有很强的打击力度，机会与风险并存，2009 年的创业板就是最好的写照，慎重选股操作是前提。

抢反弹中，有三类品种不宜做短线介入：一是前期升幅过大、主力见有接盘就出货的品种；二是排除那些主力过度持有的价值高估的以往热门股；三是回避大市值品种，由于成交额总体趋势是下跌，因此高价、大盘的大市值品种反弹力度相对较小。

当然，具体问题具体分析，特定情境下的个股选择，读者应该审时度势，慎重选择，好像 2009 年的创业板。

4. 震荡市

(1) 震荡市含义。

股市并不是一派喜气的上涨市行情，也不总是哭声弥漫的下跌市行情，更多的时候是上下震荡的市道。震荡市中指数会在某一位置反复震荡整理，呈现一种跌不下去，也涨不上来的状况。

影响市场的各种重大因素在短期内集中出现，导致市场运行的变量骤增。特别是利多与利空的消息在较短时间内同时出现，使市场运行的方向充满变量，容易导致股市出现震荡性行情。例如 2009 年 11 月下旬 –12 月中旬（如图 2 –11）。

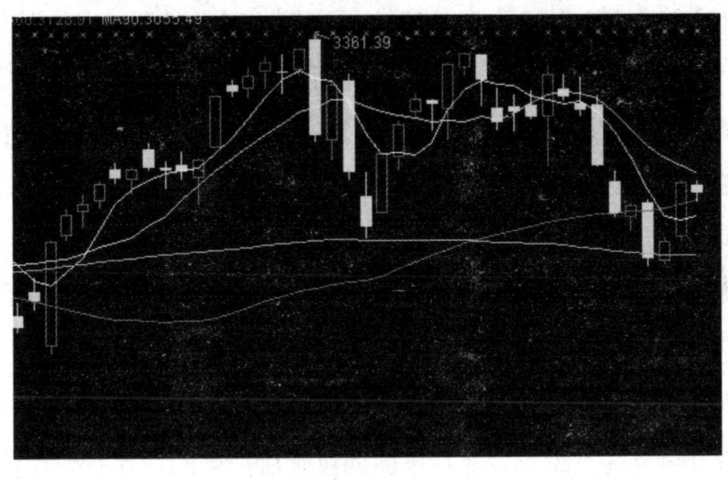

图 2 –11　震荡市

当股市大跌之后，许多投资者一方面认为股市没有进一步下跌的空间，另一方面对股市能否展开一轮轰轰烈烈的牛市行情又疑虑重重。结果，买入担心被套，卖出又担心踏空。往往看见股价涨了就急忙追涨，看见股价跌了立即杀跌。这种普遍存在的浮躁投资行为，也在一定程度上给震荡行情起到了推波助澜的作用。

当股市完成一轮升势后，随着前期的部分主流热点转化为强弩之末，市场很正常地迈入结构性调整周期中。这样，既可以使积累的获利盘得以充分消化，有利于股市未来的顺利成长；又有利于市场主流资金的战略再分配。在结构性调整中，股指往往以宽幅震荡行情展开。

震荡行情的未来会如何发展呢？首先可以看成交量。不管股市是向上或向下突破盘整市道，成交量乃属关键因素。向上突破，上涨家数开始增加，成交量随之亦扩增，表现在个股上，则是价涨量增；向下突破，下跌家数增加，成交量大幅扩增，表现在个股上，则是价跌量大增。其次看一些技术指标。以 RSI（相对强弱指标）为例，当股市陷于盘整市道，RSI 值总在 50 上下盘旋，时上时下，变化不大，但一旦开始向上突破或向下突破，则此指标便会脱出原先范畴，开始上升或下降，幅度较盘整期大（如图 2－12）。另外，当股市陷于长时间盘整，一旦行情突然跳空而上，或跳空而下，配合成交量扩增，显示此一盘整市道正向上或向下突破。通常，此种现象之发生，必有突然性利多或利空因素出现，否则不致跳空。当然就个股而言，则不排除庄家炒作，刻意哄抬或掼压的可能。

震荡行情通常有低位震荡、中位震荡、高位震荡，上升行情震荡和下跌行情震荡，投资者对在不同的位置所产生的震荡行情应该区别对待，操作方法也是完全不相同的，如果不能正确区分，那么操作起来极容易失误，并且产生重大损失。

（2）震荡市投资策略。

在这种不稳定时期，即未来走势还存在一些不确定因素，投资者面临的最重要问题不是盈利或扭亏为盈，更重要的是要求稳。

这不仅要求心态上要稳定，更要求采取稳健的操作方法。概括而

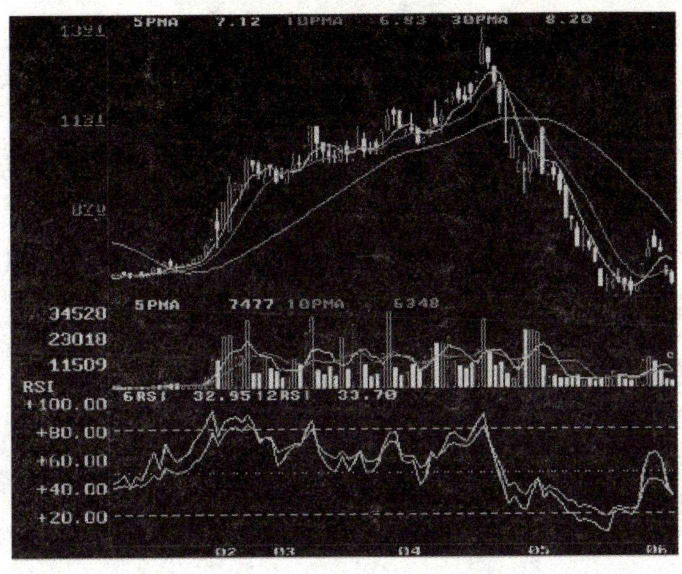

图 2－12　RSI 相对强弱指标

言，就是要保持合理的仓位结构，减少不必要的反复盲目操作，不要急于抄底和追求短线利润。

首先，在震荡市中，投资者需要遵循“四减少”的原则：

一是减少持股时间。震荡行情按照股指的震荡幅度可以大致划分为窄幅震荡和宽幅震荡两种。窄幅震荡往往是变盘的前奏曲，特别是股价经过一定下跌过程后的窄幅震荡，容易形成阶段性底部，因此，在窄幅震荡市中选股，不能计较一时的得失，要从中长线的角度出发。而宽幅震荡的投资策略则恰恰相反。

由于宽幅震荡在最终方向性选择上存在一定的变量，因此，在宽幅震荡市中，应该选择以短线为主的投资方式；对于持续时间较长的宽幅震荡行情，应该用短线波段操作的投资策略。通过减少持股时间，降低持股风险。

二是减少持股品种。在震荡行情中选择股票，要尽量减少持股的品种，选股要少而精。否则，在趋势不明朗的震荡市中，如果持股种类过多过杂，一旦遭遇突发事件，将会严重影响投资者的应变空间。

三是降低盈利预期。在震荡行情中，不确定因素较多，股价也往往会跟随大势一起上蹿下跳，很难把握个股的中长期运行规律。这一时期参与个股炒作，应该降低盈利目标的预期。其中，属于超短线炒作的，更不能订立任何投资目标，如果有所盈利要尽快获利了结。适当设定盈利目标。震荡盘升行情中不要将盈利目标定得过高。股市行情具有阶段性涨升的特点，因此，个股完成一轮涨升行情，涨幅达到一定阶段时要考虑逢高卖出。震荡盘升行情中热点此起彼伏，投资者需要避免过分追涨。对于一些涨幅较大，获利丰厚的个股，应及时地获利了结。

四是减少操作频率。在震荡行情中，善于短线炒作的投资者，可以在控制仓位结构的情况下，把握震荡行情中股价剧烈波动的机会，博取其中的差价利润。对于缺乏经验或投资风格较为稳健及不具备及时应变能力和时间的投资者来说，则应尽量减少操作频率，耐心等待趋势的最终明朗。

其次，在震荡市中要巧妙控仓。

股市走势难以预测，投资者基本上处于被动接受的境地，控制仓位是投资者主动应对震荡市的法宝之一。

大盘稳步上升时保持七成仓位，待手中股票都获利时，增加仓位，可满仓持有。如果后买的股票被套，可抛出已获利的部分股票，腾出资金来补仓，摊低被套股票的成本，使之早日解套。

大盘处在箱体震荡中或调整初期，保持四成至六成仓位，手中股票逢高及时减磅，急跌时果断买进，见利就收，快进快出。

在大盘阴跌处于低迷时，不要抱有侥幸心理，要忍痛割肉，落袋为安，等待时机。

投资者做短线的，承受能力较强，仓位就可以高些。而如果打算做长线，那就守住某些价值投资股票，在股价急跌的时候少量加仓，在股价急升的时候逢高减仓，这就是典型的“看长做短”，也是比较明智的控仓办法。

最后，震荡市应该把握波段操作技巧。

波段操作是在震荡市获取短期收益的好方法，它既可有效回避市场短期风险，也可避免上下冲浪的烦恼。一个完整的波段操作过程，涉及选股、买股和卖股。

在整体还处于震荡调整市道的情况下，亏点指数赚个股的钱是首选。这就要求平时多做功课，选自己熟悉的、研究透的、估值合理的、股性活跃的或有重大重组题材的个股，也可列出各行各业的龙头股，一旦某个板块机会出现，便迅速出击。选股时要注意成交量变化，关注在底部成交量温和放大的个股，在涨升初期成交量应伴随着股价的盘升逐渐放大；当上涨至前期密集成交区之时，在较大成交量配合下应能顺利冲过。

在震荡盘升行情中，依据上升趋势线和布尔线指标加以分析，测算股价运行的上下轨道。在走势图上将个股每次调整的低点连接，划出上升趋势的下轨线；再将个股每次反弹的高点连接，划出上升趋势的上轨线。当股价调整触及布尔线中轨线并获得支撑，同时该价位接近上升趋势的下轨线时，可积极买入。当个股股价反弹到上升趋势的上轨线附近时，如果股价同时触及布尔线的上轨线并遇到阻力，可以考虑卖出。

具体对不同位置的震荡行情，操作策略建议如下：

低位震荡：所谓低位震荡是指股价已连续下跌很大幅度，并持续了较长的时间，浪型上至少下跌 3－5 浪，成交量处于极度萎缩状态，股价的最高价和最低价差价极小，这时如果发现某一股票震荡幅度加大，读者应充分留意，因为极有可能庄家已经开始行动，并产生一波行情，这给投资者提供了一次极佳的建仓机会，如 1997 年 2 月 20 日众城实业受利空影响，一步跌到位，而后又很快涨起来，因此果断在 7.69 元的价位买入，次日 9.08 元卖出，两日获利 1.39 元，在低位震荡行情中，读者要多考虑买入信号，忽略短线卖出信号，因为在此位置中，筹码一旦被震出，将很难在同一价位收回来。

中位震荡：当股价已产生一波上升行情，由于短期获利比较多，必然要获利回吐，因此容易产生震荡行情，这时是卖出涨幅较大的股票，买入即将上涨股票的换股时机。

高位震荡：所谓高位震荡即股价已连续走高，处于最后拉升阶段和做头区域，通常浪形已走出 3－5 浪，这时做股票风险非常大，但是由于处于最后的拉升阶段，股价震荡的幅度也大，机会也多，属于真正的高风险，高收益阶段。在高位震荡行情中做差价，应注意以下几点：

① 使用 K 线指标，如日 K 线和小时 K 线；

② 卖出时，计算出股价可能达到的最高位置，并低于几个价位挂单，报单时应在行情上涨过程中，不能等股价已掉头再报；

③ 买入时应注意回调是否到位，重点考虑 0.382，0.618 回调位和江恩 50% 的回调位；

④ 注意短线支撑线和压力线及成交量的变化；

⑤ 乖离率是震荡行情中非常有用的指标，可采用上乖离过大卖出，下乖离过大买入的方式；

⑥ 设好止损点，一旦操作失误，认赔出局。

上升途中的震荡：经常可以发现，一些股票在规则的上升通道中运行，一旦发现这一点，就可以画出此股的上升通道，当股价运行至上升通道的上压力时，就把股票卖出；

当股价在一个下降通道中运行时，一般投资者最好不操作，但是对短线爱好者，也可以寻找震荡机会做出差价，如参加操作应注意几个关键点：

① 短线操作，快进快出，时间以不超过 3 个交易日为宜；

② 在股价极度超跌时候介入，在遇压力之前时卖出；

③ 在下跌通道下边缘买入，遇均线压力时卖出；

④ 下乖离过大时买入，遇均线压力时卖出；

⑤ 对获利空间要求不可过高，应采用获利就走的原则；

⑥ 选择震荡幅度大的中小盘股，大盘股因震荡幅度小，很难做差价。

总之，在震荡市中获利有相当难度，但一个投资高手需要在实践中磨练。

2.2 谁主导大盘走势

谁主导大盘走势？这是每一个股民或者关注股市的人都会有过的疑问。

中国，是一个具有中国特色的社会主义国家。中国的股市，也必然具有国情赋予的特色。现今的中国股市，有各种力量影响着它，包括媒体、基金、券商、游资等等，但是，当前阶段，它始终得到政府的呵护，成长的轨迹不容任何力量改变。然而，成长的道路是漫长和曲折的，它需要去适应市场化的大环境，需要面对与欧美发达国家存在显著差距的现实下与之逐渐接轨。所以，我们要向各位读者介绍影响大盘走势的各种力量，使读者更清楚看到中国股市的昨天、今天和明天。

1. 国家政府

在任何一个国家的股票市场中，对其影响最直接、最大的就是国家政府。

1994 年 7 月末，证监会“三大利好政策”出台，上证综合指数在一个半月的时间里，从 333 点涨到 1052 点，成交量放大几十倍。又如，1994 年 9 月，政府开始着手清查透支行为，并把“T + 0”交收制度改为“T + 1”，上证指数在 4 个交易日里，从 900 点暴跌 300 点。再如，1996 年 12 月 16 日，《人民日报》发表特约评论员文章

《正确认识当前股票市场》，国家计委和国家院证券委同时宣布了1997年新股发行规模为100亿元，沪深证交所也公布施行涨跌停板制度，这三大重要利空消息的同时发布，使中国股市创下了暴跌之最。在一星期的时间里，上证指数从1100点猛跌至860点，深圳成份指数从4200点猛跌至3100多点。

2008年，A股成为全球表现最差的市场。1月14日中国股市的最高市值是34.47万亿，9月18日沪指1802.33点时，市值仅13.6万亿，10个月损失了20.87万亿。而在2007年13亿中国人全年创造的GDP也仅有25万亿左右。股民们沉浸在熊市、股灾、股崩的痛苦中。

面对困境，面对股指跌落至1802点的“死亡边缘”，政府并没有袖手旁观：印花税单边征收、汇金公司购买三银行股票（汇金公司是国有独资的中国最大的金融投资公司，注册资金3724.65亿元人民币，其职责是“代表国家依法对国有重点金融企业行使出资人权利和履行出资人义务，实现国有金融资产保值增值”）、国资委鼓励央企回购或增持。三大利好的出台，直接刺激“9.19行情”的喷发，两市个股全线涨停。在短短六个交易日内，沪指从1800点关口逼近至2300点，深指则从6290点飙升至7559点，两市指数涨幅惊人。

早在三大利好出台之前，面对股市的不断下跌，政府、证监会出台了不少政策用以“救市”。从“四部门联合发文严打非法证券活动”到“基金公司专向理财获批”再到“推出大宗交易系统”等等，政府“有形的手”一直在调控，期待股市走稳。

表 2-1　　2008 年影响股市的八大政策

2008 年影响股市的八大政策		
公布时间	文件名称	公布后首个交易日沪指表现
1月1日	《基金管理公司特定客户资产管理业务试点办法》	上涨0．21%
1月7日	《关于整治非法证券活动有关问题的通知》	上涨0．59%
2月19日	《金融业发展和改革"十一五"规划》	上涨2.10%
4月2日	《国务院2008年工作要点》	上涨0．56%
4月20日	《上市公司解除限售存量股份转让指导意见》	上涨0．72%
8月29日	《上市公司股东及其一致行动人增持股份行为指引》	上涨2．01%
9月5日	《上海证券交易所股票上市规则（2008年修订）》 《深圳证券交易所股票上市规则（2008年修订稿）》	下跌3．29%
9月21日	《关于上市公司以集中竞价交易方式回购股份的补充规定》（征求意见稿）	上涨7．77%

无论哪个国家的央行发布调整存款准备金率的消息后，都会对该国的股市乃至整个金融市场产生极大的影响。而在2008年，我国的央行曾多次调整存款准备金率。而这些消息无一不对当天股市产生极大影响……

证券交易印花税是股民从事证券买卖所强制缴纳的一笔费用，根据一笔股票交易成交金额计征。印花税率的高低可以直接地改变股票的交易成本，因此监管层通过调整印花税率可以起到调控股市的作用。说到印花税，股民们对它的感觉也许用“刻骨铭心”来形容。2007年因调整印花税从1‰到3‰而导致“5·30”的暴跌，曾一度让投资者以为末日来临。但这次暴跌是短暂的，股市经过调整之后，沪、深两市开始飙升，在沪指一度上冲到6214点时，投资者们在“5

·30”暴跌时候的恐惧也便慢慢消散。然而，在股指到达顶点之后，两市突然出现了大幅回落。下跌速度之快，下挫幅度之大，仿如过山车般，怎么上来又怎么下去了。在这时，作为调整股市走势有利手段的“印花税”再次被提了出来。2008 年 4 月 24 日起证券交易印花税由 3‰降至 1‰；2008 年 9 月 19 日起证券交易印花税调整为单边征收……这一政策的运用成效可以由政策颁布当天股市上涨情况可见。

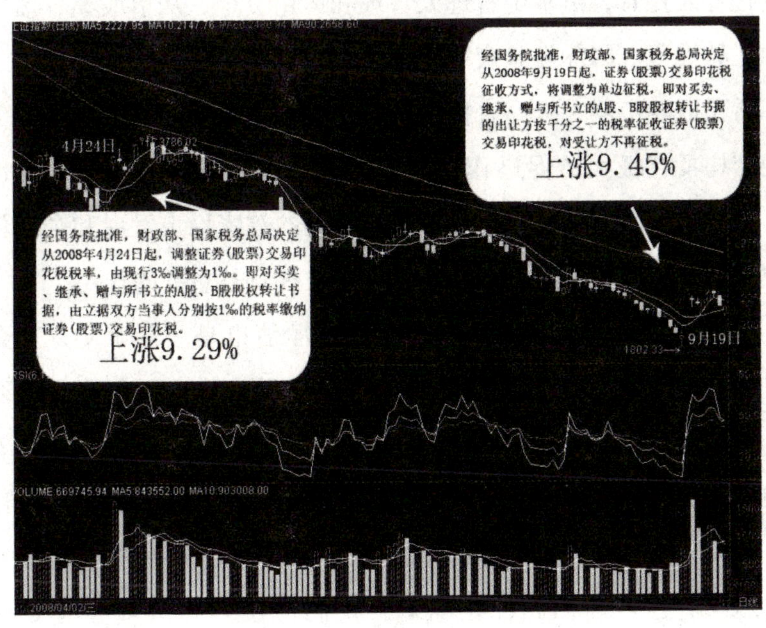

图 2－13　2008 年印花税调整情况

政府以前的股市政策是：股市暴涨，政府就单独推出利空政策；股市暴跌，政府就单独推出利多政策。这样幼稚的股市政策，调控意图非常明显，股市沦为政策市。由于 2008 年既不宜执行宽松的股市政策，也不宜执行严格的紧缩政策，执行中性略紧的股市政策较为妥当。因此，不宜单独推出利多政策，也不宜单独推出利空政策，利多政策与利空政策应搭配推出。这也显示了我国政府在成熟起来。事实证明，2008 年政府出台的一系列政策对维护股市稳定起到了积极的作用。国家对于股票市场的重要作用由此可见。

2. 基金

这里提到的基金，是指证券投资基金，一种利益共享、风险共担的集合证券投资方式，即通过发行基金单位，集中投资者的资金，由基金托管人托管，由基金管理人管理和运用资金，从事股票、债券等金融工具投资。国际经验表明，基金对引导储蓄资金转化为投资、稳定和活跃证券市场、提高直接融资的比例、完善社会保障体系、完善金融结构具有极大的促进作用。我国证券投资基金的发展历程也表明，基金的发展与壮大，推动了证券市场的健康稳定发展和金融体系的健全完善，在国民经济和社会发展中发挥日益重要的作用。

2008 年，股市经历熊市，各类基金净值也是一落千丈，基金公司、基金经理几乎能被基民怒骂的唾沫淹没，就连国家政府也要求“基金经理讲政治”。正所谓物极必反、否极泰来，2009 年，随着股市的上涨，基金也打了一个漂亮的翻身仗，基金收益翻翻的比比皆是。2009 年 12 月，华夏系新基金发行时，仅一天就售完。人们对基金的热捧追逐重新回归，在本章，我们将让读者对基金有更多的认识。

（1）16 份年度策略报告揭示一个事实：基金也会集体错判。

盘点中邮基金、大成基金、东吴基金、国海富兰克林基金、国投瑞银基金、华富基金、华商基金、汇丰晋信基金、金鹰基金、上投摩根基金、信达澳银基金、招商基金、中海基金、中欧基金等 16 家基金管理公司的 2009 年度策略报告，在纵向横向分析后，得出了一个结论：基金也会集体错判。

虽然只对其中 16 家基金团队的策略报告进行分析，但我们相信其中的特征在全体 60 余家基金公司中都有相当的普遍性，而此中的成败得失更是值得读者关注。

回首 2009 年，A 股市场在 2008 年的基础上，演出了一幕“绝对大反攻”的牛市好戏。但在年初的年度策略中，16 家基金公司却未有一家明确指出 2009 年的投资机会。全军覆没（至少在市场预判是这样）的结局，或许只能用一名著名基金经理在年初 2009 年度策略报告会上的一句“全体留级”的谶语作结。

2009 年绝大多数基金公司团队对于该年市场的行情持悲观或中性态度的。16 家基金公司中，只有 3 家公司在言语之际委婉地表达了对股市行情的希望，在同业中，这已经是相当不容易的了。

相对乐观的基金团队是国投瑞银基金。“2009 年下半年开始，随着宏观经济企稳，不确定因素减少，流动性再次充裕，估值将迎来修复性的回升”；汇丰晋信基金“A 股市场最严峻的时刻已经基本过去。2009 年的 A 股市场将很可能在宏观基本面恶化之际震荡筑底，并且在经济减速趋缓之际开始反弹”；华商基金“2009 年资本市场会维持一个基本的活跃程度”。

大部分基金，包括 3 家上述基金中的其它预测内容，和 2009 年真实状况来说其实相距甚远。

其中，“2009 年市场将在底部震荡，不会大涨也不会大跌”的论调占据了行业主流。此外，给读者作“选择题”（列举 A 股市场的集中可能发展方向）、或是压根不对市场行情作出判断，也是相当多基金公司的“明智”选择。

值得指出的是，看错 2009 年行情在年初业内的绝不止上述 16 家，而是全行业的普遍现象。即便是华夏基金的基金经理王亚伟，在华夏召开的2009策略报告会中的演讲中也认为：要过多长的时间才能够进入牛市，这是一件相当不确定的事情。

虽然基金集体错判2009年，但是，他们却多数为基民带来了值得欢喜的2009年，2009年年末渐近，基民们忙着收获2009年的果实。

（2）基金利益输送链。

2009年9月，有关深圳证监局突击检查深圳地区基金管理公司的报导在市场中掀起轩然大波。在整个基金产业链中，基金管理公司居于核心地位。基金公司发行并管理基金产品，并取得管理费收入。同时，基金管理公司还可以认购并持有基金份额，分享净值增长的投资收益。基金发行主要通过银行、券商等管道，而基金投资需要通过券商席位实现。因此，券商与基金建立了十分密切的合作关系，券商既可以从基金发行中获得代销收入，又可以从基金交易行为中获得佣金收入，券商也是基金产业链中另一个重要的利益主体。此外，社保基金作为资本市场中主要的参与力量，也会指定部分基金管理公司代为管理投资组合。基金管理公司通过决策委员会形成投资决策方案，而具体的投资组合管理则由基金经理完成。

基金利益输送行为大致包括以下几种形式：

① 基金公司在券商股东席位频繁交易，创造佣金收入向券商股东输送利益。

如果为了帮助券商股东提高佣金收益而频繁交易的话，难免会损害基金持有人的利益。

从2009年基金半年报分析，汇源基金（化名，下同）存在着明显的过度交易行为，半年之间便为大股东汇源证券创造1166.21万元的佣金收入。根据天相投顾的统计，2009年上半年，偏股性基金整

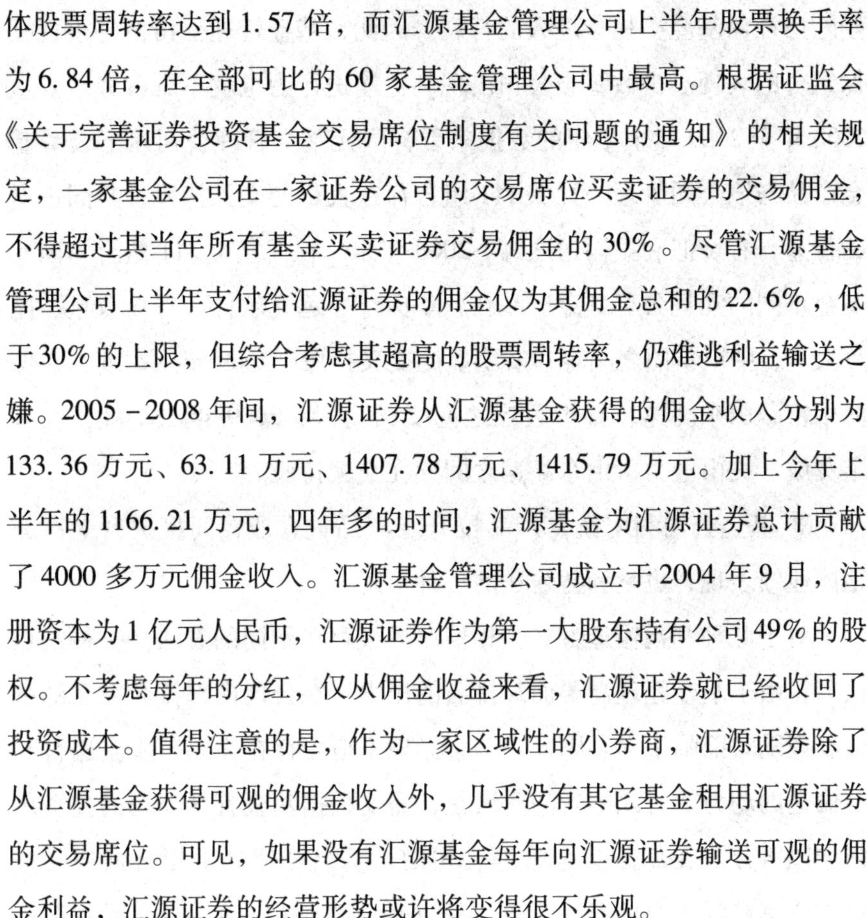

体股票周转率达到 1.57 倍，而汇源基金管理公司上半年股票换手率为6.84 倍，在全部可比的 60 家基金管理公司中最高。根据证监会《关于完善证券投资基金交易席位制度有关问题的通知》的相关规定，一家基金公司在一家证券公司的交易席位买卖证券的交易佣金，不得超过其当年所有基金买卖证券交易佣金的 30%。尽管汇源基金管理公司上半年支付给汇源证券的佣金仅为其佣金总和的 22.6%，低于 30% 的上限，但综合考虑其超高的股票周转率，仍难逃利益输送之嫌。2005 - 2008 年间，汇源证券从汇源基金获得的佣金收入分别为 133.36 万元、63.11 万元、1407.78 万元、1415.79 万元。加上今年上半年的 1166.21 万元，四年多的时间，汇源基金为汇源证券总计贡献了 4000 多万元佣金收入。汇源基金管理公司成立于 2004 年 9 月，注册资本为 1 亿元人民币，汇源证券作为第一大股东持有公司 49% 的股权。不考虑每年的分红，仅从佣金收益来看，汇源证券就已经收回了投资成本。值得注意的是，作为一家区域性的小券商，汇源证券除了从汇源基金获得可观的佣金收入外，几乎没有其它基金租用汇源证券的交易席位。可见，如果没有汇源基金每年向汇源证券输送可观的佣金利益，汇源证券的经营形势或许将变得很不乐观。

② 基金公司利用管理的公募基金产品向社保基金组合进行利益输送。

尽管从常理来看，社保基金交给公募基金管理的投资组合金额不算很大，对于基金管理公司的利润贡献有限，似乎基金管理公司不存在向社保基金进行利益输送的动力。但是，由于社保基金在资本市场中处于十分敏感和重要的地位，被社会各界广为关注，社保基金每年也会评价各个基金管理公司管理的社保组合的投资绩效。如果社保组合表现不佳，不但会影响基金管理公司的品牌和声誉，甚至有可能被剔除出社保基金委托管理人的行列。因此，基金管理公司格外重视社保组合的表现。少数基金公司出现利益输送行为也就不难解释了。从2008年至2009年上半年的数据来看，国元基金管理公司旗下公募基金产品与该公司管理的社保111组合存在大量的交叉持股、共同进退的行为，有疑似利益输送之嫌。2008年末，社保基金111组合与国元基金不同的几只公募基金产品在新华医疗、远光软件、青岛双星、昆百大A、中恒集团之间存在着明显的交叉持股；2009年一季度，在珠海中富、山东高速、新华医疗之间交叉持股；2009年二季度，在万丰奥威、文山电力、山东高速之间存在交叉持股。

③ 基金公司利用新发产品拉升老产品重仓股，间接提升老产品整体业绩表现，也是利益输送的一种形式。

对于此种利益输送方式，相信业界会存在不同的看法。一种观点认为，由于基金经理需要面对排名的压力，在公司内部排名靠后的基金经理随时面临下岗。因此，基金经理不应当存在为兄弟基金进行利益输送的动力。对此笔者的看法是，需要根据基金管理公司的投资风格加以区分。在部分基金管理公司中，基金经理处于相对强势的地位，会享有较大的投资决策自主权（单兵作战风格）；而在另一部分基金管理公司中，投资决策委员会的作用更加重要，基金经理的个人权限较小（集团作战风格）。后面一类基金管理公司，在投资组合中的表现往往是多只基金交叉持股。对于此类基金管理公司，是存在利益输送的动机的。因为在交叉持股较多的情况下，新基金的建仓容易引发交叉重仓股价格的上涨，令原有基金净值受益。

④ 基金公司自购旗下产品，同时通过非公平交易行为利用非自购产品向自购产品进行利益输送。

基金利益输送的第四种形式是基金管理公司通过非自购产品向自

购产品进行利益输送。自从监管层放开基金管理公司自购产品后，很多基金管理公司纷纷自购旗下基金产品。从基金公司的利益出发，如果仅仅认购了其中的一只或几只产品，则可能存在着非自购产品向自购产品输送利益的动机。观察江南基金管理公司（化名，下同）自有资金的投资发现，江南基金管理公司动用自有资金申购了旗下三只基金产品，分别是基金永利 4498.85 万份，永利消费增值 3000 万份，永利富士 570.21 万份。其中，基金永利属于封闭式基金，存在较高的折价率，江南基金管理公司投资动因很可能是考虑到二级市场高折价率买入的安全边际。而开放式基金方面，江南基金管理公司主要持有永利消费增值。数据显示，截至 2009 年 8 月 28 日，永利消费增值基金今年以来收益率高达 62.62%，远远高于其它 5 只非指数偏股型基金。同一基金管理公司以雷同的投资风格运作不同的产品，却在半年的时间取得几十个百分点的投资收益差距，我们有理由怀疑江南基金管理公司通过非公平交易行为在非自购产品和自购产品之间进行了利益输送。

⑤ 基金经理及其关联方“老鼠仓”行为是最典型的利益输送。

在众多的基金利益输送形式中，基金经理“老鼠仓”是市场和财经媒体关注最多、也是监管部门最难以察觉的方面。因为前面四种利益输送方式都属于“公对公”的利益输送，监管部门可以通过交易账户记录等方式加以稽查。但基金经理“老鼠仓”，却因为涉及私人账户而难以察觉。这也是为什么至今仅有几例基金经理“老鼠仓”被认定和查处的缘故。2009 年市场中影响比较大的基金经理“老鼠仓”事件应属融通基金管理公司原基金经理张野。2009 年 4 月 9 日，媒体曝光神秘散户“周蔷”数次领先融通基金买入卖出一事，引起证监会高度重视，在看到媒体报道后，监管部门即展开了对此案的非正式调查。4 天后，对融通案正式立案。正式立案仅 47 个工作日后，证监会完成了对融通基金管理有限公司原基金经理张野“老鼠仓”案的调查和审理工作。证监会决定取消张野基金从业资格，没收其违法所得 229.48 万元，并处 400 万元罚款，同时对其实施终身市场禁入。融通基金亦被证监会基金部责令进行为期 6 个月的整改。从监管部门的角度来说，想要发现基金经理“老鼠仓”行为是一件非常困难的事情，但我们仍然可以从基金重仓股的盘中异动中发现些许的蛛丝马迹。例如，一些基金重仓股在盘中出现突然跳水而后又被迅速拉起，此种行为往往对应着“老鼠仓”（俗称“送礼”）。

除此之外，基金管理公司与代销银行、托管银行；公募基金与各种类型的私募基金、上市公司之间也存在不同形式的利益输送。本书限于篇幅，不再详述。

随着监管层对基金利益输送采取了更加严格的监管，基金利益输送违规成本和难度都在加大。相信一个规范、健康的基金市场正离我们越来越近。

（3）基金“内斗”使基金仓位流失。

2008 年 7 月初，受到多重利好刺激，A 股市场再度迎来放量大涨，其中沪综指以 4.59% 创出年内第六大涨幅，金融股再度恢复王者风范，领涨行业指数。但是市场上最主要的投资者——基金却未能坚持到黎明到来，数据显示，2008 年 6 月来一直增仓的基金在上周大举抛售，再度错失“抄底”绝佳良机。

据悉，2008 年 7 月第一周招商银行和中国平安跌停是因为某基金巨头违行规遭追杀。基金之间的内斗令其错失了绝佳的“抄底”良机，也让基金 6 月以来持续增仓积累的筹码付之东流。而 QFII 的卖出，很大程度上是受到市场上恐慌性杀跌的氛围所导致。

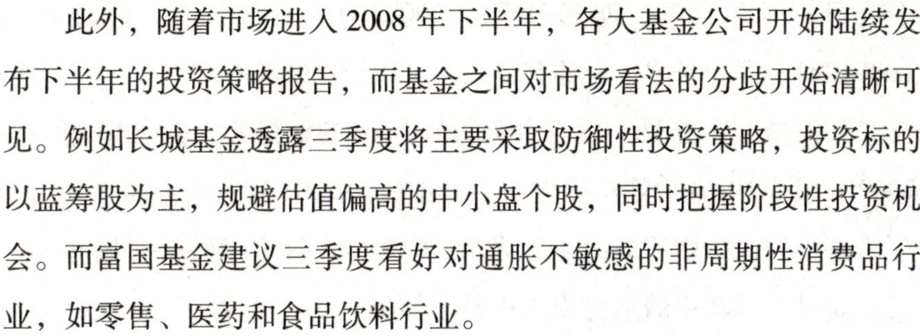

此外，随着市场进入2008年下半年，各大基金公司开始陆续发布下半年的投资策略报告，而基金之间对市场看法的分歧开始清晰可见。例如长城基金透露三季度将主要采取防御性投资策略，投资标的以蓝筹股为主，规避估值偏高的中小盘个股，同时把握阶段性投资机会。而富国基金建议三季度看好对通胀不敏感的非周期性消费品行业，如零售、医药和食品饮料行业。

而随之而来的是各大基金针对市场上的报告进行调仓，新一轮的基金重仓股筛选开始，基金公司不但将根据自己的策略选择股票和仓位，同时也将根据其它基金公司的策略来调整股票和仓位，其中小基金公司追随大基金公司，大基金公司交叉持股或抱团取暖的格局将重新形成，基金的不断调仓也将引发筹码的外流。

筹码的外流，这意味着什么，相信读者们心里都明白。不知道大家由此对基金又有何感想？正所谓“人无完人”、“人在江湖，身不由己”。

3. 券商

券商，就是指证券公司，在达到一定的条件（包括资金、人才各方面）后可以开展证券经纪、证券投资咨询、证券自营、投资银行、融资融券等方面的业务。券商是股票市场的重要中介，曾经是无数股民心目中的投资向导，但是，现在有太多太多的故事引起了股民和读者的兴趣和深思。

（1）券商预测准确率低源于利益纠结。

2009年末，又到各家券商发布新一年投资策略的时候了，但是在此之前，我们先看看券商2008年预测2009年行情的准确度。

选取10大主流券商，分别是中信证券（600030）、申银万国、中

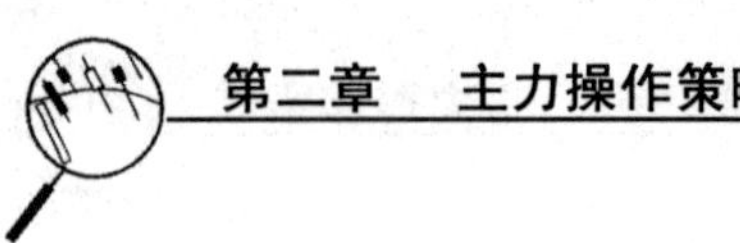

金公司、国泰君安、海通证券（600837）、安信证券、国金证券（600109）、联合证券、国泰证券和招商证券（600999）。他们是2009年《新财富》本土最佳研究团队的前10名的获得者。从这10家券商2009年发布的70份策略报告中，其中包括2009年年度策略报告、季度策略报告、中期策略报告以及在2009年8月大盘转折时发布的月报和周报，对其中的主要观点进行了提炼，统计结果显示，仅有47%的报告看准市场走势。

2008年的单边巨跌把市场跌怕了，即使面对国家出台的4万亿投资计划，也很少有券商能够放开胆子看多市场。选取的10家券商中，尽管有8家判定2009年市场会向上走，但没有一家预测到市场会演绎出如此波澜壮阔的行情，对上证指数最高位的判断普遍低于3000点。

统计显示，大部分券商预测2009年将呈现震荡筑底格局，上证指数波动区间基本在1400～2800点之间，但事实上，上证指数当年来的波动区间为1800点～3400点。由此可见，券商整体低估了当年的行情。

2009年8月份，A股急剧下挫，上证指数骤降21%创今年单月最大跌幅。颇为尴尬的是，80%的券商认为8月份大盘指数将再创新高，仅有2家券商进行了预警，分别为申银万国和海通证券。实际上，整个7月份，上证指数延续了2009年5～6月份缓慢上涨的趋势，一路突破市场认为的3000点阻力位，且一直上涨至2009年8月最高点3478点。随着大盘涨幅不断超越人们的预期，机构看多观点咄咄逼人并逐渐成为市场的主流声音，各券商在8月份前后策略报告中的观点也倾向于乐观。

按照常规逻辑，各大券商研究机构拥有顶尖的研究团队和强大的

资金实力、精密的策略模型，其研究成果理应比小股民的感性认识更具权威性。可实际上，从历史的情况看，券商策略报告无论是在大盘点位预测还是金股推荐上，准确度都很低。

券商策略报告的准确度恰恰验证了股市的相反理论，有人戏称券商报告是“反向指标”。私募人士吴某表示，当券商集体看多或看空某段市场走势的话，投资者不妨逆向思考，选择和券商相反的方向可能就是正确的。

“券商作为卖方机构，很少敢说真话。”究其原因，券商的看多行为应当与券商所服务客户的需求有关——当公募基金等机构客户正处于高仓位、重仓持有某些景气度即将下滑行业的股票时，这些券商的研究部门很难公开发表负面的看法。

目前国内券商研究部门主要靠提供研发成果赚钱和获取佣金分成，正所谓“以研养研”。这种情况下，券商对基金分仓的渴求就越发强烈，这意味着基金手握分析师的“饭碗”。

另外，目前决定分析师收入和职位高低的一些评选活动，其评价标准都是来自于对基金经理的调查。

如果券商说实话，除了会影响分仓收入外，还可能影响自己的佣金收入，“高端客户都离场了，谁还交易?”此外，还会间接影响新基金的发行。从上述几点来看，券商就很难作出公正客观的评价。

2009 年 8 月大调整前夕，突然多翻空的申银万国，就曾传出多家基金公司停交佣金的消息。尽管基金公司最终没有书面提出要求，作为知名机构的申万研究所受到基金如此威胁，还是让人感受到这种利益背后的强大力量。

机构客户作为券商研究部门最重要的客户——基金、私募等专门做投资的机构只看报告的逻辑、数据。希望券商的一些想法可能会弥补自己某方面的缺陷。

一般券商做预测都是建立在一定的假设基础上的。看券商报告，应了解其假设的前提，关注其假设的条件是否发生。比如中金公司2009年初看空后市主要是基于对政策转向的假设，那么在市场对于政策转向的预期转强之前，就不必过于担心。

券商报告对于私募的用处更多的表现在——券商报告能够提供详实的数据。私募由于规模小，特别是那些有几个人就能合伙成立的“地下私募”，根本没有精力和金钱去大量的调研，而券商财大气粗，正好可以替私募去调研。具体怎么用资料，则是仁者见仁，智者见智了。

不能深陷券商的研究报告，要跳出来看，要批判地看，否则就被券商牵着鼻子走了。由于每个券商的研究实力有差异，他们会区别对待。基金公司都有一套自己的评级标准，那些在各自行业中研究实力比较强的人、以及那些新锐人物的报告，会被他们重视；那些丧失职业道德，没有研究能力的分析师都会上黑名单。

（2）券商两地炒作共谋套利——中国石油之谜。

中石油已经成为中国股民2007年的最大伤痛，“亚洲最挣钱的公司”高开低走后套牢了无数的中小投资者。从其股票走势看，明显具有操纵痕迹，令受伤的投资者相信里面存在“阴谋”。虽然亢奋的投资者被套咎由自取，但是，那些操纵者和鼓吹者更应该受到谴责和惩罚。

经查证了解，锋锐证券（化名，下同）作为中石油A股联合主承销商，其母公司旗下锋锐集团100%控股的资产管理公司、金融服务公司等10多家机构，早在中国石油A股招股说明书正式公布前就联合搜集中石油H股筹码。当然，公司自称严格的“隔离墙”制度可以令锋锐集团的投行部门与自营部门、资产管理部门避免内部交易、市场操纵及其它类似非法行为的发生。但是，出现的“巧合”却加深了市场的疑虑。

众所周知，内地宣布将实施港股直通车后，有大量热钱资金涌入港股。由于两地上市的 A + H 股，尤其是大型央企，H 股股价远远低于 A 股，因此，港股被认为具有较大上涨空间，而投机资金拉涨 H 股，也同样助涨 A 股，实现两地套利，这起初在金融股迹象比较明显，当中国神华（601088）、中国石油（601857）等能源股内地上市前后，追求两地套利的资金更是汹涌而入。

这并非内地资金的独角戏，国际游资和外资机构也顺势而为，甚至更早布局，以获取投机暴利，一些国际金融巨头的投行和资产管理部门均有参与，虽然难言违规，但有滥用信用之嫌。而在 2007 年底，锋锐集团将中国石油 H 股的评级从中性上调至买入，理由之一是母公司可能注入对政治因素敏感的石油资产，如位于苏丹大约 500 万桶的可采石油储量。将局势动荡且备受争议的苏丹石油资产注入国际化上市公司的可能性几乎没有，锋锐集团只不过为唱多寻找理由。

到底是谁制造了中石油的悲剧？这是一个谜题。毫无疑问，一批来自不同地方且规模巨大的资金在两地套利炒作上意外共谋，在中石油 H 股、涡轮以及抬高 A 股开盘价格上联动投机，要找出制造中国石油的明晰主角确有难度。一个神秘的 A28090 席位，在几个主要指标股上疯狂做空。

以中石油为例，2007 年 11 月 5 日以比 H 股价格高 1 倍的 48 元高价登陆 A 股市场时，该席位并未逢高套现，仅在第二天股价跌至 40 元一线时抛出 14.79 亿元，之后便一度销声匿迹。当上证综指于 2007 年 11 月 28 日开始进入反弹后，该席位却又再度发力，分 10 天集中抛售中国石油，并且是股价越低，抛出数量越多，行为莫名其妙。

中石油股价显然已被操纵，开盘价如此之高并非散户所能为，11月19日计入指数前，中石油股价围绕38元震荡，而计入指数后，几乎一路不停地做空至30元搭建平台，大盘相应下挫400点左右。在机构投资者看来，目前蓝筹股泡沫遭集体释放的情况下，中石油30元的价格仍然不具有投资价值，即如果没有彻底释放泡沫，中石油不具有上涨的空间。

悬停在30元平台的中石油似乎是在等待股指期货的推出，因为到时选择向上做多至40元或向下做空至20元都有可能，投机价值更大。如果操纵者当前令中石油破位下行，不仅流失廉价筹码，也可能因机构投资者建仓而丧失主导力量。

从开盘两日高达60%以上的换手率估算，以目前30亿股的流通量，至少有1/3多套牢在40元上方，这意味着，如果未来操纵者在20－40元之间运作，中石油流通筹码比实际数量大幅减少，更易于操纵，操纵者也可在其主导的区间洗低成本价格，并可在境内外指数产品获利。问题是，在散户账号占绝对数量的情况下，谁是操纵者，这是一个谜题，除非监管层进行不懈的调查。

被国际大行广誉为“亚洲最赚钱公司”的中国石油（601857）A股回归，终以“让人不愉快”的方式落定！

市场公开数据显示，在2007年11月5日——12月20日的34个交易日内，中国石油（601857）股价累计下跌37.24%，共计1767亿资金深套其中。

与持有中国石油（601857）国内投资者惨淡度日形成鲜明反差的是，锋锐集团却利用中国石油A股发行赚得盆满钵满。

不仅其旗下的锋锐证券作为联合主承销商，能从高达5.56亿元

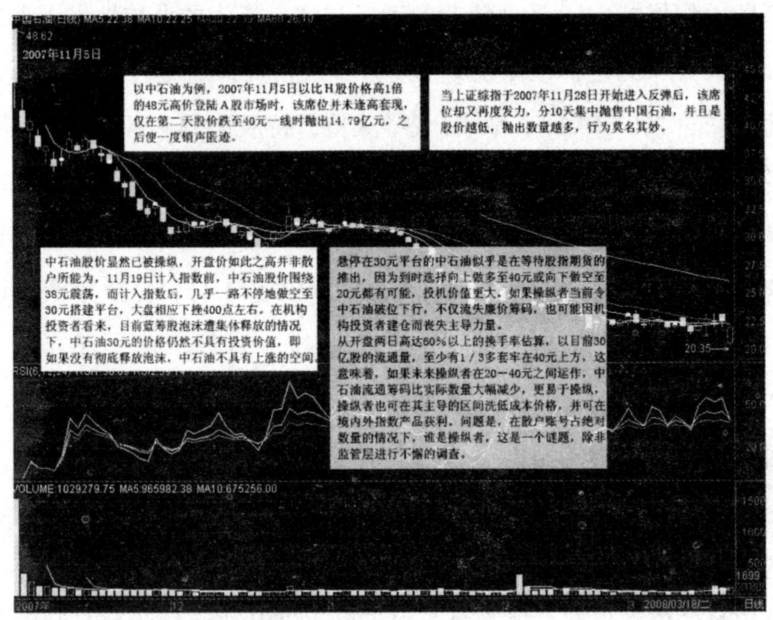

图2－14　中国石油（601857）

的发行费用中分得不小的一杯羹，而且锋锐集团100%控股的资产管理公司、金融服务公司等10多家机构，早在中国石油A股招股说明书正式公布前就已联合潜伏中国石油股份（0857. HK）中，于A股上市发行前后依次采用收集、拉升、减持、沽空手法，通过影响中国石油H股正股及相关权证价格大获其利。

有业内人士指出，锋锐集团控制的机构不应该在锋锐证券担任主承销商期间介入中国石油H股，因为这些机构和锋锐证券是一致行动人，存在内幕交易嫌疑，而这些机构在香港市场中国石油股份（0857. HK）的操作手法已涉嫌市场操纵。锋锐集团进出中国石油股份之所以引人注目，完全因为由锋锐集团实际控制的锋锐证券在这段时间担任中国石油A股发行的联合主承销商，锋锐集团具有接触中国石油A股发行内幕的天然便利条件。锋锐集团藉此敏感之际在香港市场持续大幅增持中国石油 H 股的动机与这一行为的合法性发人深思。

耐人寻味的是，在锋锐集团发布买入投资评级报告后不久，锋锐集团账户自 2007 年 11 月 29 日大举减持，持股比例从 2007 年 11 月 20 日的 6.42% 降至 5.87%，2007 年 12 月 17 日，锋锐集团的持股比例继续降至 5.16%。而就在锋锐集团账户股票持续减持期间，锋锐集团研究报告继续唱多中石油 H 股。2007 年 12 月 4 日，锋锐集团建议趁国际油价调整时买入中国石油（0857. HK）。

但令人遗憾的是，锋锐证券对中国石油股份调级变动并没能改变锋锐集团控制机构的抛售决心，中国石油股份的股价一路走低。

尽管中国证监会发审委在中国石油发审过会期间，对相应主承销商的独立、公正性也非常关注，但是担任主承销商国际大行具有覆盖全球市场的资源优势，尤其是可以借助香港开放市场和交易制度的灵活性为自己牟利，如果监管层对某些环节进行调查，也会因两个市场监管信息的共享缺乏互动而无法达到预期效果。

（3）券商夸奖下的"老鼠仓"。

在基金"老鼠仓"被人人喊打之后，市场的另一主力券商近期也陷入了内幕交易的质疑。南京一券商工作人员，因涉嫌高淳陶瓷（600562）的内幕交易，被公安机关带走协助调查，揭开了券商内幕交易的一角。另外，不少券商利用自营盘事先"潜伏"某股票，然后再公开推荐该股，逢高卖出，这种"变相老鼠仓"在券商中也不少见。

根据《证券时报》的报道，南京一券商自营部门员工因涉嫌内幕交易被公安机关带走协助调查。2009 年 4 月 21 日，高淳陶瓷发布停牌公告称筹划重大重组，但前一天股价就封上涨停，复牌后更是连续 11 个涨停，累计涨幅超过 180%（见图 2－15）。市场质疑其在停

牌前就已泄露消息，随后监管部门介入，并抓获某券商自营人员。

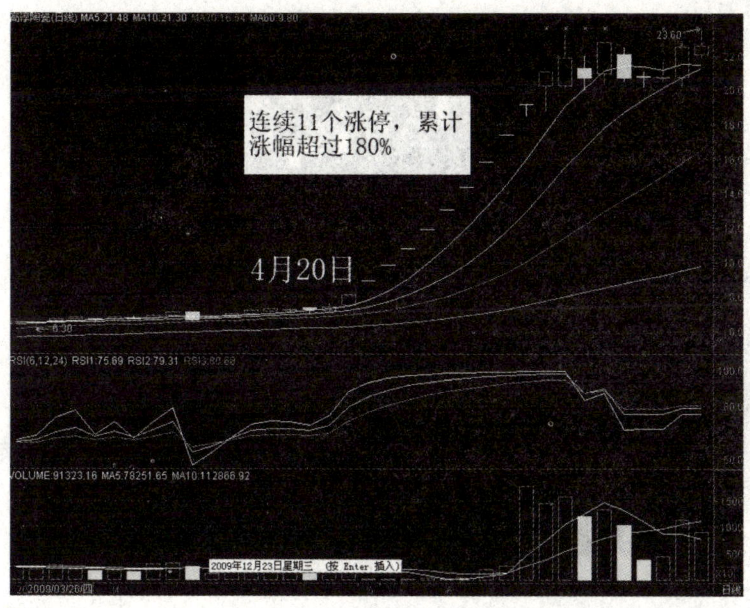

图 2－15　高淳陶瓷（600562）

“券商自营盘效益不高，跟‘老鼠仓’有很大关系。”一位券商高层曾经坦言，自营盘操盘手辛辛苦苦一年，可能年薪几十万，但靠“老鼠仓”分成就获利几百万。尽管券商都有各种隔离和监督处罚措施，但在实施中，“老鼠仓”仍是禁而不止。出于斩断“老鼠仓”的考虑，不少券商早就清除了自营盘，专心做经纪和投行业务。

券商的研究报告，也是不少投资者获取上市公司信息的重要管道。但现在看来，在投资者获取这份报告之前，不少机构和大户早就先睹为快了。

2009 年 11 月 23 日，旭阳证券（化名，下同）公开发布研究报告《五洲明珠：短期看涨价长期看机制》，以未经涨价受益为由推荐五洲明珠（600873），随即五洲明珠（600873）出现井喷走势，两天暴涨近20%（见图2-16）。

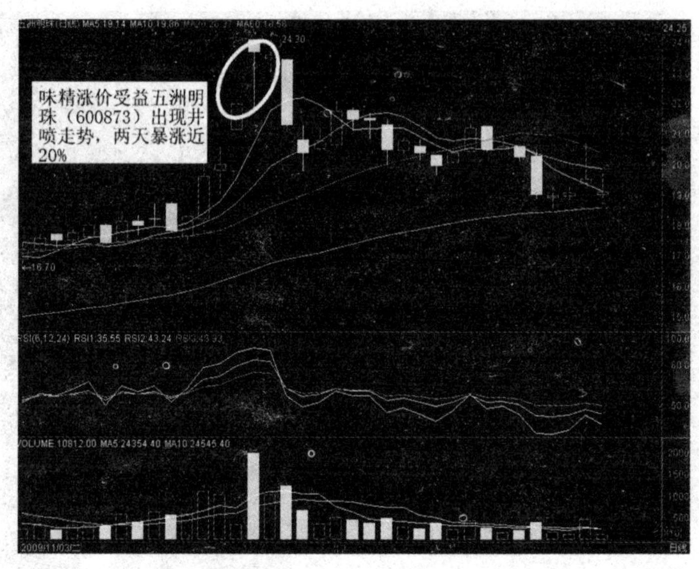

图2-16　五洲明珠（600873）

然而，投资者追涨五洲明珠（600873）时，旭阳证券的交易席位却在大举抛售，在暴涨的两天内卖出3944万元，是最大的卖出方。五洲明珠（600873）三季报显示，旭阳证券自营盘在第三季度就已大举买入284万股，成为公司第二大流通股东，是此次股价暴涨的最大受益者。

有投资者质疑旭阳证券的做法，因为其自营盘早早潜伏五洲明珠（600873），研究报告又成为五洲明珠（600873）的暴涨推手，自营盘再逢高卖出，接盘的投资者则高位套牢。

同样的情况还出现在华丰证券（化名，下同）的重仓股鱼跃医疗（002223）和华域汽车（600741）中。9月2日，华丰证券发表了《华域汽车：目前市净率最低的汽车股》的文章，推荐该股。2009年9月21日，华丰证券发表了《鱼跃医疗：进军医院市场，谨慎推荐》

的文章，文中提到鱼跃医疗前景看好，并预计公司2009～2011年每股收益能够达到0.58元、0.80元和1.09元，给予公司谨慎推荐的投资评级。

而在2009年3季报中，投资者惊讶地发现，华丰证券的自营盘中，华域汽车（600741）、鱼跃医疗（002223）都在重仓股行列。

根据证监会发布的《证券公司内部控制指引》，证券公司完善内部控制机制必须遵循“防火墙原则”，公司，投资银行、自营、经纪、资产管理、研究咨询等相关部门，应当在物理上和制度上适当隔离。对因业务需要知悉内幕信息的人员，应制定严格的批准程序和监督处罚措施。

券商的自营盘在买入相关个股时，到底有没有受到自己公司研发部门的“指点”，这仍是一个谜，但从几大券商的研发报告与自营盘的行动高度一致来看，似乎两者之间存在很多默契。

4. 险资

提起险资，先要告诫各位不要看不起卖保险的。凭借他们的财力，在股市上呼风唤雨的威力会让人记忆深刻。

遭遇股市大跌，他们顺利逃顶；股市上涨，他们提前潜伏。2009年，中国平安（601318）等保险机构在股市操作中“先知先觉”，并利用自身实力影响股市波动的说法，吸引越来越被投资者所关注。

2009年11月19日，大盘经过3个月的顽强反弹，站上3300点的整数关口。然而，就在此时，中国平安却陆续发出赎回基金的指令，从19日开始后的一周内，其手握的近100亿元规模的基金及股票资金悄然离场。中国平安的动作似乎有很强的示范性，不少机构选择了与其同进同退。数据显示，2009年11月以来，被视为机构风向标的上证 50ETF 连续两周累计净赎回 2.97 亿份，按均价计算净流出约 7.43 亿元，基金也由于遭遇大面积赎回被迫卖出股票。

山雨欲来风满楼。这一时期，上证综指重新站上 3300 点整数关口，离 3478 的前期高点仅一步之遥。就在投资者期望大盘一鼓作气再创新高的时候，机构的减仓行为引发大盘动荡，2009 年 11 月 24 日，沪深股市突现近几个月少见的大跌，上证综指当日下跌 3.45%。在 25 日短暂反弹之后，接下来的两日再度大跌，一直下探至 3000 点左右，沪综指短短一周下挫 250 点，很多投资者始料不及。

这种情形犹如 2009 年 8 月大跌的“情景再现”。当时的情形是：A 股自年初起就一路小跑，呈现单边上扬态势，8 月初便站到了 3400 点的高位，市场做多氛围日趋浓厚。8 月 5 日，大盘站上 3478 的年内高点后，开始出现调整，不少投资者都以为，大盘只是短暂停留喘喘气而已。但 10 日下午收盘后，某券商发出信息显示，当日保险资金出现大规模赎回，其中仅中国平安（601318）一家就赎回 80 亿元，中国人寿（601628）也有一定额度的赎回。紧随两家保险巨头，其它机构纷纷减仓。这被市场解读为保险机构集体看空。大机构资金动向的示范效应，犹如推倒了多米诺骨牌——小机构、散户接到这个信号后，恐慌情绪上升，纷纷进行抛售，随后大盘一路直下。这一波调整贯穿了整个 8 月份，使得大盘元气大伤。但出乎意料的是，事后发现，在 8 月 20 日左右中国人寿（601628）又开始进场了，短短一周内，中国人寿（601628）分四批申购了规模约为 200 亿元的指数基金。而中国平安（601318）也在 8 月 25 日申购 1 亿份左右的偏股型基金。8 月 27 日，媒体曝出中国人寿（601628）和中国平安（601318）通过大规模申购指数型基金迅速抄底的消息。

暴跌时迅速逃顶，市场处于低谷时又果断抄底，保险机构的“先

知先觉”，受到一些市场人士的顶礼膜拜，有人将其奉为“股市先行者”，精确地预测到了市场走势。但同时，也有大量投资者指责保险机构，利用自身在资金方面的优势左右市场，不顾散户死活。

面对各方议论，中国平安（601318）辩解称，这源于其波段操作策略。中国平安（601318）2009 年 11 月份这轮减仓百亿元，除已达到投资预期而锁定利润这个驱动因素外，关键原因还是公司投资部门对年尾行情分析偏谨慎。

采取谨慎行为的最大理由在于，担心海外经济数据有可能出现下跌，从而带动海外股市走弱，进而影响 A 股。巧合的是，世界经济随后便遭遇迪拜危机事件。正是基于这样的判断，让中国平安（601318）早在 2009 年初就制定好了投资策略，即“在 2800 点至 3400 点之间来回做波段”。事实表明，中国平安（601318）的波段操作成效明显，跑得快就能换来好业绩。中国平安（601318）2009 年三季报显示，第三季度实现投资收益 107.54 亿元，较 2008 年同期的 31.22 亿元大幅增长 244%。

有券商金融行业分析师说，虽然保险资金作为长线投资，“买入并持有”是其最主要的操作方式，但从目前市场环境来看，仍然存在较大的不确定性，进行波段操作成为保险机构的不二之选。

不过，与 2009 年 8 月的保险资金集中撤退不同的是，11 月份的这次波段操作中，中国平安（601318）却唱了一出“独角戏”，中国人寿（601628）、中国太保（601601）并未随其同行。从基金、券商的信息回馈来看，中国人寿（601628）、中国太保（601601）目前没有明显的赎回动作，持仓较为平稳。

据业内人士透露说，保险公司的投资流程大致是：保险公司下设投资决策及资产负债匹配两大核心委员会，每逢年初定下一整年的投资战略，对每个投资组合（债券、基金、股票、银行存款等）设定大致的比例上下限。而大多数保险公司对投资有内部考核标准，对权益类投资主要是依据基金指数和沪深300指数。这也是为何中国人寿(601628)、中国平安（601318）等保险巨头喜好偏股基金，尤其是高风险的ETF指数型基金。短期内会根据宏观经济指标、技术指针等，对投资组合进行动态调整。

在具体波段操作上，中国平安（601318）等保险机构先行买入上证50指数成份股，建仓完成后，再申购指数基金。而指数基金必须被动大量买入权重股。此时，市场上形成做多氛围，指数开始上行，各路投资者开始购进股票参与做多。

随着大盘的上涨，当涨幅达到机构所预期的幅度，保险机构就开始逐渐减持手中股票。随后，他们又开始大规模赎回基金。在大额赎回压力下，指数基金被迫抛售股票。再加上大机构赎回股票本身就是看空信号，其它投资者纷纷跟随卖出，市场开始出现下跌。而等大盘调整到一定幅度，大机构再次进场抄底，又开始了下一轮的操作。

有媒体将这种操作方式形象地比喻为“割韭菜”，利用波段多次操作，其要点是绑上基金，通过申购和赎回基金时，使得基金在股市上被迫跟随操作。

并非所有的保险资金都能精于此道，也有看走眼的。某保险公司就一贯主张保守策略。在今年一次内部会议上，该公司高管直言：宁可踏空，不可犯错，落袋为安。正是这十二个字的投资方针，让这家公司今年上半年权益类仓位最低控制在5%以内，“踏空”了行情。

另外，保险巨头的“割韭菜”不仅使散户受伤，甚至还殃及一些中小保险公司。在2009年上半年观望犹豫痛失波段行情后，2009年7月初大盘达到3000点关口时，不少中小保险公司开始集中加仓，

部分公司甚至接近满仓操作。岂料8月遭遇大跌。由于上半年投资收益没有及时锁定，后又满仓买入，出货不充分，最后沪综指跌至2700点位时又不敢抄底，导致9月初有近半数中小保险公司出现浮亏苗头。究其原因在于，中小保险公司的投资规划远不如保险巨头那么缜密，这也更凸显出中国平安等巨头在市场中举足轻重的地位。

数据显示，截至2009年9月末，我国保险资金运用3.4万亿元，其中债券占50.6%，银行存款占29.3%，基金占6.4%，股票股权占10.8%。由此推算，包括基金和股票在内，保险机构投入股市的资金已经有数千亿。其中，大半壁江山都掌握在中国人寿（601628）、中国平安（601318）这几家保险巨头手中。中国平安今年半年报显示，中国平安持有的前10大上市公司股权，都是A股市场最具代表性的大盘股，仅招行（600036）一家市值就接近3000亿。而这些大蓝筹的一举一动，都牵引着大盘的走向。除了股票，保险机构还手握大量基金。2009年上半年，中国人寿（601628）投资资产合计10430.6亿元，其中证券投资基金为576.28亿元，占比5.52%。中国平安（601318）投资资产合计5135.77亿元，其中证券投资基金239.57亿元，占比达到4.7%。两家投在股票和基金里的资金大致在1300亿、400亿左右。

中国平安（601318）等保险巨头就像股市里的“巨无霸”，这些大资金的操作，本身就可以左右股市，且具有市场风向标的意义。从长期来看，保险巨头的仓位操作并不能改变市场大趋势。2009年上半年上涨态势确立时，保险机构也曾发生过较大的赎回行为，但对市场并未产生根本影响。而在大盘走上3000点以上相对高位，多空处于僵持状态时，“巨无霸”的影响力就不一样了。尤其是当市场处于脆弱平衡时，保险巨头本身拥有的“弹药”就具有足够威力，而其选择往往还具有“一呼天下应”的效果，能引发机构和散户跟风操作，形成一股巨大的合力。

5. 其他

社保基金，就是社会保障基金，其与社会保险基金有着本质的区别。2000 年 8 月，为了给社会保险基金提供战略储备，弥补今后人口老龄化高峰时期的社会保障需要，国务院决定建立“全国社会保障基金”。由于它的重要性，所以其一举一动对股市的影响可以预见。又如前所述，社保基金与证券投资基金关系密切，关注股市的读者要多留意社保基金的动态。

游资，股市中有太多太多精彩的剧目由它们主导上演。他们的疯狂，常常令投资者叹服并积极追寻，在本书后面的章节，我们将会向读者详细介绍游资的一些精彩故事。

媒体，包括电视、广播、报刊杂志、互联网等，与人们生活非常贴近。在股市中，媒体的一颦一笑时而掀起风波，时而如春风送雨；媒体向大众传播的信息会影响到他们的投资心态和投资策略。对于媒体，我们要以辩证的方法看待分析。

2.3 主力寻找卖点的技巧

投资者在准备买入股票时，还能够谨慎小心，做好充分的准备。而一旦持股之后，情绪就紧张起来，无法把握卖出时机。因此需要给自己确定一些基本的卖出策略，以摆脱不理智的情绪对投资决策的干扰。都说股市中会卖的是老师，可见投资股票时寻找合适卖点的难度。究竟应该如何寻找卖点？根据具体情况，股票的卖点可以分为止损点、止平点、止盈点。

1. 止损点

股市永远是一个机遇与风险并存的市场，因而股市中很少有常胜将军，即便是巴菲特和索罗斯之类的顶尖高手，也常有失手之时。这说明就是再聪明的人也有被套的时候，何况一般股民。正因为如此，被套并不可怕，可怕的是不会解套。有的股民被套后以积极的方法寻求解套的办法，或者止损将损失减少到最低程度，或者补仓以寻找反败为胜的机会，他们无疑是股市高手；但有相当一部分股民被套后则是惊慌失措，要么不会止损，任凭股价跳水，要么高位补仓，低位割肉，结果越套越深。被套后的心态不同，策略各异，便分出股市上的智慧高低，分出股民中的胜负赢亏。

关于止损的重要性，专业人士常用鳄鱼法则来说明。鳄鱼法则的原意是：假定一只鳄鱼咬住你的脚，如果你用手去试图挣脱你的脚，鳄鱼便会同时咬住你的脚与手。你愈挣扎，就被咬住得越多。所以，万一鳄鱼咬住你的脚，你唯一的机会就是牺牲一只脚。在股市里，鳄鱼法则就是：当你发现自己的交易背离了市场的方向，必须立即止损，不得有任何延误，不得存有任何侥幸。鳄鱼吃人听起来太残酷，但股市其实就是一个残酷的地方，每天都有人被它吞没或黯然消失。

再请看一组简单的数字：当你的资金从 10 万亏成了 9 万，亏损率是 1 ÷ 10 = 10%，你要想从 9 万恢复到 10 万需要的赢利率也只是 1 ÷ 9 = 11.1%。如果你从 10 万亏成了 7.5 万元，亏损率是 25%，你要想恢复的盈利率将需要 33.3%。如果你从 10 万亏成了 5 万，亏损率是 50%，你要想恢复的盈利率将需要 100%。在市场中，找一只下跌 50% 的个股不难，而要骑上并坐稳一只上涨 100% 的黑马，恐怕只能主要靠运气了。俗话说得好：留得青山在，不怕没柴烧。止损的意义就是保证你能在市场中长久地生存。甚至有人说：止损 = 再生。

学会止损是股市投资生涯必须的入门阶段，不肯承认错误，认为“没有卖出去就没有亏”只能被看作是不敢面对现实。但是，止损不是说股票一跌就要斩仓。如果整体投资环境并未变坏，股市并未转入空头市场，你进股的时机又不是在高位，所进的股票又没有大的利空消息，你就没有必要为一时的涨停而忧虑，甚而轻率地斩仓割肉，但如果股市已进入空头市场，股指已出现高台跳水，而你进的股票又爆出巨额亏损，或者弄虚作假的丑闻，则你就必须当机立断，立即斩仓止损。具体来说，是否需要斩仓，可以从以下几个方面进行考虑：

一是发现买错了股票。包括三种情形：

（1）判市错误，本以为大市已经企稳转暖，结果买入股票之后，大市继续走低，所买的股票亦随大市继续回调；

（2）误听人言，股友或传媒传闻某某股有利好题材，将会有较

大升幅，信以为真，追涨杀入，结果一跌再跌，证明是讹传；

（3）买入股价过高，上升空间小，下跌空间大，形势恶化后不如先斩仓出局。

二是发现买入的基本理由已变。一般买入某只股票，都有几条基本理由，可是买入之后，却发现有的基本理由已改变，例如，某股原预告有高送配，后来大股东作梗，改为少送配，甚至不送配；又如某股原预告有重组题材，后重组不成功等。自己购买的理由变了，预期的上升空间没有了，则要赶快止损，否则将面临更大的损失。

三是大的利空出现。所谓大的利空，包括政策性风险、上市公司的重大变故或业绩大幅滑坡等。

四是股价跌破重要的支撑位或者重要的技术指标变坏。买入一只股票，每一个人都是预计它会升才买入，可是常常事与愿违，买入股票后，不升反跌，或者升后下跌，若是做短线的，应该先行斩仓出局，否则可能会越跌越深，直至将你套牢；如果是做中长线，如果你选股没有错，买入的理由没有变，介入的时机也不错，可以不计较其一时的升跌。但如果跌破重要的支撑位，也可以考虑减仓或者暂时出局观望，待形势明朗后再作打算。

确定止损点的方法。止损点的设置，会因人而异，主要有如下方法：

回撤止损。如果买入之后价格先上升，达到一个相对高点后再下跌，那么可以设定从相对高点开始的下跌幅度为止损目标，这个幅度的具体数值也由个人情况而定，一般可以参照最大亏损法的百分点。另外还可以再加上下跌时间（即天数）的因素，例如设定在3天内回撤下跌5%即进行止损。回撤止损实际更经常用于止盈的情况。

横盘止损。将买入之后价格在一定幅度内横盘的时间设为止损目标，例如可以设定买入后5天内上涨幅度未达到5%即进行止损。横盘止损一般要与最大亏损法同时使用，以全面控制风险。

期望R乘数止损。R乘数就是收益除以初始风险，例如，一笔交易最后实际获利25%，初始风险假设按最大亏损法定为5%，那么这笔交易的R乘数就是5。我们现在要反过来应用它的概念，先算出一个期望收益，再定一个期望R乘数，然后用期望收益除以期望R乘数，得出的结果就是止损目标。关于期望收益的确定，如果你是一个系统交易者，那么可以用你的系统历史测试的平均每笔交易收益率（注意不是平均年回报率）；如果你不是一个系统交易者，你可以用经验判断这笔交易的预期收益。期望R乘数建议一般取2.7～3.4之间。

移动均线止损。短线、中线、长线投资者可分别用MA5、MA20、MA120移动均线作为止损点。此外，EMA、SMA均线的止损效果一般会比MA更好一些。MACD红柱开始下降也可以作为一个不错的止损点。

成本均线止损。成本均线比移动均线多考虑了成交量因素，总体来说效果一般更好一些。具体方法与移动均线基本相同。不过需要提醒的是，均线永远是滞后的指标，不可对其期望过高。另外在盘整阶段，你要准备忍受均线的大量伪信号。

布尔通道止损。在上升趋势中，可以用布尔通道中位线作为止损点，也可以用布尔带宽缩小作为止损点。

波动止损。这个方法比较复杂，也是高手们经常用的，例如用平均实际价格幅度的布尔信道，或者上攻力度的移动平均等作为止损目标。

K线组合止损。包括出现两阴夹一阳、阴后两阳阴的空头炮，或

出现一阴断三线的断头铡刀，以及出现黄昏之星、穿头破脚、射击之星、双飞乌鸦、三只乌鸦挂树梢等典型见顶的K线组合等。

K线形态止损。包括股价击破头肩顶、M头、圆弧顶等头部形态的颈线一阴断三线的断头铡刀等。

切线支撑位止损。股价有效跌破趋势线或击穿支撑线，可以作为止损点。

关键心理价位止损。关键心理价位有的是股评和媒体合伙制造出来的，如某股评人士说对某只股票要注意什么价位，这句话在市场广为人知，那么这个价位就成了市场心理价位。另外整数字元、历史高低点、发行价、近期巨量大单出现的价位等都可能成为关键心理价位。

筹码密集区止损。筹码密集区对股价会产生很强的支撑或阻力作用，一个坚实的密集区被向下击穿后，往往会由原来的支撑区转化为阻力区。根据筹码密集区设置止损位，一旦破位立即止损出局。不过需要注意的是，目前市面上绝大多数的股票软件在处理筹码分布时没有考虑除权因素。如果你所持个股在近期（一般是一年以内）发生过幅度比较大的除权，则需防止软件标示出错误的筹码密集区位置。

筹码分布图上移止损。筹码分布图上移的原因一般主要是高位放量，如果上移形成新的密集峰，则风险往往很大，应及时止损或止盈出局。

SAR（抛物线）止损。在上升趋势中，特别是已有一定累积涨幅的热门股进入最后疯狂加速上升时，SAR是个不错的止损指标。不过在盘整阶段，SAR基本失效，而盘整阶段一般占市场运行时间的一半以上。

TWR（宝塔线）止损。宝塔线对于判断顶部的作用比较明显，一般在已有较大涨幅时出现三平顶或连续红柱，这时如果转绿，往往预示着下跌即将开始，应进行止损。

CDP（逆势操作）止损。在熊市中后期进行超短线（T+1 或 T+2）操作时，可以将 CDP 的 NL 作为止损点。

止损的方法远远不止以上所说的这些，以上所也仅供参考。根据自己的操作风格以及每次操作的具体情况，建立和熟练运用自己的止损方法，才是最重要的。陈浩先生有句话大意是：买入的理由可以有 N 条，但卖出的理由只要有一条就够了。所以建议最好多掌握一些止损方法，既筛选优化，也综合运用。对于资金量超过 50 万的大户朋友，或者投入一只个股的资金量超过 20 万元的，还要注意止损点的设置要尽量放到市场关键价位以上，否则到时候想跑找不到路，闷进去出不来。

理论上说，止损的最好方法是不需要止损，也就是提高操作决策的正确率和准确率。这方面除了掌握好选股选时的基本功之外，还可以将前面说的止损方法作为限制性条件加入买入决策过程。不管你根据什么理由和条件，选好了一只股之后，还要看看这只股目前是否处于按照你的止损方法应该进行止损的状态。通过把止损方法反过来加为买入决策的限制性条件，可以在相当程度上减少需要止损情况的发生。

建议读者进行投资时对所有每笔交易在买入之前，都先预设好止损点或止损计划，把这项工作当作一个必须的决策程序或操作纪律。当你预先设立止损点，就会多一份冷静，少一分急躁，从而减少错误决策的产生。严格来说，止损实际属于资金管理的内容，清晰完整的资金管理计划是比单独止损更高的境界层次。

2. 止平点

止平与止损、止盈不同，它是指不让自己已经获利的股票再次被套，在股价下跌到保本价及时抛出。这种方法可避免投资者由营利转变为亏损。止平操作的核心要领是：绝不让自己已经盈利的股票变成被套的股票。

有的股民认为股票止平法是一个很鸡肋的方法，炒股是为了盈利，如果只是保本这种操作有何意义呢？其实不然，黑格尔说过一句话，存在就是合理的。这句话用在股票止平法上同样适用。有很多股民忽视它的存在，是以为这种方法并不能让投资者及时获利。这与投资者入市的目的是相违背的。其实这是一个片面的观点，入市炒股当然是为了获利，但股市并不是印钞机，它不会以个人意愿为转移，在丰厚的利润背后同样隐藏着风险。所以炒股的第一规则是保本，首先是保住自己的本金，有了本金你才有获利的希望，即便稍有亏损，日后遇上好的行情才有反败为胜的一天。而股票止平正是基于这样的一种目的。

将止平与止盈结合使用，操作十次中，其中只要有七次盈利，每次只要能有三、五个点的盈利，这样十次操作你至少就有二十一个点的获利。

运用止平法的关键在于计算出自己的保本价是多少，这需要投资者了解两个方面的费用：

一是了解股票交易的费用标准。投资者根据自己所在营业部的具体佣金标准和证券交易印花税标准，结合自己的成交金额进行计算，从而得出自己的保本价。

二是根据持股的时间计算机会成本。例如某位投资者买进 100 万

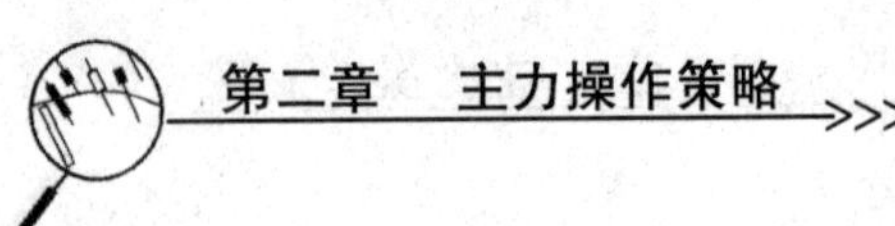

元的股票，并持有一年时间，那么这笔资金就被股票所占用，没有取得其它（如银行存款利息）收入。如果假设该投资者将100万元资金存入银行，按照现行利率标准，一年后他可以取得2.25万元的利息收入。投资者必须将这笔机会成本计算为自己持股成本的抬高，并由此计算出真实的保本价。当股价跌落到保本价时，立即卖出，从而保住自己的投资本金。

3. 止盈点

如果理解并坚持了“永远站在零点”这个理念，那么止盈实际上也可以看做是止损了。股谚云：会买的是徒弟，会卖的才是师傅，这里说的会卖既包括止损，也包括止盈。在现实的市场里，经常见到有些朋友熟练掌握止损技术割肉大法，自豪宣称远离了套牢，但却不善止盈，经常坐电梯、过山车，或者轿子刚抬起就慌慌张张窜下来，然后一边目送轿子上山越走越远，一边捶胸顿足痛骂自己。长安汽车的股东人数在02年9月底是72655人，到了03年6月底只剩17551人，这中途下轿的至少55000多人比其它没上过轿的人还要懊恼。要做好止盈，首先还是要忘记买入价，只根据市场本身当前的走势情况决定是否卖出，既不怕高路入云端，高处能胜寒，又不贪轿子舒适，该下地时就果断下地。其次，就是综合运用后面说到的各种止损方法，以止损的眼光来对待止盈。

止盈操作的核心要领是：克制永无止境的贪心，获利时要有卖出的决心。

止盈的方法有两种：

一是静态止盈。它是指设立具体的盈利目标点，一旦到达盈利目标点时，要坚决止盈，这是克服贪心的重要手段。许多投资者总是担

心，如果卖出后可能会失去后市行情中更高的卖出价格。这种情况是客观存在的，在实际操作中很多时候会出现卖出后还有更高卖出价的情况。但是，投资者如果贪心的试图赚取每一分利润，则是不切实际的，而且风险很大。

静态止盈点就是所谓的心理目标点，其设置的方法主要依赖于投资者对大势的理解和对个股的长期观察，所确定的止盈点基本上是静止不变的，当股价涨到该价位时，立即获利了结。

这种止盈方法适合于中长线投资者，即投资风格稳健的投资者。进入股市时间不长、对行情分析能力较弱的新手，通常要适当降低止盈点的标准，提高操作的安全性。

二是动态止盈。它是指当投资的股票已经有盈利时，由于股价上升形态完好或题材未尽等原因，投资者认为个股还有继续上涨的动力，因而继续持股，一直等到股价出现回落，当达到某一标准时，投资者采取获利卖出的操作。

动态止盈点的设置标准：

（1）价格回落幅度。

股价与最高价相比，减少5%－10%时止盈卖出。这只是一种参考资料，如果投资者发现股价确已见顶，即使没有跌到5%的标准，也要坚决卖出。

（2）均线破位止盈。

在上升行情中，均线是尾随股价上升的，一旦股价掉头击穿均线，将意味着趋势转弱，投资者要立即止盈，保住胜利果实。

（3）技术形态止盈。

当股价上升到一定阶段，出现滞涨，并且构筑各种头部形态时，要坚决止盈。

止盈的心理要求：止盈中最重要的心理要求就是要有卖出的决心，当股价出现滞涨或回落时，处于盈利阶段的投资者不可能无动于衷，也不可能不了解止盈的重要性，所缺少的正是止盈的决心。因此，投资者在止盈时不能犹豫不决而贻误时机，一定要进行停止继续盈利的操作。如果说，止盈是保证资金市值稳定增长的基础，那么，决心就是有效实施的基础。

第三章

主力操作行为

主要内容

◇ 3.1　解读“老鼠仓”行为

◇ 3.2　主力吸筹行为解读

◇ 3.3　主力洗盘行为解读

◇ 3.4　主力对倒行为解读

◇ 3.5　主力拉升行为解读

◇ 3.6　主力出货行为解读

……

3.1 解读“老鼠仓”行为

1.“老鼠仓”的定义

老鼠仓，是指庄家在用公有资金拉升股价之前，先用自己个人（机构负责人、操盘手及其亲属、关系户）的资金在低位建仓，待用公有资金拉升到高位后个人仓位率先卖出获利。这种在底部埋仓吃公家粮的行为，与老鼠进粮仓颇为类似，因此被形象地称为“老鼠仓”。

“老鼠仓”的技术特征是：

（1）以全天最低价和全天均价（个股成交额/个股成交量）相比，当最低价低于全天均价 10% 以上时，可以确认 K 线基本形态成立。

（2）这种 K 线的表现形式有两种：一种是长下影线，另一种是大幅跳低开盘形成的长阳线。

（3）这种 K 线的出现背景是该上市公司并没有遭遇特大实质性利空，股价走势大多处于低位徘徊或温和上涨中，盘中的瞬间暴跌没有任何预兆。瞬间暴跌结束后股价迅速恢复原有走势，暴跌不会产生丝毫负面影响。

（4）“老鼠仓”的 K 线形态一般出现在股价即将拉升之际，而且，在这种 K 线形成后的一段时间里，股价会表现出良好走势。

2. "老鼠仓"的表现

按照"老鼠仓"的操作主体不同，可以分为五种类型。

（1）基金"老鼠仓".

操作手法：获取基金即将买入的股票信息，在基金买入同时买入并且提前卖出获利。

因为基金"老鼠仓"用来"抬轿"的资金都是广大基民的钱，所以在各类"老鼠仓"中，基金"老鼠仓"最令人深恶痛绝。

最典型的基金"老鼠仓"就是原融通基金公司基金经理张野案。证监会的行政处罚决定书显示，2007 年至 2009 年 2 月，张野利用任职融通公司基金经理职务的便利，获取了融通公司旗下基金投资及推荐相关个股的非公开信息，通过网络下单的方式，为朱小民操作的"周蔷"账户从事股票交易，先于张野管理的融通巨潮 100（161607）指数基金等融通公司基金买入相关个股，并先于融通公司有关基金卖出，为"周蔷"账户实现盈利近 940 万元，收取朱小民感谢费 200 万元。

2007 年，原上投摩根成长先锋（378010）基金经理唐建，以其父亲和第三人的账户，于基金建仓前买入了新疆众和（600888）股票，获利逾 150 万元。原南方宝元（202101）债券型基金及南方成份（202005）精选基金经理王黎敏，使用其父亲的账户在基金建仓半年后买入了太钢不锈（000825）股票，获利在百万元左右。

2009 年 8 月深圳证监局对辖区内基金公司进行大规模调查时，景顺长城基金管理有限公司旗下原基金经理涂强，长城基金管理有限公司旗下原基金经理韩刚、刘海三人被"抓了现行"，涉嫌利用公司信息从事内幕交易。

（2）上市公司“老鼠仓”

操作手法：获取公司重大内幕消息，告知他人或自己买入相关股票，公司公告发布后股价上扬抛出获利。

上市公司“老鼠仓”是最普遍、最常见的“老鼠仓”，杜绝的难度也最大。

2007 年 2 月 13 日，杭萧钢构（600477）公司发布公告称“公司正与有关业主洽谈一境外建设项目，该意向项目整体涉及总金额人民币约 300 亿元”。公告发布前后，杭萧钢构（600477）股价出现连续 12 个涨停。后来披露的信息显示，杭萧钢构（600477）的相关人员提前泄露了消息。最终，涉案人员遭严惩。

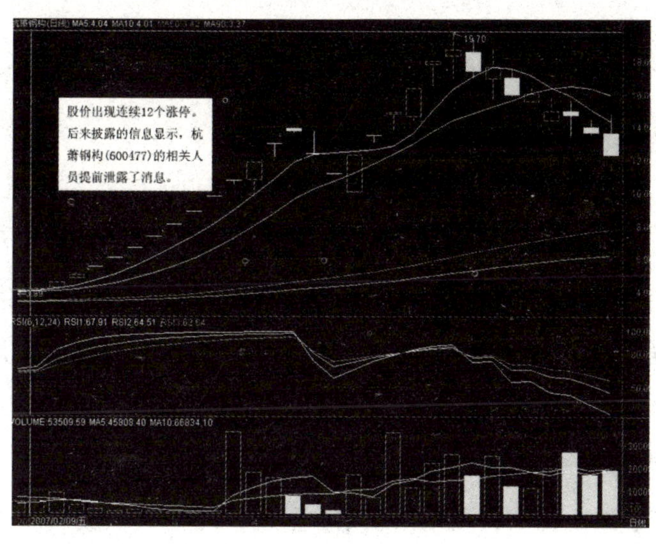

图 3－1　杭萧钢构（600477）

2009 年以来，证监会对天威保变（600550）、乐山电力（600644）资产整合过程中，吕道斌等 5 人的内幕交易开出罚单；对原 ST 黄海董事、总经理赵建广的内幕交易开出罚单……另外，一些重大的上市公司内幕交易案正在调查中。

（3）咨询机构“老鼠仓”。

操作手法：提前买入，然后发布推荐报告，等到股价上涨卖出获利。

北京首放汪建中案是典型的咨询机构“老鼠仓”。根据证监会的行政处罚决定书，北京首放的总经理汪建中在2007年1月1日至2008年5月29日期间，发布咨询报告前，利用其实际控制的账户买入咨询报告推荐的证券，并在咨询报告向社会公众发布后卖出，实施了操纵证券市场的违法行为，累计非法获利约1.25亿。

（4）券商“老鼠仓”。

① 投行。

操作手法：获取重组消息，告知他人或自己买入相关股票，消息传出后股价上扬抛出获利。

在广发证券借壳延边公路上市，消息公布前后，延边公路（000776）的股价大涨了3倍以上。广发证券原总裁董正青因在广发借壳事件中涉嫌内幕交易和内幕信息，于2007年7月19日被批准逮捕。2009年1月法院宣判，董正青因泄露内幕信息罪成立，判处有期徒刑4年，并处罚金300万元。

② 研究所和自营。

操作手法：提前买入某个股票，然后发布与买入股票相关的研究报告，等到股价上涨卖出获利。

行情好的时候，证券公司分析师对证券价格更为关注。随着证券市场流动性和交易规模扩大，证券公司通过发布虚假信息进而操纵证券价格获取私利的动机也渐渐加强。原联合证券分析师宋华峰就曾通过发布虚假报告影响广济药业（000952）股票价格。

2009 年末旭阳证券被媒体点名有疑似“老鼠仓”。2009 年 11 月 23 日，旭阳证券公开发布研究报告推荐五洲明珠（600873），随即五洲明珠（600873）大涨。一方面，旭阳证券本身就持有五洲明珠；另一方面，五洲明珠（600873）大涨后，旭阳证券的席位上榜，这些都引起市场关注。

（5）超级散户疑似“老鼠仓”。

操作手法：利用知名人士同名账户买入，然后通过媒体报道引起市场关注，在股价上涨后卖出获利。

2009 年，在“邓婕”、“徐帆”成为股东的消息传出后，浙江东方（600120）股价一飞冲天。而邓婕发博客澄清，称自己并未买过浙江东方（600120）的股票，股东名单里那个人应该是同名同姓。由此，市场人士分析说，可能是游资借助名人效应，用与知名人士同名的账户买入股票，引发市场关注，从中牟利。有消息称，在一些股票论坛上，有人用一年数万元的价格租用明星同名账户。

另外，市场上的一些“超级散户”的名字出现在某个公司时，常会被当做题材来炒，这一点也被游资所利用。

3. “老鼠仓”经典案例

市场常见的一种利益输送方式，俗称“送红包行情”，算是一种“老鼠仓”。其简单的过程可以这样描述：输送利益者和受益人事前约定好日期，受益人以指定的价格（一般是在当天开盘价往下 5% 至 10% 价格），挂上约定数量的买单。输送利益者将自己的筹码盘中低价出售给受益人。换手结束后，输送利益者通过快速拉升该股价格让受益人盈利出局。

“送红包”从股价走势上看，较为直观的反映就是个股在盘中毫无征兆的情况下，突然有大笔卖单将股价打压至很低的价位，然后瞬间拉起，K线图上留下长长的下影线，盘中震幅都高达15%以上。

案例一

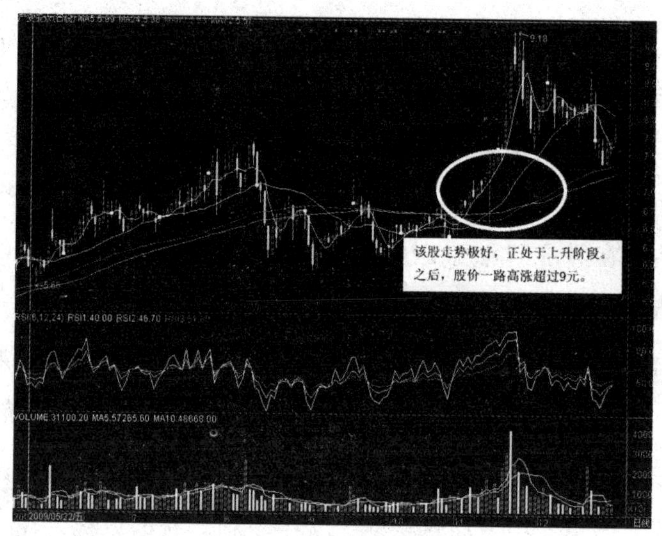

图3－2　广安爱众（600979）老鼠仓

请看当日该股份时走势图。

案例二

资料来源：互联网

苏宁环球（000718）的“老鼠仓”，是一个经典案例，在业内广为流传，对于主力的技术高超也是高度佩服。“老鼠仓”顺利构筑后，该股更是足步青云而上，令失之交臂者忘尘莫及。

4. 国家将逐步严控“老鼠仓”

2009年2月，十一届全国人大常委会第七次会议表决通过了《中华人民共和国刑法修正案（七）》，其中，金融从业人员“老鼠仓”行为要被追究刑责，最高可处十年有期徒刑。今年以来，监管部

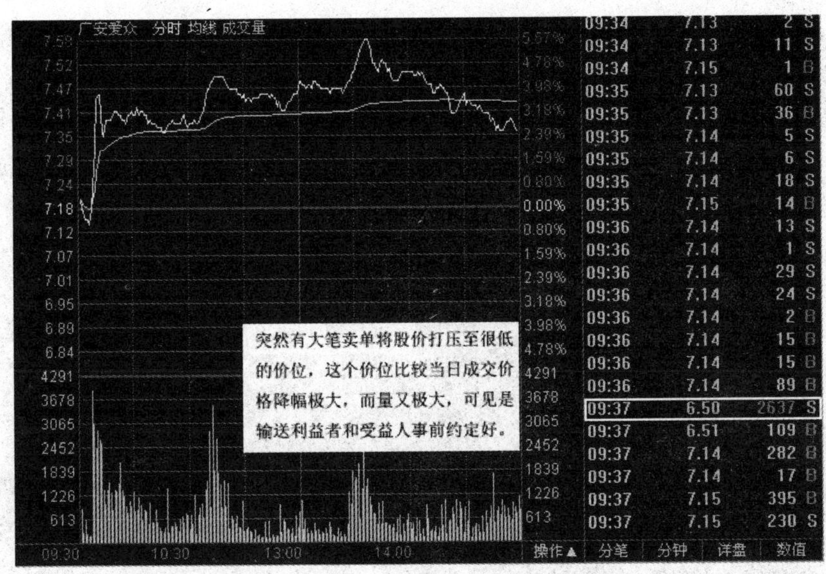

图 3－3　广安爱众（600979）老鼠仓的长下影线

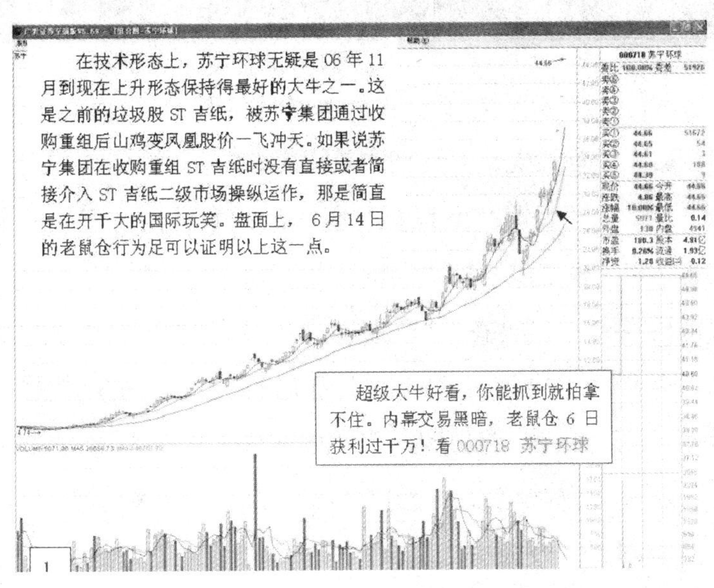

图 3－4　苏宁环球（000718）大牛走势

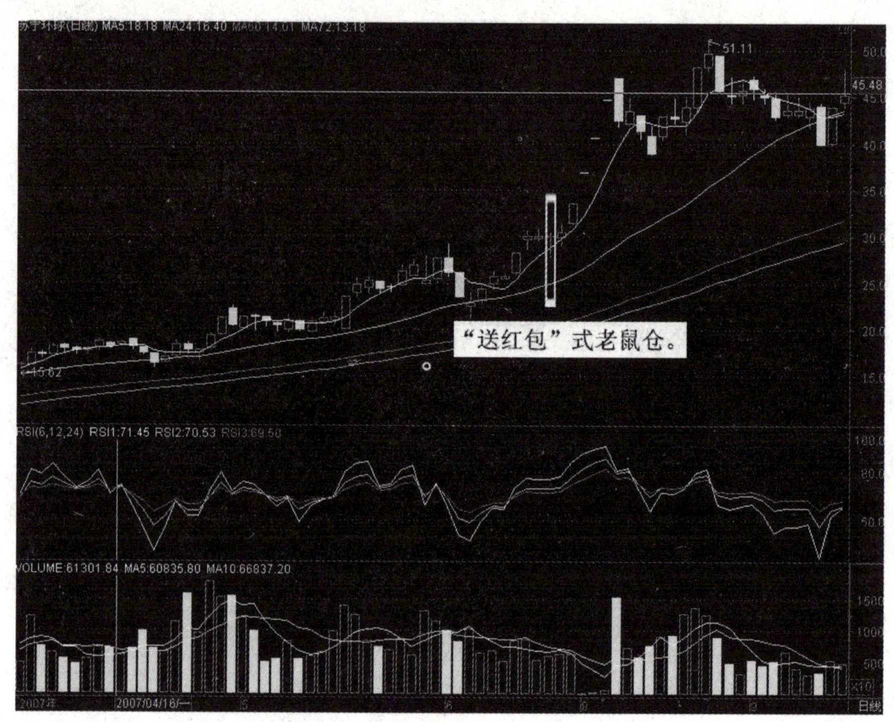

图 3－5　苏宁环球（000718）老鼠仓

门也明显加大了对“老鼠仓”的查处力度。

2009 年，鉴于目前“老鼠仓”行为的频繁曝出，交易所层面积极研究建立相关模型以监控“老鼠仓”行为。

值得注意的是，早在 2007 年基金业爆发性增长之时，就如何防控老鼠仓行为，中国证监会有关部门负责人曾明确表示，措施之一就是“通过完善交易所监控功能和监督托管人履行共同受托人义务，不断完善异常交易监控体系，力争做到对违规行为及时发现、及时制止、及时查处”。

但到目前为止，这样的监控体系并未建立起来。已经发现的基金“老鼠仓”案件均是事后查处发现，而非来自一线监管部门的“异常

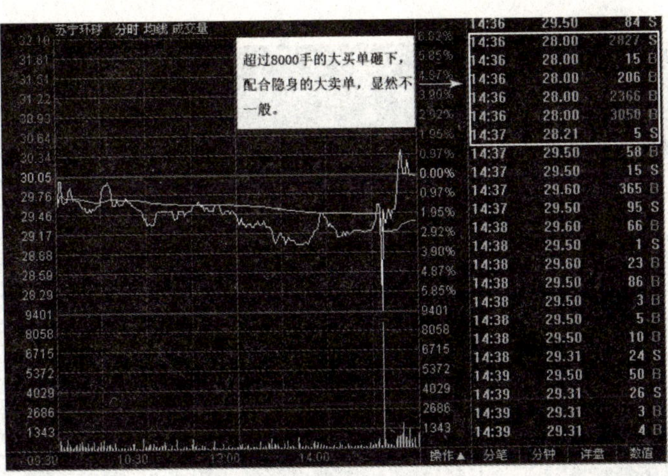

图3－6　苏宁环球（000718）老鼠仓的长下影线

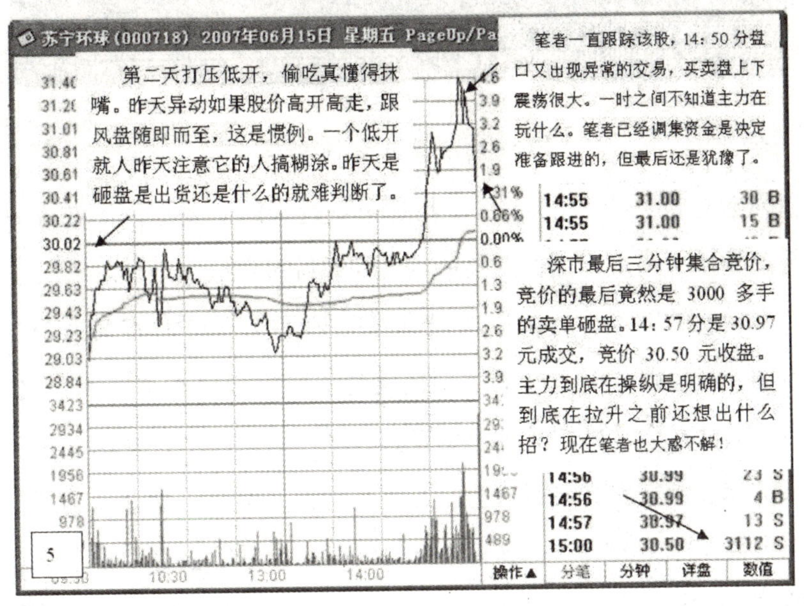

图3－7　苏宁环球（000718）老鼠仓粉饰

交易监控体系”。

立足“主动发现”，而不只是现在的事后查处，是交易所层面积

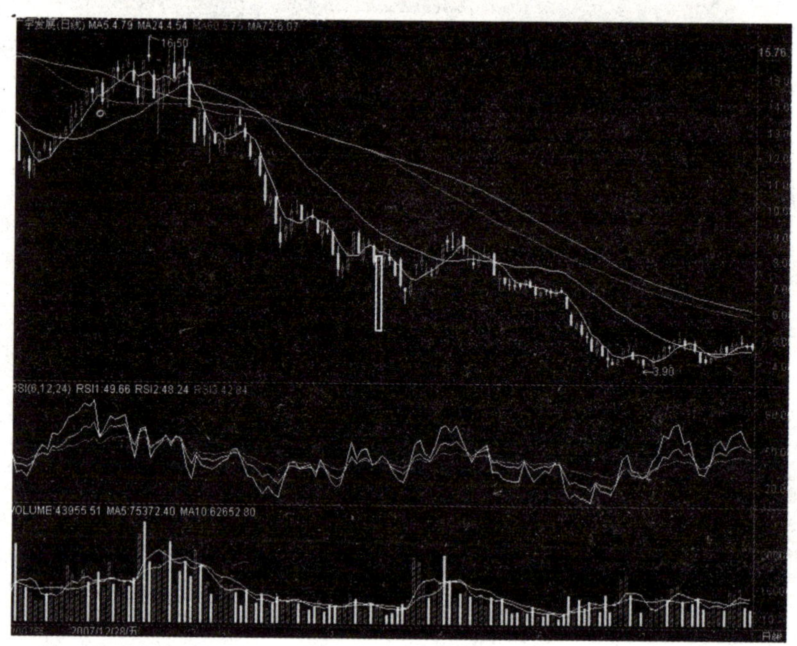

图3－8　广宇发展（000537）

极研究建立相关模型以监控“老鼠仓”行为的主要原因。在操纵市场等证券违法违规方面，交易所的监控系统可谓居功至伟。

交易所的困难是，做“老鼠仓”一般不是自己的实名账户，目前市场上有效账户有七千万，“老鼠仓”账户掩埋在这些账户之中，而且不只做基金交易的品种，也做其它品种，从技术有客观难度。

实际上，交易所层面目前已经建立了相关模型，通过设定一定的指标预警，即相关指标达到某个预警点时监控系统会自动报警，就像目前对操纵市场类异常交易行为的监控一样。比如监管系统中突然有一个单子进来突然把价格改变3%，这个系统就报警，而交易所负责实时监控的团队就会点击进去看交易现场是谁做的，如发现可疑就把账户调出调查。

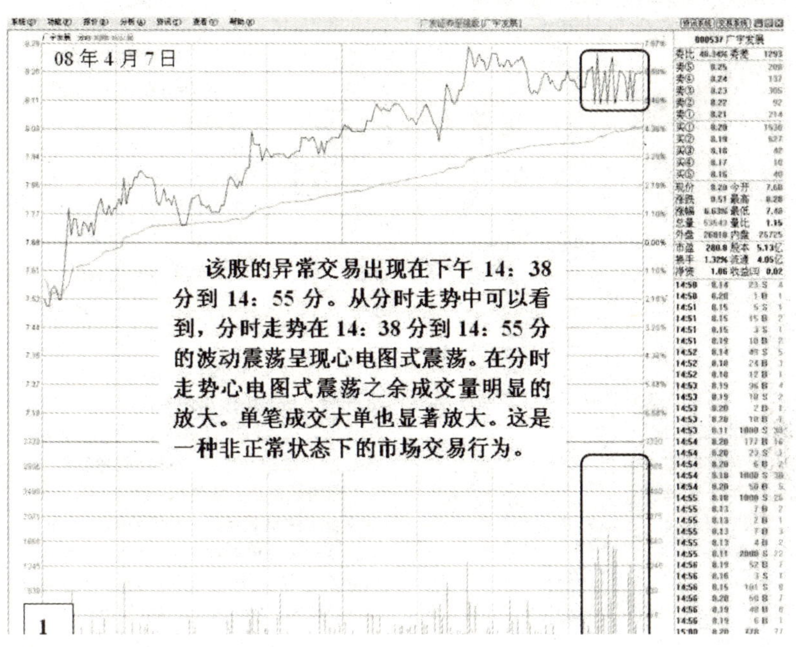

08 年 4 月 7 日
该股的异常交易出现在下午 14：38 分到 14：55 分。从分时走势中可以看到，分时走势在 14：38 分到 14：55 分的波动震荡呈现心电图式震荡。在分时走势心电图式震荡之余成交量明显的放大。单笔成交大单也显著放大。这是一种非正常状态下的市场交易行为。
000537 广宇发展
1

图 3－9　广宇发展（000537）日分时线图

价、量方面的指标是主要依据，证券品种有价格，有成交价格和量，发现明显异常，就会报警，还有一些行为，比如利益输送，固定账户之间老是收益人是一个，损失人是一个，根据价量及交易行为等等一些东西来设计监控系统相对容易监控一些。

不过，“老鼠仓”如果单从价、量变动这个维度来考虑并不是太容易，因为先于基金买入某股票，未必一定会造成该股价格异动。同时，如果想从身份的角度更是不太容易，比如境外大多是实名账户，但我国开户环节是实名的，但使用过程不一定是实名的，所以建立模型很困难。同时没有强有力的技术手段，有一些目标不太好实现，“几千万账户的资料量，谁有问题谁没有问题这没打标签，针对性不强。”

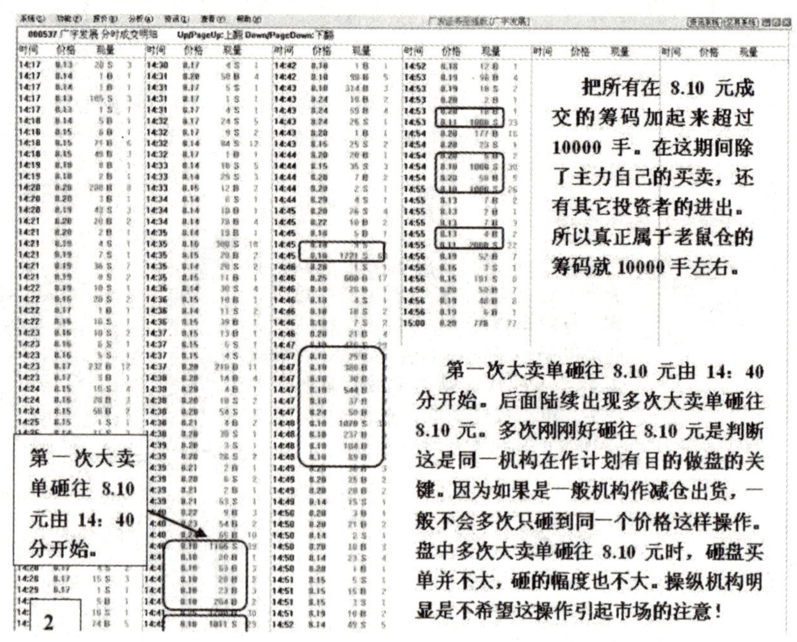

图 3－10　广宇发展（000537）成交明细

“老鼠仓”在某种情况来看，就是官商勾结的产物。个别监管层的工作人员，为了给自己留条后路，甚至会在监管的过程中对有关的人与事手下留情。因为很多监管层工作人员的“下一站”便是基金公司、证券公司。

现在的情况是，监管部门的个别人有时候与相关“老鼠仓”的经理人有着相同的利益，这就使得作为监管者的猫和被监管的老鼠之间的关系变成了“大猫”和“小猫”的关系。

对此，监管层也做了很多预防工作。11 月 4 日，证监会发布实施《中国证监会工作人员行为准则》，该准则明确规定，证监会工作人员（包括派出机构人员）离职后，必须经过国家相关法律规定的冷冻期后，才能去证券公司、基金公司等监管对象任职。其中，证监会

领导人员离职需要在三年“冷冻期”满后，方能在监管对象中任职，一般人员的“冷冻期”为一年。

中国证监会副主席刘新华的表态无疑将“老鼠仓”事件升级。他称，今后证监会将继续强化对上市公司、证券公司、基金公司等市场主体的常规监管，严厉打击“老鼠仓”、非法交易和各种形式的违法案件和背信行为。为了严厉打击“老鼠仓”行为，证监会已将抽查范围扩展至券商，基金经理、投资研究人员的执业行为甚至一些商业银行、信托、保险公司中受托管理他人资产的人员都在检查之列。

相信在监管层的努力下，“老鼠仓”会得到越来越好的控制。

3.2 主力吸筹行为解读

1. 吸筹定义

吸筹，是指在股市中庄家或主力、大户介入某一个股，一段时间内不断买入的行为。

一般所说的吸筹就是指主动吸筹。被动吸等，就是指主力在操作股票的过程中遇到原先没有料到的局面而不得不以大量买入来达到目的的行为。

2. 吸筹理论

在股市中，所有的股票有庄就有可能涨，无庄家一定不涨的道理已经是尽人皆知。那么庄家理论的核心是什么呢？可以概括地划分为四种：庄家的吸筹平均成本；庄家的持仓数量；庄家拉升的空间——现阶段有无可能出货或放弃股票；庄家的套路（吸筹、震仓、拉升、回调、冲高、出货）。

主力的套路。在主力做股票的基本步骤中，分为四步（吸筹、震仓、拉升、出货）。在实战操作过程中，各步骤的形态可能会复杂得多，吸筹和震仓的过程会反复多次出现，拨高出货会以二次回档的方式进行。几个环节可能多次出现，次序可能前后颠倒，或者是有多个庄家混杂在一起。

主力进场，股价止跌往上涨，重新缓慢抬高，牛长熊短。OBV向上。经典的主力吸货图形有：

（1）年线或半年线横盘吸筹。

年线或半年线横盘吸筹是指价格在三个月或者是更长的时间内，盘整在年线或者是半年线附近，成交量不断地减少，博弈长阳经常出现，到后期经常出现一阳破几条MA线，最后以加量突破为信号。

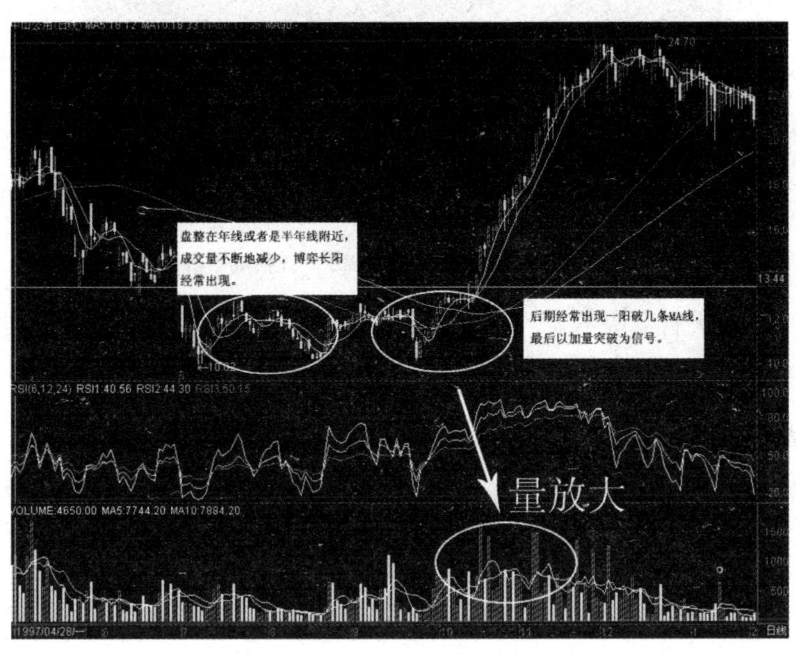

图3－11 中山公用（000685）年线或半年线横盘吸筹

（2）下降锲形，特点是到后期面临突破时，量能不断地放大。

（3）圆孤底吸筹。把它放到排行榜的比较靠前的位置，是因为它是国外投资基金喜欢用的图形，特别是在圆孤底后面，再来一下洗盘，是一种典型的“汤勺图”。因为近来QFII的投资不断地扩大，而这种图又极具有代表性，所以就特意地指出。

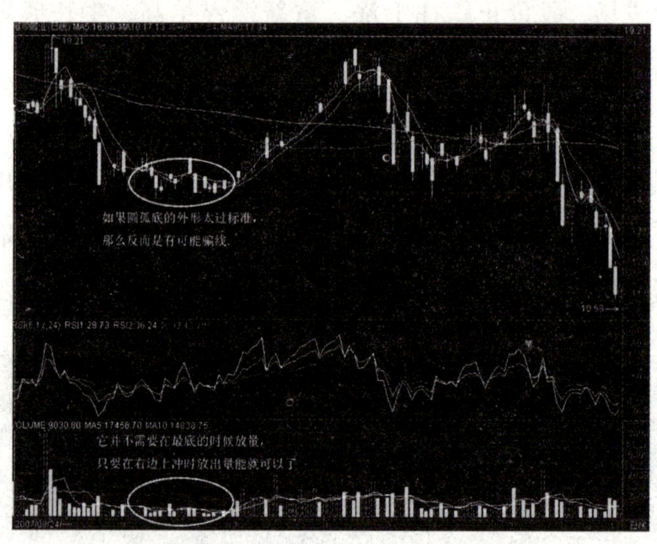

图3－12　恒顺醋业（600305）圆弧底吸筹

（4）头肩低吸筹。代表反复盘低吸纳，分别有右肩头放量和不放量两大类。相对来说，不放量的后市空间比较大，是个做长线的主力。

（5）次低位窄幅震荡横盘吸筹。代表着主力前期已经有一部分仓位，若然不是，它无法控制在次低位横盘。

（6）箱体吸筹。短期内股价多次重复。不过，建议持有者做高低差的次数不要太多，建议不要超过3次，因为当你以为发现了其规律时，就已经是吞下主力的诱饵。注意见好就收，要不然就会被其中的鱼钩刺中。

（7）拉高建仓通吃套牢盘吸筹。多为前期庄家手中有筹码，但急于作盘，拉高建仓。

（8）利用配股或者是新股上市抢筹快速吸码。

简而言之，散户在哪儿出货庄家就在哪儿吸筹，成本自然是越低

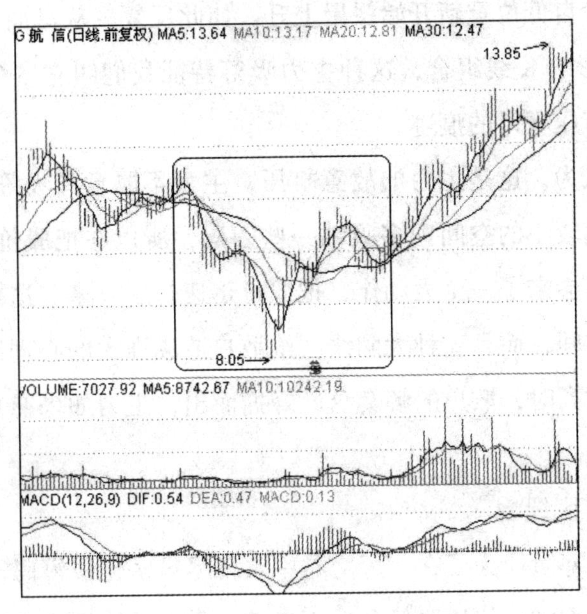

图 3－13 G 航信

越好。最好发现主力的时候，就是在大市下跌的时候。找出逆市飘红股，在牛市中主力放量来吸筹，在熊市中用底部吸筹方法。

3. 主力吸筹的 K 线形态

主力调动巨额资金做庄一只个股，不可避免对这只个股的走势产生影响，主力建仓吸筹必须实实在在打进买单，吃进筹码，主力派货套现必须实实在在打出卖单，抛出筹码，主力巨额资金进出一只个股要想不在盘面留下痕迹是十分困难的。主力吸筹留下的几种 K 线形态：

（1）牛长熊短。

主力进场吸筹使一只个股的多空力量发生变化，股价会在主力的积极性买盘的推动下，不知不觉慢慢走高。忽然这只股票迅速下跌，但随后股价自低位重新开始缓慢上升。如此反复，从盘面上看，会发现一种N形的K线组合，这种主力吸筹特征我们叫它“牛长熊短”，这是主力打压吸筹的痕迹。

有人认为，这是主力的故意打压，主力不愿意其吸筹成本过高，想在一个比较小的空间内多吸纳一些筹码，所以在把股价推高之后，主力瞅准机会来了一个大动作，把股价迅速打压下来。这样不仅节约了时间和空间，而且这种大阴线会给散户造成强大的心理压力，当股价再次被推高时，散户的解套盘就蜂拥而出，主力如果愿意，还可以进一步吸筹。

（2）红肥绿瘦。

主力吸筹阶段为了在一天交易中获得尽量多低位筹码，通常采取控制开盘价方式，使该股低开，而当天主力主动性买盘必然会推高股价，这样收盘时K线图上常常留下一根红色阳线，在整个吸筹阶段，K线图上基本上以阳线为主，夹杂少量绿色阴线，这样的K线形态，我们通常称之为“红肥绿瘦”。

（3）窄幅横盘。

一只个股底部区域表现出来的窄幅横盘的箱体，可以认为是主力吸筹留下的形态，通常个股的跌势只有在主力资金进场的情况下才能真正得到扼制。下跌趋势转为横盘趋势，而横盘的范围又控制在一个很窄的范围（幅度15%以内），基本上可能认为主力资金已经进场吸筹，股价已被主力有效地控制在主力计划内的建仓价格区间之内。

（4）股价的次低位窄幅横盘。

“次低位”是比近一段时间比最低股价高20%至30%左右的价位。这个位置在中线选股上看是比较低的位置，但是从短在线看它又是相对的高位，所以，“次低位”指的是中线。

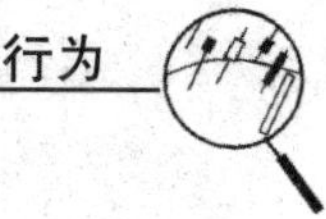

能够让主力快速建仓的K线形态是次低位的窄幅横盘。前期的股票超短线操作是盈利的，既然有获利盘，就自然存在获利抛压；同时，由于股价自最低点上扬20%，早先深度被套的筹码其套牢程度得到了缓和，甚至一些筹码已经解套。所以次低位这个位置很特殊——在这个位置上，股价面临来自三个方面的抛压：获利盘、解套盘和套牢盘。在面临强大市场抛压的背景下，股价的后续走势非常重要。如果股价受阻回落，那是非常正常的事，但如果股价强势横盘甚至上扬，则一定有主力资金支撑股价。

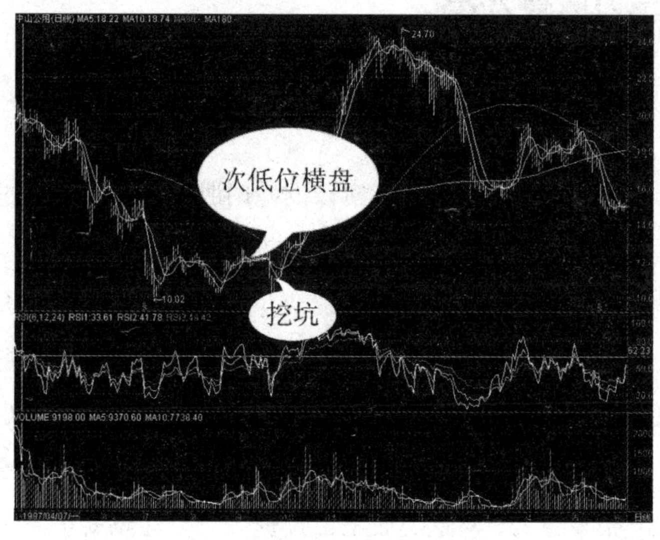

图3－14　中山公用（000685）

（5）“挖坑”形态。

所谓“挖坑”是一个非常形象化的说法，它是指股价经历了一段时间的横盘震荡之后，股价突然向下破位，将横盘箱体打穿，但随后股价又被向上拉起，回到原先的横盘箱体内部，其走势在盘面上画出了一个“坑”，股价的向下破位使得市场非常茫然。从股票成交量上看，这个向下破位并没有引发放量，但是随着股价逐渐恢复到“挖坑”前的位置，股票成交量迅速放大，说明在这一带激发了大量的抛盘。

股市没有简单规律。因为一个规律一旦形成，主力就有机会反规律操作，你卖我买，你买我卖，大获其利。有人说股市中盛行的名词之一是“骗现”，其实所有的骗现采用的都是看起来比较有规律的技术图形。掌握主力吸筹 K 线形态特征对股民进行股市投资有很好的帮助。

4. 主力吸筹方法

通常主力吸筹方法主要有以下几种：

（1）隐蔽吸货，不露声色。

此类股票的走势大都是当前阶段的冷门股，在相对于它过去的较低的价格上进行箱形盘整，与大盘的趋势一致，成交量很小。因此在建仓阶段，尽量不能让人察觉有大资金介入，在操作上不能大手笔地明码执杖地买入，而必须将大资金拆小，这对于资金量大的机构主力来说，相对建仓时间会较长，因而也必须要有足够的耐心和耐力，因为在底部吸的筹码越多，其建仓的成本越低。通常在低位盘整时间越长，则未来涨幅越大。对这类股票，投资人只要注意就可以了，不必介入其中和主力比耐心。

（2）震荡建仓，上打下拉。

由于底部的低点较难判断，同时大资金不可能全在最低点吸到筹码，因此大资金在进入底部区域后即开始分批建仓，越低越买。由于建仓过程中难以避免不将股价抬高，但此时或是筹码尚未吸够，或是拉高时机没到，因此必须以少量筹码再次将股价打低，甚至打出恐慌盘、斩仓盘、止蚀盘。等到散户心灰意冷的时候，便是大量吸筹完毕，发动进攻的时候。此种震荡建仓手法表现在走势图上又可分为以下几种：

① 横盘型。

此种手法指庄家在某一价位上横刀立马，把抛单照单全收，此时庄家只让这匹马“埋头吃草”，不让其“抬头看路”，股价稍稍冒头，庄家便一棍打下，若有压价抛售的，庄家趁机大捡便宜货。

② 箱体型。

低位震荡吸货的个股，股价走势犹如关在箱体内的乒乓球上窜下跳，主力此时左右开弓，既当买家又当卖家，价格跌下来则吸，价格涨上去则用大单打下来，在分时图上多为急跌后缓慢爬升，升时量逐渐放大。主力用“棒加胡萝卜”的两手政策，时而对有货者用小阳线之类的小恩小惠诱使其抛售，时而用高开低走的阴线之类的大棒逼使其吐出筹码。

③ 低位加码型。

庄家把价位推高一个台阶后，若大盘走弱，庄家无法抵挡蜂拥的抛盘，只好且战且退。待空方力量消化怠尽时，庄家再调集重兵，做好打歼灭战的准备。此类个股往往具有未来大黑马的潜质。从外面看，此股风平浪静，哪知里边已埋伏有主力的百万雄兵，吸货如同酿酒，酿的时间越长，其味越香醇。

（3）拉高吸货，哄抢筹码。

当突发性重大利好公布或者是股价已极度超值之时，某股票尚无主力入驻、散户正犹豫之时，大集团资金往往先下手为强，在当日大量买入低位筹码，即使拉涨停板也在所不惜。往往在几天或几个小时就可完成建仓任务。

往往，大牛股在主力吸筹建仓的后期会出现如下的特征：

① 其 K 线组合会构成一个明显的箱体，股价在这个箱体中波动的频率开始加大，通常股价上涨时成交量放大，而股价下跌时成交量明显萎缩。比如，邯郸钢铁（600001）于 1998 年 10 月至 1999 年 3 月，其股价一直在 7 – 8 元的箱体内波动，而且是价升量增，价跌量缩，为明显的主力吸货特征。

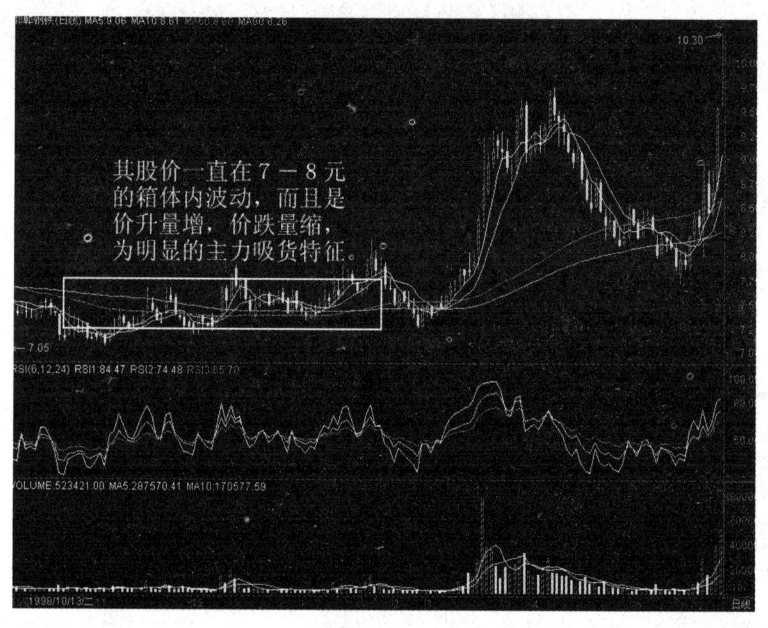

图 3 – 15　邯郸钢铁（600001）箱体震荡

② 在低迷的股市中会表现出一定的抗跌性，时常有下影线出现。每当大盘破位下行之时，反而成为主力吸纳低价筹码的大好时机，因此表现出良好的抗跌性。

③ 从技术指标来观察，有底背离现象产生。比如：能量潮 OBV 曲线在底部横盘或已缓缓向上，而此时股价仅是横向波动甚至下跌。同时在周 K 线图上有一段 5 周以上的横盘 K 线组合，并且阴阳交错，RSI 指标或 KDJ 指标均出现双底或底背离现象。在吸货阶段，往往短

期成交量均线（5 日均线）会逐步向上爬升，当向上交叉长期成交量均线（10 日均线）时则表示上档浮码很少，多方已开始组织力量反击，买点随即形成。

④ 市场开始有一些有关该股的消息流传，但是股价和成交量基本没有反应，有时还会小幅下跌几天。

⑤ 进入建仓后期主力其实已经没有退路了，不做也得做。如果这时基本面遭到重大利空打击，对我们来讲是再好不过的事情，天赐良机，发财的机会来了。大部分庄家会在风头过后变本加厉地反扑。

⑥ 建仓后期庄家的任务是维持股价并等待合适的机会启动拉升。拉升的日期一般是庄家倒推算的，如上市公司合同签约日、中报年报出台日、股东大会召开日等，一般要在信息公布前后达到拉升目标位附近，所以出消息就是主力出货的标志，当然这是指在股价已经有很大的涨幅之后。现在看来大多数的信息是受控于主力的。

3.3　主力洗盘行为解读

洗盘可以出现在庄家操作的任何一个区域内，基本目的无非是为了清理市场多余的浮动筹码，抬高市场整体持仓成本。有时也是为了把一些资金量特别大的个人或者机构清洗出去。

洗盘的主要目的在于垫高其它投资者的平均持股成本，把跟风客赶下马去，以减少进一步拉升股价的压力。同时，在实际的高抛低吸中，庄家也可兼收一段差价，以弥补其在拉升阶段将付出的较高成本。

1. 主力洗盘常用的手法及盘口特征

既然洗盘是为了吓出信心不足的散户筹码，主力必然会制造出疲弱的盘面假象，甚至凶狠的跳水式打压，让人产生一切都完了的错觉，如此才会迫使散户在惊恐中抛出手中股票。有意思的是在关键的技术位，主力往往会护盘，要让另一批看好后市的人持股，以达到垫高平均持股成本的目的。

(1) 主力较常采用的洗盘手法有以下几种。

① 打压洗盘。

先行拉高之后实施反手打压，但一般在低位停留的时间（或天数）不会太长。(如：飞乐股份（600654)），机构从1998年8月19日开始先拉高建仓至8月25日，然后向下打压洗盘（见图3－16）。

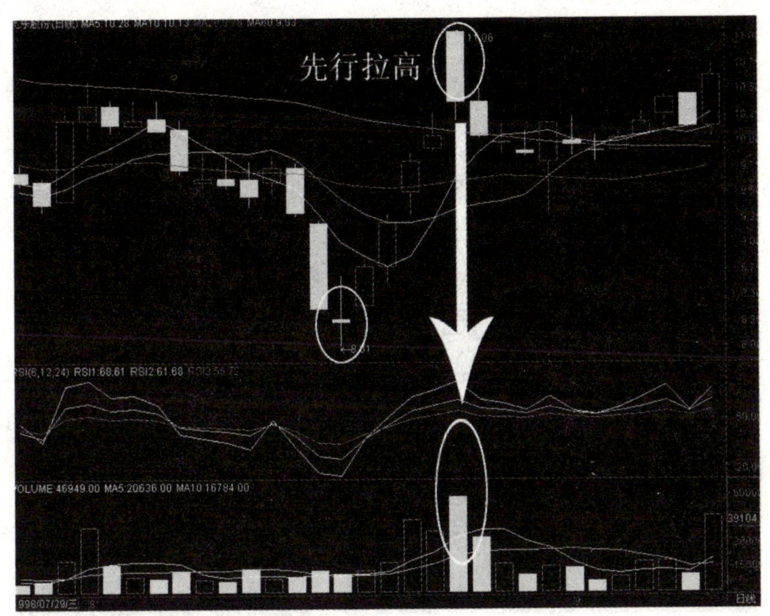

图3－16　飞乐股份（600654）

② 边拉边洗。

在拉高过程中伴随着回档，将不坚定者震出。如：山东海龙（000677）1998年8月24日、28日、31日、9月2日、8日、15日、22日、30日及10月6日的走势（见图3－17）。

③ 大幅回落。

一般在大势调整时，机构会顺势而为，借机低吸廉价筹码。这是机构常用的一种手法。

④ 横盘筑平台。

在拉升过程中突然停止做多，使缺乏耐心者出局，一般持续时间相对较长。

⑤ 上下震荡。

此手法较为常见，即维系一个波动区间，并让投资者摸不清主力

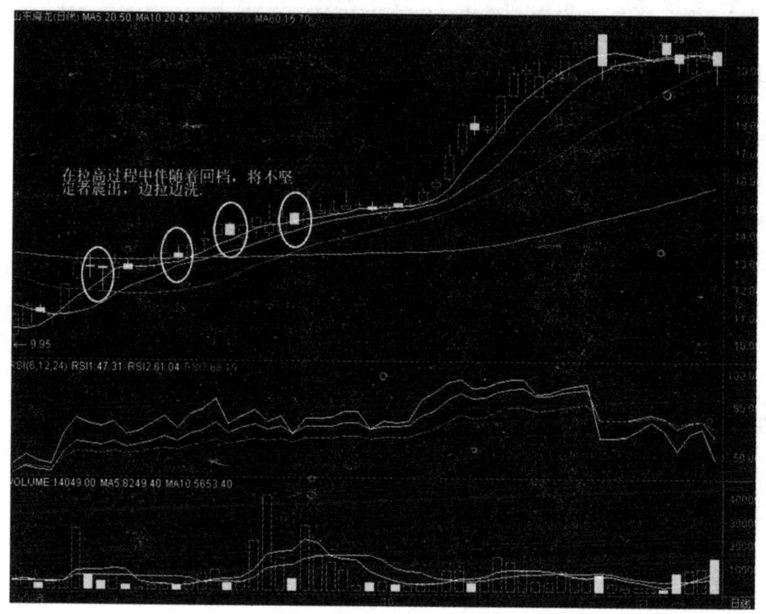

图 3-17 山东海龙（000677）

的运作节奏。如：新疆天业（600075），从 1998 年 5 月上旬至 8 月下旬的走势（见图 3-17）。

⑥ 趋势线破位法。

因为市场上按照趋势线操作的人太多了，因此，主力会使用巨阴做一个断头铡刀，跌破趋势线。洗盘和出货的不同在于，出货的跌破趋势线之前，一定要放量，因为出货出货，必须出这个货才行，那么出货就必须见量。而洗盘不是，突然跌破趋势线之前没有出货的迹象。这个是判断的根本。洗盘跌破趋势线不会离趋势线太远，而且一般三天左右就能起来。

⑦ 巨量换手。

有一种欺骗叫对敲换手。在涨了一段后会突然出现一个带巨量阴线，甚至跌停阴线，这个时侯最是紧张。按照理论，这是出货，但是

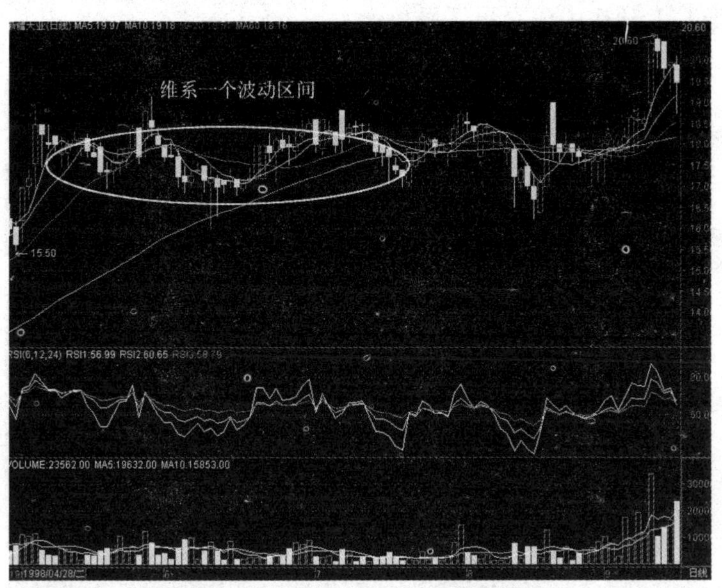

图 3-18 新疆天业（600075）

主力却用来洗盘。不过这类洗盘如果是在涨的比较多的区域，有可能是主力局部换手，以后再拉高就比较轻松。很多股都是这样洗盘的。比较狠的主力甚至会连续做三条放量阴线，看起来如乌云盖顶一样。这个时候唯一的办法是闭着眼睛，宁可少赚点，等明确了再决定策略。如果是一条阳线收复了几条阴线，你就可以笑了。

⑧ 利空洗盘。

主力在准备完了之后，如果突然有一条利空消息，你不要怕，这是主力希望的，利空成为洗盘的手段，震荡之后，行情就起来了。

（2）洗盘盘口特征。

洗盘阶段 K 线图所显示的几点特征：

① 大幅震荡，阴线阳线夹杂排列，市势不定；

② 下跌时成交量无法持续放大，呈递减趋势在重要支撑位会缩

量盘稳，上升途中成交量缓慢放大；

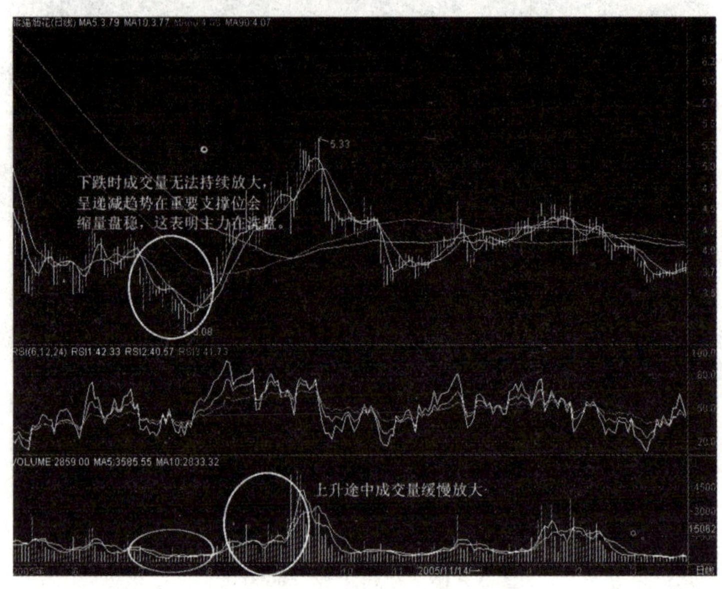

图 3－19 熊猫烟花（600599）

③ 常常出现带上下影线的十字星；

④ 股价一般维持在主力持股成本的区域之上，一般不会跌破 10 日线，长线不破 30 天线，股价最终会向上突破；

⑤ 按 K 线组合的理论分析，洗盘过程即整理过程，所以图形上也都大体显示为三角形整理，旗形整理和矩形整理等形态。

洗盘的时候主力一般都会在卖盘有大的压盘，而且不时会有比较大的单子砸盘，但是，盘面特点是压盘大而不下跌，砸盘狠而不持续下跌。出货相反，买盘大而不升。

k 线形态上，主力会把图形做坏，例如圆形头部，头肩顶形，下倾的旗形（上升旗形）。对于主力而言，基本上没有什么图形的概念，如果他们画图，那一定是给市场看的。当然，如果是趋势震荡厉害，主力也会假戏真做，向下剧烈的砸盘。就是最顽固的分子也会出于安全性暂时离开这个股。主力的这个目的达到，一般会快速拉回价格。

2. 区别洗盘与变盘

股指遇阻回落，深沪大盘会出现调整。投资者中有人比较担心一些个股会出现变盘走势，也有人认为这是正常的洗盘过程。至于是洗盘还是变盘，结合股市的历史规律，可以通过以下几种特征进行综合分析和识别：

（1）价格变动的识别特征。

洗盘的目的是为了恐吓市场中的浮动筹码，所以其走势特征往往符合这一标准，即股价的跌势较凶狠，用快速、连续性的下跌和跌破重要支撑线等等方法来达到洗盘的目的。而变盘的目的是为了清仓出货，所以，其走势特征较温和，以一种缓慢的下跌速率来麻痹投资者的警惕性，使投资者在类似“温水煮青蛙”的跌市中，不知不觉地陷入深套。

（2）成交量的识别特征。

洗盘的成交量特征是缩量，随着股价的破位下行，成交量持续不断地萎缩，常常能创出阶段性地量或极小量。变盘时成交量的特征则完全不同，变盘在股价出现滞涨现象时成交量较大，而且，在股价转入下跌走势后，成交量依然不见明显缩小。

（3）K 线形态的识别特征。

洗盘与变盘的 K 线特征区分，不是很明显。一般洗盘时的走势常常以长线实体的大阴线出现，而变盘的时候往往会在股价正式破位之前，出现一连串的小阳线，使得投资者对后市抱有期望。

（4）尾盘异动的识别特征。

洗盘时一般在尾盘常常会出现异动，例如：股价本来全天走势非常正常，但临近尾盘时，却会突然遭遇巨大卖盘打压。变盘时尾盘出现异动的现象相对要少得多。

（5）持续时间的识别特征。

上涨途中的洗盘持续时间不长，一般 5 至 12 个交易日就结束，因为时间过长的话，往往会被投资者识破，并且乘机大量建仓，当然也有少数例外。而变盘的时候，股价即使超出这个时间段以后，仍然会表现着不温不火的震荡整理走势或缓慢阴跌走势。

（6）成交密集区的识别特征。

洗盘还是变盘往往与成交密集区有一定的关系，当股价从底部区域启动不久，离低位成交密集区不远的位置，这时出现洗盘的概率较大。如果股价逼近上档套牢筹码的成交密集区时遇到阻力，那么，出现变盘的概率比较大。

3. 主力洗盘具体操作细节

洗盘在股票操作过程中是非常重要的一环，对主力洗盘的手法前面已有介绍，但是，在实战中重要的是要提前知道主力未来洗盘的位置，其中包括两个问题：一是主力在何时何位洗盘；二是主力洗多深及洗多长时间。

（1）洗盘的时间和空间。

知道主力未来在何位洗盘，是十分关键的一个问题。这里涉及到时间和空间的概念，时间要用空间来计算，而且还要观察量的变化。空间是该股前期历史的顶与底，当一只股票从底部启动开始上升时，遇到前期历史第一个底为第一洗盘位，因为此时底部跟进的筹码已较

多，而前期历史之底又为套牢筹码密集区，主力要在此置换筹码，将底部跟进的筹码置换出去，抬高跟风盘的成本，以便向更高的目标进发，否则，上档解套盘涌出，底部跟风盘获利了结，全都卖给主力，主力岂不在抬高持仓成本，弄不好还会被套住。洗盘结束后，主力继续拉抬股价，越过第一洗盘位，至下一个历史之底再洗盘也就是第二洗盘位，俗称“隔山打老牛”，如此反复，直到出货位为止。当然，除了历史前期底部，还有趋势线、江恩角度线、黄金分割位等。

（2）何时洗盘。

在主力运作股票中，一般会经过多次洗盘，下一次洗盘可能出现的时间为：先找到下一个洗盘位，再根据当时该股价位及与下一个洗盘位的距离之差来计算需要多长时间到达。这里面有个速率问题，主要是看成交量的缩放程度来判断其速率。在这期间主力不断增仓，那到达的速度就快。

（3）洗盘的深度与时间。

主力洗盘究竟会洗多深与洗多长时间，这里有个洗盘定律：主力洗盘出货量与洗盘幅度和洗盘时间成正比。就是说主力在洗盘的时候，如果出掉了较少的筹码，则预示主力对此位控制力较强，不必进行大规模洗盘，因此，其后洗盘时间不会长，幅度也不深，随后就会再度上攻；如果主力在此出掉了大量的筹码，说明主力认为此处跟风盘较多，套牢筹码较重，需要强力洗盘，才能轻身前进，因此，随后洗盘时间就较长，幅度也较深。我们可以从成交量的量柱看出主力洗盘时出货量的大小，从而作出相应的判断。

（4）洗盘结束位。

洗盘时股价运行至某一强力支撑位为洗盘结束位，多数情况下以“隔山打老牛”位为准，此时成交量也缩至单日换手在1%以内，随后股价将再度启动。注意：如果此后出现的阳量（即收阳线的成交量），大于前面的洗盘量则预示主力大比例加仓，那么随后股价将突破前面高点创新高或奔更高的洗盘位；如果此时量能明显不足，则很难越过前期高点，或在前期高点附近再度洗盘。

如云铝股份（000807），2005 年 11 月至 2006 年 2 月从 3 元上涨至 6.80 元，其 50% 回调位为 4.9 元。至 2006 年 3 月 10 日收盘刚好 4.89 元，而此时换手已缩至 2% 以内。随后的 3 月 15 日放量上涨，换手超过 7%，说明庄家又要发动一波挑战前期头部的上攻。因此，在 3 月 17 日回踩 20 天线后该股连续飙升（见图 3－20）。

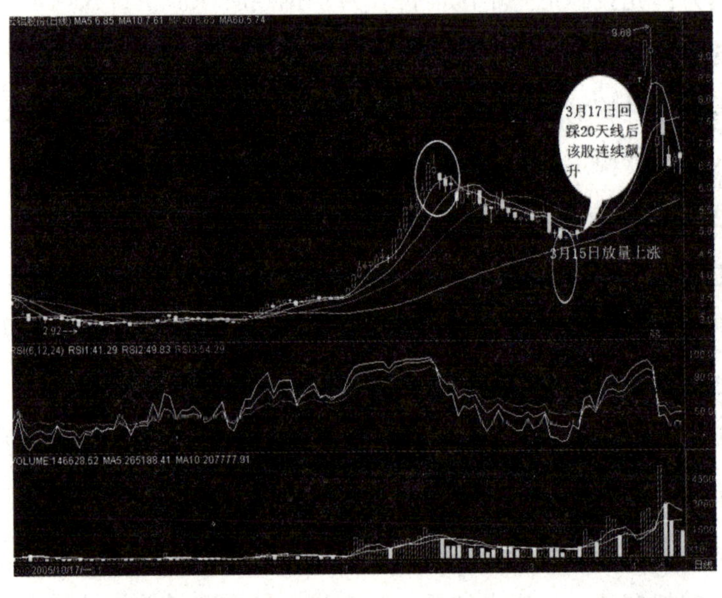

图 3－20　云铝股份（000807）

3.4 主力对倒行为解读

对倒，是证券市场主力或庄家在不同的证券经纪商处开设多个户头，然后利用对应账户同时买卖某个相同的证券品种，以达到人为地拉抬价格以便抛压或刻意打压后以便低价吸筹。它可以存在于股票操作运行的各个阶段。

主力对倒，就是主力通过几个操盘手利用证券交易系统进行快速的委托买卖。对倒是需要资金，比如说你有 10000 股，每股 10 元，你想对倒就必须有 10 万元以上，这样你利用一个操盘手挂单，一个操盘手接单，完成一次对倒。

主力完成一次对倒以后，无论股票是盈利的还是亏损的，主力的总体财富不变，因为股票无论赚赔都只是卖给了自己。其中损失的资金仅仅是证券商的佣金和印花税。然而对于主力来说，其佣金往往是很便宜的。所以说，对倒需要资金，但是成本很低。

主力在做庄的过程有时需要将跟风者看盘的思路搞乱，使跟风者形成错误的思路，此时庄家就会祭出“对倒”这个骗人的法宝，对倒骗线是庄家成本最低的障眼法。

主力对倒只有一个目的，那就是造量。因为一般略懂技术分析的散户都会看重量价，在主力拉升的末期，一旦有量价背离，那么部分技术派散户无疑会提前退出观望，这样反而将主力部分套在其中，是主力不愿意看到的。因此通过对倒造成虚假交易量，稳住散户，自己进行派发，假买真卖是主力最常用的手法。

一个主力要想进行有目的的对倒，必须要保证绝对控股。通常，在一个股票里，游资和机构会有一个占绝对优势。但是也不排除某些特例，游资和机构旗鼓相当互不相让，这种时候，对倒的可能性发生不大，原因是，不保证绝对控制权的对倒往往让敌方利用。所以买入一只股票，了解股票里面主力的情况是很重要的。

作为散户，如果只看K线，或者成交量，很难准确识别对倒。但是如果你把量价结合在一起，那么对倒就很容易识别了。显然，一个大的成交量无论是买盘还是卖盘，都会推动股指发生明显变动。当你看到一个成交量很大而股价毫无变化的时候，很明显那就是一个虚假的买盘，是主力在施展技俩进行诈盘，你要结合股指走势分析其目的，这样就不会上当了。

对倒，主要是为了制造无中生有的成交量以及利用成交量制造有利于主力的股票价位。主力操盘常用对倒，过去一般是为了吸引散户跟进，而现在则变成了一种常用的操盘手法，建仓时对倒、震仓时对倒、拉高时对倒、出货时对倒、做反弹行情仍然运用对倒。虽然对倒的方式有很多，但归结起来无外乎有以下几种：

（1）建仓对倒。

以压制股票价格为目的，在建仓时积极对倒，庄家是为了能够在低价位搜集到更多的筹码，往往通过对倒的手法来压制股票价格。在个股的K线图上表现为股票处于较低的价位时，股价往往以小阴线的形态持续上扬，这说明有较大的买家在积极吸纳。之后，出现成交量较大的并且较长的阴线回调，而阴线往往是由于庄家大手笔对倒打压股价形成的。

从较长的时间上看，这期间股票价格基本是处于低位横向盘整，

但是成交量却在悄悄地放大。这时候盘面表现的特点是股票下跌时，单笔成交量明显大于上涨或者横盘时的单笔成交量。如果能够在这个时候识别出庄家的对倒建仓，投资者就可以踏踏实实买一个地板价。

（2）震仓对倒。

以大幅度拉抬股价为目的对倒，一般是主力在基本完成建仓过程之后的常用手法。在主力基本完成建仓过程之后，股票价格往往会以很快的速度上扬，以巨量长阳甚至是以跳空缺口来突破层层阻力，往往以较大的手笔大量对倒，制造该股票被市场看好，大买家纷纷抢盘的假象，提升其它持股者的期望值，减少日后该股票在高位盘整时的抛盘压力，使筹码锁定更牢，股价能够比较轻松地拉抬起来。

在这个时期，一般散户投资者往往有追不上股价的感觉，往往看准了价格，下了买单股价却飘起来了，似乎不高报许多价位就几乎不能成交。这时候盘面特点表现为小手笔的买单往往不易成交，而单笔成交量明显放大并且比较有节奏。其实如果您能够在这个时候果断一些，仍然会得到比较便宜的股票。

（3）二度震仓对倒。

当股票价格被拉抬到较高的位置之后，外围跟风盘的获利已经比较丰厚。主力随时有可能在继续拉抬过程中兑现出局。为了减少进一步拉抬股价的压力，主力采用大幅度对倒震仓的手法，使一些不够坚定的投资者出局。这期间的盘面特点是在盘中震荡时，高点和低点的成交量明显放大，这是庄家为了控制股价涨跌幅度而用相当大的对倒手笔控制股票价格造成的。

（4）拉升对倒。

当经过高位的对倒震仓之后，某只股票的利好消息会及时以多种多样的方式传播，股评分析也都长线看好。股价再次以巨量上攻，其

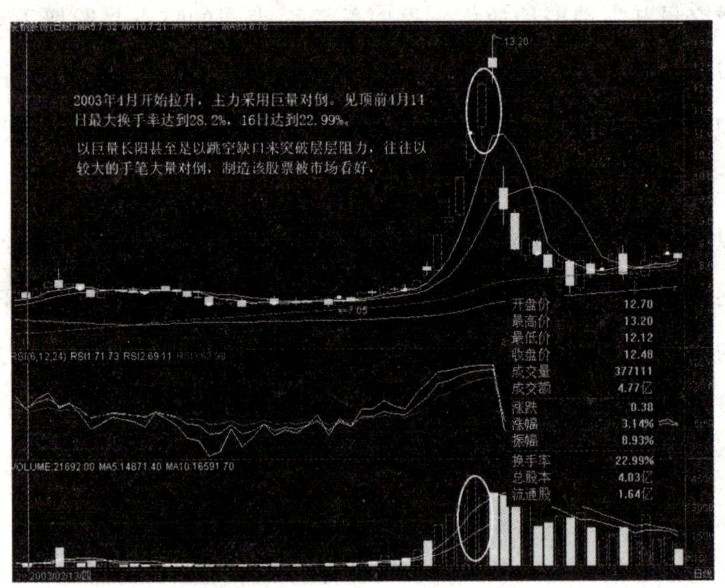

图 3－21 凌钢股份（600231）

实这已经是主力开始出货的时候了，如果你能够看到盘面上显示的数据，您可能会发现这样一种现象——往往是盘面上出现的卖二甚至是卖三上成交的较大手笔，而您并没有看到卖二或者是卖三上有大的卖单，而成交之后，原来买一或者是买二甚至是买三上的买单已经不见了，或者减小了。这往往是主力运用比较微妙的时间差报单的方法，对一些经验不足的投资者布下的陷阱，也就是我们常听说的所谓“吃上家喂下家”，吃的往往是庄家事先挂好的卖单，而喂的往往是跟风的买家。

（5）出货末端对倒。

经过一段时间的出货之后，股票的价格有了一定的下跌幅度，许多跟风买进的中小散户已经纷纷套牢，抛盘开始减轻，成交量明显萎缩。这时，主力往往会不失时机的找机会，以较大的手笔连续对倒拉

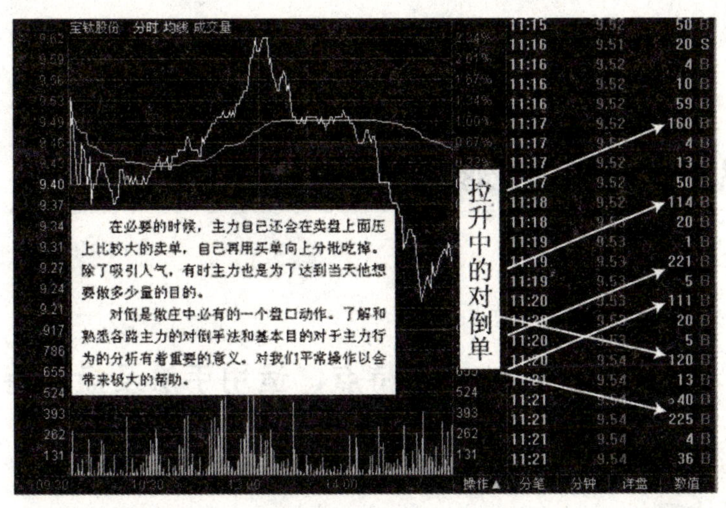

图 3－22　宝钛股份（600456）

抬股价，但是这时的主力已经不会再向以前那样卖力，较大的买卖盘总是突然出现又突然消失，因为主力此时对倒拉抬的目的只是适当的拉高股价，以便能够把手中最后的筹码也卖个好价钱。

对投资者而言，观察对倒盘需要耐心的长时间连续观察，结合大盘情况和个股的价位以及消息面等等情况综合分析，一旦会观察和把握对倒盘，就好像是掌握了主力的脉搏。只要您有足够的耐心，就等着主力给您送钱吧。

3.5 主力拉升行为解读

1. 庄家拉升时的技术特点、运用手法及盘面特征

拉升指该阶段为主升段，行情诱人且升幅可观。

技术特点：

（1）经常走出独立于大盘的走势，一般发生在大势乐观之时；

（2）强调快速，具有爆发性；

（3）在拉升初期经常出现连续轧空的走势；

（4）经常呈现涨时放量、跌时缩量的特点。

（5）在同一交易日开市后不久或收市前几分钟最易出现拉升现象。这主要是因为中小散户在刚刚开市时（和闭市前）并不知道自己所持的某只股票会上涨和上涨多少，所以此时挂出的卖单较少。庄家在这两个时刻只需动用很少的资金就可将散户的抛单统统吃掉，从而轻易达到拉升效果。另外，在尾市时拉升经常带有刻意成份，其目的主要是为了显示庄家的实力，吸引散户注意和跟风，或者是为了做K线（骗线）图和要构筑（维系）良好的技术形态。

（6）具有良好的技术形态。如均线系统呈典型的多头排列，主要技术指标处于强势区，日K线连续飘红收阳。

运用手法：

（1）夹板式：即在当日上攻时经常在“买三”和“卖三”位置

上同时挂出大单子，之后把买卖价位不断上移。与此同时，在分时曲线图上经常沿45°角的斜率上推。

（2）直拉式：此类主力一般实力强大，喜欢急功近利式的短线凶悍炒作。做期货的资金在杀入股市时多采用此种手法。

（3）台阶式：此类主力往往不具备控盘的实力，或者由于关联单位涉及面广，无法保证绝对保密不走漏消息，故采用此手法尽量减轻上行时的压力。

（4）波段式：此类庄主力一般较具耐心，多为中长线做庄，故采取循序渐进、稳扎稳打的手法。

盘面特征：

（1）经常在中（高）价区连拉阳线。

（2）经常跳空高开形成上攻缺口，且短线不予回补。

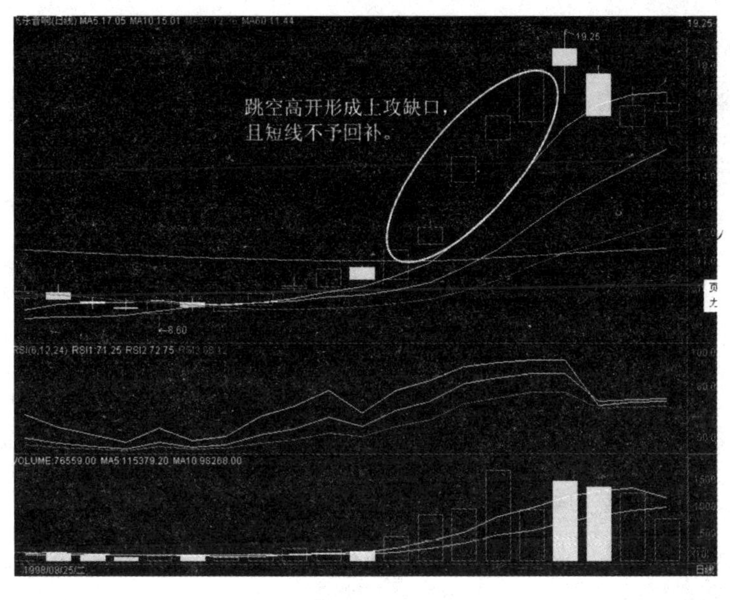

图3－23 飞乐音响（600651）

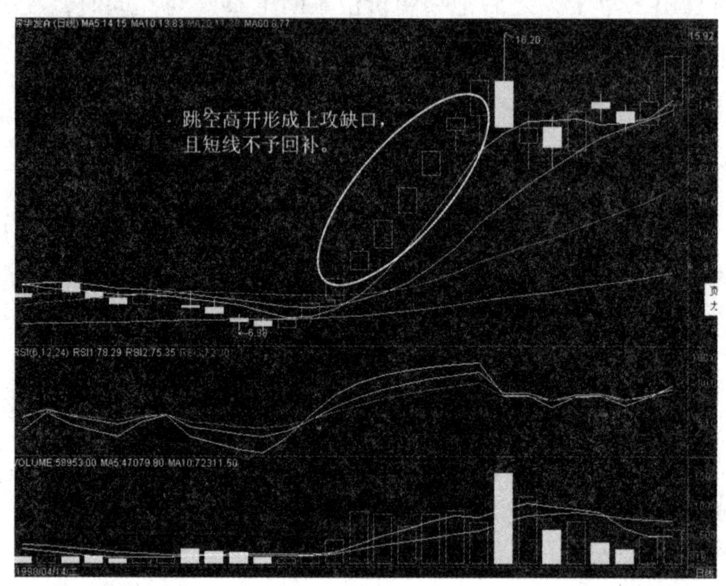

图 3-24　深华发（000020）

（3）经常在通过前期某一阻力位（区）时会进行震荡整理以消化该阻力的压力，而且突破之后又将加速上扬。

2. 主力拉升时操作策略与跟庄技巧

启动拉升需要等待合适的时机，庄股相互之间也在观望，对同一板块的其它股票的动向十分关注。如果选择的时机不当，往往事倍功半，出师不利会打乱整个布局方案。有些主力总是喜欢在大盘指数无所作为时跳出来表演。因为主力十分需要跟风盘的追捧，不能吸引跟风盘就意味着主力要自己举重。在大盘无热点的情况下，使自己成为热点就能吸引大量的短线资金，还有些举重很久的强庄股也喜欢这么做。另外有少数恶庄股专门在大盘跌的时候大涨，大盘走稳之后出货，但大部分的主力总是选择大盘处于上升趋势或即将开始上升的时

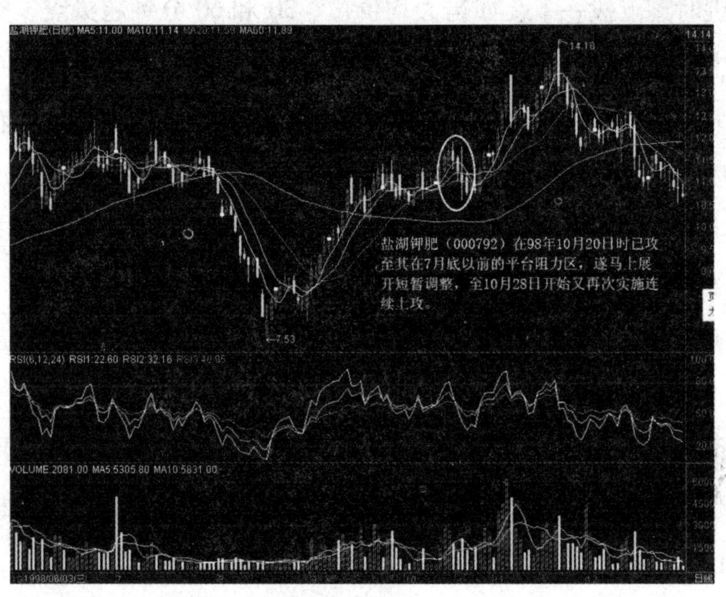

图 3－25　盐湖钾肥（000792）

候启动拉升，这种现象有助于我们判断大盘趋势。由于庄股从启动到目标位需要拉升多次，也就是常说的有几个波段，在每个波段中的庄家操作方法都是有所不同的。

（1）拉离建仓成本区，形成上升第一浪。

在日 K 线图上表现为股价从长期潜伏的底部突起，在周 K 在线形成旗杆，价升量增，周成交量一般可以达到前 5 周平均成交量的 5 倍以上，这一步是所有的庄家都要做的。由于股价长期低迷，股性呆滞，此时在初起的 1－2 个小时内少有跟风盘，反而上面挂出的抛盘不少，主力所要做的只是连续买入，吃掉所有挡路的抛盘。

第一浪的上升高度在起始阶段投资人是很难预料的，主力对第一波的目标高度很多时候是随机决定的，长期躺底的股票在小荷露出尖尖角的时候，非常容易吸引跟入买盘，在随后的时间内，主力只需要在关键时刻点拨一下，如当天均价位、30 和 60 分钟超买点、整数位元、中长期均线处等等。有时为了放大成交量或吸引市场的注意或显示实力，主力经常用大手笔对敲，即先挂出几千或几万手的卖盘，几分钟后一笔或几笔买入。

当股价涨幅达到20%左右时，小道消息便开始登台亮相，有关该股的传闻在随后几天里会不绝于耳。这时投资者总是听到相互矛盾的或不确定的消息。信不信由你，股价还在上升，仿佛在告诉你那是千真万确的好消息和赚钱机会。

往往独庄股和多庄股的第一波拉升高度是有区别的。独庄股很简单，计划怎么做就怎么做，只要没有意外情况一般都能达到目标，常常还超额完成。脱离成本区的目标价位是从底部上升25－35%，此时庄家的持仓量增加了，最多时可能是流通股数的60%以上。多庄股的情况就复杂一些，消耗体力打冲锋的事要轮流上，短期升幅太大说不定会出叛徒，在这种相互牵制的情况下，第一波的幅度会低一点。有时在启动阶段连出天量，股价以很陡的角度上升，这可能是多个庄家在抢筹码，以后会逐步调整为独庄股，最后的庄家的成本价很高，经常成为恶庄或强庄。

（2）主力后续资金到位，舆论沸腾，人心思涨的时候，便可启动第三浪。

这个阶段的主力操作方式和拉升期有点相似，只不过根据自己的持仓情况决定拉升的斜率。仓位重的拉升斜率陡峭，仓位轻的平坦些，这时主力所考虑的是要拉出以后的出货空间。

主力不用担心没有跟风者，也不需要刻意的制造消息，只要再发扬光大就可以了，前期的消息和想象力将在这个阶段充分消化。由于筹码被大量锁定，盘面十分轻巧，K 线组合流畅无比。所以我们经常

看到缩量走第三浪的图形。主力有时为了表现自己，经常玩些逆势走高和顶风作案的把戏。主力此时最害怕的是基本面突变和其它比自己更有优势的个股崛起，使自己在跟风资金面前失宠。随着大盘扩容，个股数量激增和质量优化，一些原来的长庄股失宠，为了出货而不得不另出高招。

此刻主力和上市公司的紧密联系达到了顶峰，真正实质性的东西现在可以拍板了，有的上市公司募集资金投资项目突变，有的财务资料大起大落。有的送配股方案定局、有的重大合同签约等等，都和主力有关。

从盘面来观察，通常上升行情开始时一定会有极强烈的买进信号告诉你可以大胆进场了，这个强烈的买进信号是放巨量拉长阳线。如果在盘整的行情中突然出现开盘跌停收盘涨停，往往代表着大行情可能开始，尤其是连续几天放巨量拉长红，便是强烈的上涨信号。

通常多头行情开始时，股价呈现大涨小回的走势，往往是涨 3 天，回档整理 1 天；再涨 3 天，再回档整理 1－2 天；再涨 3 天，再回档整理 2－3 天；一路涨上去，一直涨到成交量已放大为底部起涨点的 4 倍，或股价已上涨 1 倍时方才可能结束。在多头市场里，个股行情起点成交量均不大，随着指数上升而扩大，直至不能再扩大时，股价指数便开始下，也就是最高成交量对应着最高股价指数。有时股价指数虽然继续上升，成交量却无法再放大，上升行情极可能在数日内结束，与“先见量，后见价”相印证。投资人只要在 3 个月之中做一波真正的多头行情就足矣了。

拉升行情的特点是换手积极，股价上涨时成交量持续放大，并沿着 5 日移动平均线在行；当股价下跌时，成交量过度萎缩，并且能够在 10 或 30 日移动平均线处明显止跌回稳，当成交量创新记录直至无法再扩大，股价收大阴放大量时，上升行情才结束。

3. 主力拉升特征总结

通过前面的叙述，可以发现不管主力采取何种方式拉升，在其运作的过程中，总是会留下一些较为明显的特征，我们可以从下面几方面去观察它。

（1）均线系统。

由于庄家的拉升是一种股价上涨的趋势，所以，均线系统呈现典型的多头排列。五日、十日均线上升角度陡峭，一般都大于 45 度以上。收盘价在 3 日均线在运行的具有短期黑马的性质；收盘价站在 5 日均线之上的，具有牛股的特性；5 日、10 日、30 日、60 日均线呈有序多头排列，股价向上运行，在这一段时期中，股价往往表现为主升浪，短、中期升幅可观。

（2）成交量系统。

成交量持续稳步放大，呈现价升量增、价跌量缩的特点，价量配合良好，在这段时期内，成交量整体上保持活跃状态，市场投资者积极参与、人气旺盛。

（3）K 线系统。

在拉升阶段中，庄家经常在中高价区连拉中、长阳线，阳线的数量多于阴线的数量；阳线的涨幅实体大于阴线的跌幅实体；日 K 线经常连续收阳，股价时常跳空高开，并且不轻易补缺口，日 K 线形态中常出现红三兵、上升三步曲、大阳 K 线等。

另外两个关键的因素是：拉升的时间和空间。在主力做庄的各个阶段中，其中拉升的时间是最短的。主力拉升时间的长短取决于主力的实力和操盘风格，以及大势的情况和市场的氛围。一般短线拉升行

情在一周至二周；中线拉升行情在一个月左右；长庄在三个月左右，也有少数大牛股的升势时间可能超过一年以上。从另外一个角度来看，一般底部横盘结束以后的拉升时间在十天到三十天，以振荡方式上行的个股拉升的时间约两个月左右。股票拉升的空间取决于目标股的炒作题材、市场人气、股价定位、技术形态、主力成本、筹码分析、股本大小、主力获利的目标等各种因素。其中，主力的意志和实力是最具有决定性的。股价拉升的幅度最少也要达到30%，否则的话就没有获利空间；一般情况下是50%以上，幅度较大的可超过100%。一只庄股的整体涨幅在100%以上是常见的事情，有的甚至会翻几番。

3.6 主力出货行为解读

出货是大资金操盘最难以掌握的一项技术，掌握这项技术需要心理逻辑严谨等经验作基础，不是缺乏丰富大资金经验的操盘者所能轻易使用的。

（1）出货时机。

① 达到目标。用几种不同的方法预测的都是某一个点位的时候，那么在这个点位上就要准备出货。当然，还可以用其它各种技术分析方法来预测。故当预测的目标位接近的时候，就是主力可能出货的时候了。

② 该涨不涨。在形态、技术、基本面都要上涨的情况下不涨，这就是要出货的前兆。

③ 正道消息增多。

④ 传言增多。

⑤ 放量不涨。

如果有了这些征兆，一旦出现了股价跌破关键价格的时候，不管成交量是不是放大，就都应该考虑出货。因为对很多庄家来说，出货的早期是不需要成交量的。

（2）出货手法。

大盘持续下跌，如何判断出主力机构出货是很重要的事情。

一般地讲，股票一旦出现破位现象，其杀伤力是非常大的。比如从2007年5月30日后，A股市场有近六成以上的股票开始节节走低，盘中不做任何反弹，不但5日、10日平均线跌破，其中一些重要的中长线技术指标，比如30日和60日均线都跌穿，更有甚者连120日半年线都失守。

为什么这些股票会出现如此恶劣的技术形态，其根本原因就是在于其背后的长线主力资金的干脆出走，他们对这些个股的出走，决心异常坚定，没有给市场其它投资者任何借助反弹解套的机会。

因此说，如何及早发现主力动向，如何识别主力出货手法，显得非常重要。这里将深入分析主力最具杀伤力的出货方法，以供读者朋友参考。

① 主力对重要中长线技术位置的放弃。

一个识别中长线主力资金离场的信号，那就是30日、60日股价平均线的破位。严格地讲，主力不管出于什么需要，只要它不是想彻底出逃，那么这些重要的技术位置不会轻易让它失守的。很明显，没有任何一个主力愿意让散户的持股成本和自己一致。一旦股票30日、60日这些重要的技术位置跌破，而在随后的几天时间里，主力不迅速拉抬上去的话，必然是其完全弃盘的信号。

可见，一旦某只个股发生破位，则应该离场，不应死守，更不要随意去补仓，因为谁也不知道该股何年何月会见底回升。

需要提醒大家密切注意的是，像湖南投资（000548）这样破位阴跌的股票，在深沪市场中居然不少。投资者一定要高度警惕，“暴跌不可怕，最损的就是这种阴跌无休止。”

②“穿头破脚”式的出货。

“穿头破脚”是主力的一种十分恶劣的出货方式，一旦真的出现这种技术形态，则说明这类个股已经反转向下，而且下跌过程将会十

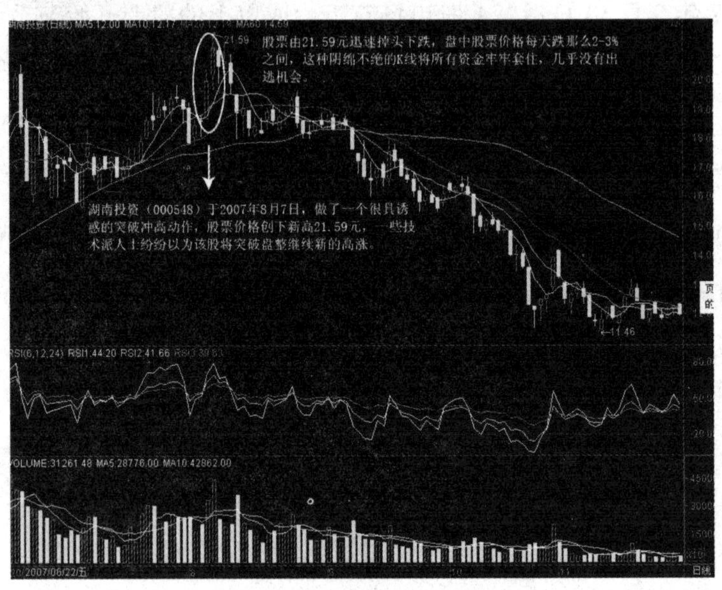

图3-26　湖南投资（000548）

分剧烈。一般讲，穿头破脚现像是在几乎毫无先兆的情况下突然出现的，并顺着新的趋势快速发展，如果不幸买了这类个股的话，除了斩仓别无选择。

这种现象的股票一般的市场特征是这样的。穿头破脚技术形态通常出现在步入主升浪的个股里，这类个股由于一路快速上扬（主要以涨停板方式），而中途又不调整或只是微调，所以就形成了一条与90度角差不多的上升通道。这类个股一般会出现3个以上的向上跳空缺口，累计涨幅十分巨大，技术指标超买严重。

穿头破脚技术形态的出现一般伴随着巨大的成交量，由于这种现象事发突然，使得高位被套者感到害怕，于是斩仓盘会一拥而出，这样就进一步加剧了这类个股的下跌速度，造成恶性循环。所以，一只个股若出现这种技术形态，则其股价会一落千丈，正式形成顶部。有时，为了稳定人心，主力会在低位把跳楼货接住，然后杀空方一个回马枪，再收长阳，然后再卖出跟低位买回相若数量的筹码，这便是T+0手法。

如河池化工（000953）在2007年5月的表演。该股一天之内从涨停到跌停然后再回到涨停板位置，演示了T+0出货法。一旦达到了稳定人心的意图，该股次日就再次放量收阴，继续出货，于是就形成了两阴夹一阳的技术形态。见图3－27。

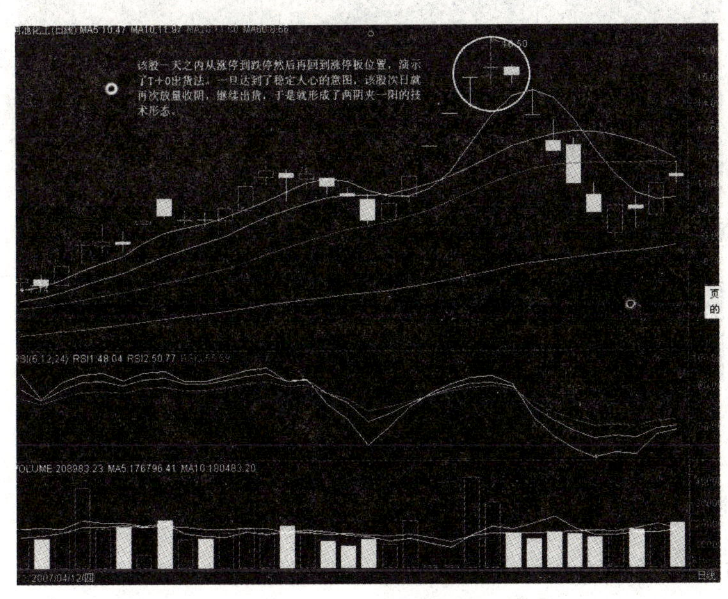

图3－27　河池化工（000953）

与之类似的还有天伦置业（000711），2007年10月24日出现了穿头破脚的技术形态。该股从2月27日开始跳空上扬，在股票上涨过程中连续以涨停板开盘，然后再以跌停板收盘，留下了很多向上跳空缺口，技术指标严重超买。从底部算起，该股涨了几倍，所以主力获利十分丰厚，出货只是时间问题。2007年5月到10月期间，主力将股票价格维持出一个缓慢向上突破扬升的形态，不少投资者以为该股要形成新的一轮技术突破，所以该股主力就利用这种市场人气，在10月24日采用穿头破脚的方法全面清仓，随后该股便一落千丈，持有者连看的勇气都没有（见图3－28）。

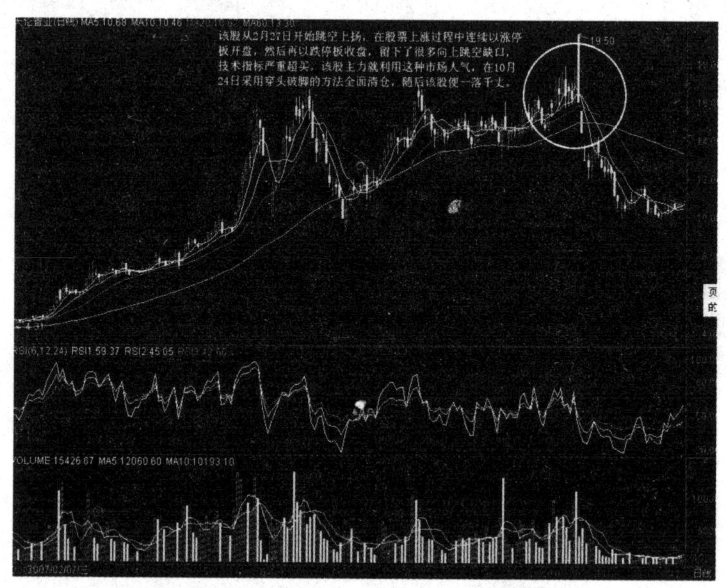

图3－28 天伦置业（000711）

正因为穿头破脚技术形态来得突然且杀伤力特大，是一种十分典型的主力出货手法，所以大家在操作上应采取以下策略：

① 若该类个股以开盘即涨停的形态上升，则持股不动，直到哪天不以开盘即涨停的方式开盘才全线清仓。

② 若该类个股以实体阳线的形态上升，则要在放量滞涨之时全线清仓。

③ 一旦不幸错买了这类个股，则要立即斩仓，不能再拖。

④ 对付这类个股，事先要设止损位，不抱侥幸心理，一旦见顶，坚决止损出局，保住本钱，日后再战。

（3）留下跳空缺口的向下破位阳线出货。

所谓跳空，即价格跳空，是指在某一段价位区内没有发生交易，表现在日K线图表上，就是两根K线之间出现空档，我们把这段空档叫做跳空缺口。向上跳空表明涨势强劲，向下跳空表明跌势惊人。跳空是明确趋势开始的重要标志，跳空缺口越大表明趋势越明朗。

一般来讲，反转发生时或发生后的向下跳空为突破跳空，代表着一个旧趋势的结束和一个新趋势的开始。如果跳空是发生在顶部的话，就是趋势将反转向下的重要信号。但是，如果某只个股跳空低开，然后再低走的话，就会收出十分明显的跳空阴线，一般投资者都很容易看得出这是出货信号，不会上当。所以，主力就发明了一种掩人耳目的新方法去骗股民，其具体做法是以跌停板的价格低开，然后再稍微拉高一点，就可以使之变成阳线，尽管股价其实是下跌的，这便是留下跳空缺口的向下破位阳线。这其实也是主力的出货手法之一，主要意图是使不明真相的投资者误以为该类股票已经见底，于是纷纷人场抢便宜货，但是，他们却白抢了，因为该股日后继续下跌。

从历史上的看盘经验判断，一般出现这样手法的主力都会有如下几个基本特征：

① 这一出货方式常见于前期股价已有较大升幅的股票，由于主力获利颇丰，以杀跌方式出局，一样有获利空间，但为了掩人耳目，故意以跌停开盘，构造阳线。

② 到了技术支撑位以盘整为多，反弹力度小，对冲盘制造的成交量依旧很大，这是引人跟风的陷阱。

③ 面对以跌停的方式开盘（也可以是大幅低开），但最终在日K线图表上呈阳线的个股只要在高位，都要谨防其向下跳水。

（4）阴跌出货。

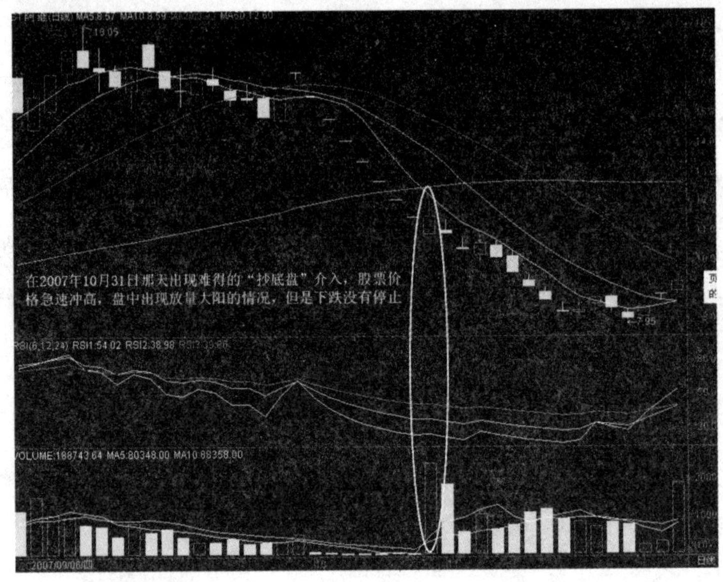

图 3－29　＊ST 阿继（000922）

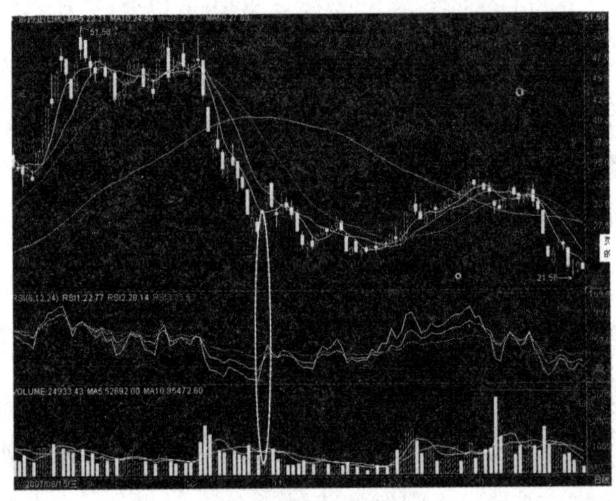

图 3－30　广济药业（000952）

阴跌出货是打压出货的继续，其杀伤力丝毫不逊色于打压出货，有时甚至于比打压出货的杀伤力还要大。阴跌出货的基本特征是：每

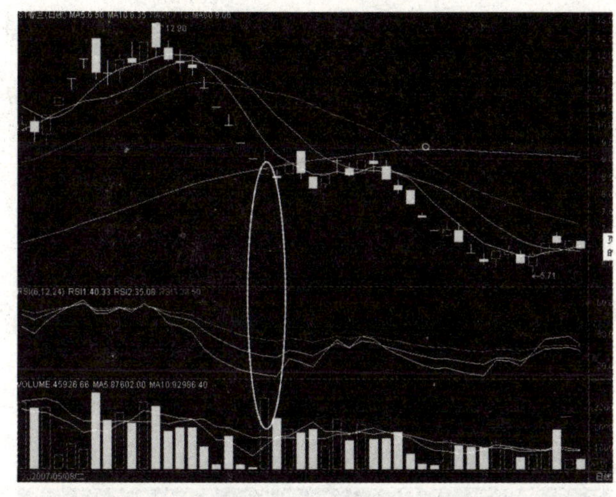

图 3-31 ＊ST 春兰（600854）

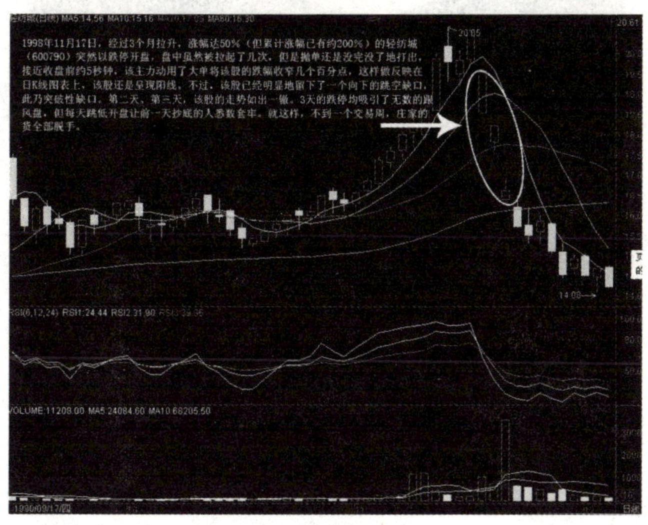

图 3-32 轻纺城（600790）

个交易日的下跌幅度相对来讲并不是很大，偶尔也有一半根阳线出来，但下跌的脚步总不停止。就像是秋天下的连阴雨，淅淅沥沥，不大，可也不太小，下个不停，还要带来一丝丝袭人的寒意。

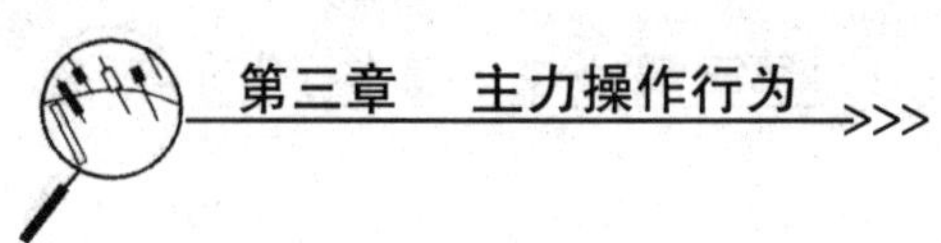

股票在其主力资金采取阴跌的方式出货时，还会时不时的给投资者诱导出点侥幸心理来，然后就在你侥幸的时候，再深一点套住你。使你在不舍得止损出局的犹豫之中，把你进一步深度套牢。所以在股市投资时，遇到阴跌是要坚决地出局。这样或许可以减少一些损失，多保存一些该出手时再出手的实力。

＊ST 宝利来（000008）原亿安科技。从 2000 年 3 月 7 日开始，亿安科技走上了阴跌出货的漫漫旅途，一直到 6 月中旬（见图 3－33）。

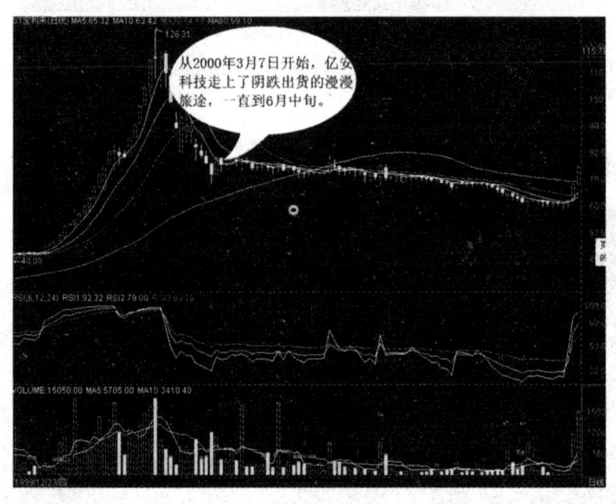

图 3－33　＊ST 宝利来（000008）

（5）反弹出货。

反弹出货是打压出货、阴跌出货等出货方式的继续。反弹出货虽然变换了手法，但出货这个目的一点都没有改变。它无非是将股价下跌的走势止住，然后再将股票的价格向上推一推，给一点获利的希望出来，从而引诱一些不明真相的投资者接盘，以便其顺利兑现。

（6）市场即将见顶时主力出货特征。

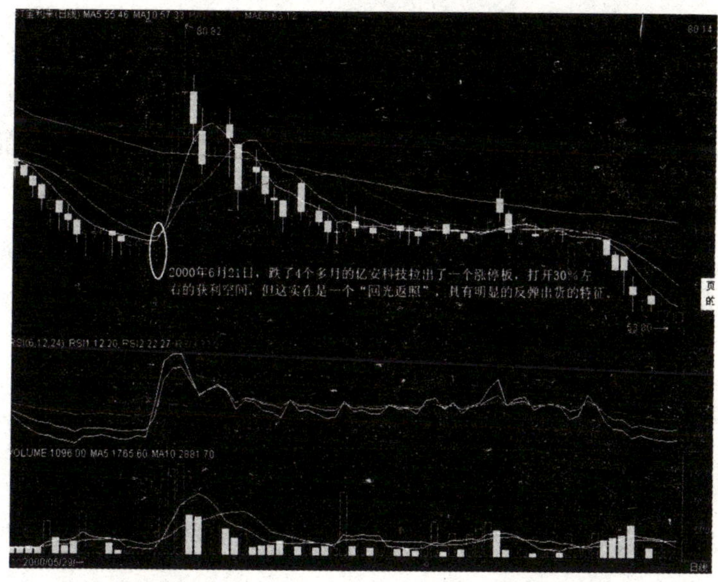

图 3-34　*ST 宝利来（000008）回光返照

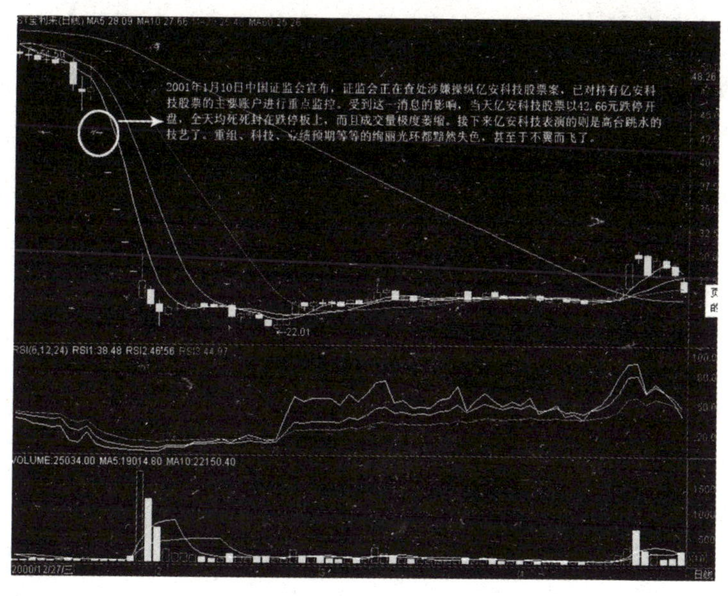

图 3-35　*ST 宝利来（000008）跌停开盘

① 补涨个股全面活跃。

一般来讲，在一轮完整的行情中，排除少数独立牛股外，个股最终的总体涨幅应该基本一致。所以，当大部分股票放量滞涨，而前期涨幅有限的股票开始补涨时，意味着升势即将见顶。

② 高位巨量大阴线并配合出现向下的跳空缺口，这说明市场人心有变，主力在拼命出货。

③ 股价大幅度上下震荡。

在顶部，看多者买入勇气犹在，看空者忙于大量出货，这才造成股价放量震荡。

④ 重要支撑位被击穿，这说明多头主力已经无力护盘，做多信心已被动摇。

⑤ 该涨不涨。

技术面和基本面都向好的情况下，股价却只放量而不上涨，基本可确认为出货行为。

⑥ 正面消息增多。

简单讲，就是高位一般只会出利好，目的很明确配合主力出货。

⑦ 个股涨幅过大，未来价值被严重透支。

第四章

主力与黑马

主要内容

"黑马"在股市术语里，专指那些一直未被投资者关注，突然在某一时刻放量上攻，脱颖而出股价大涨的个股。黑马股是可遇而不可求的，如果被大家都看好的股票就很难成为黑马了，投资者不用刻意的搜寻黑马，只要是好股票，就可以赚得到钱。

黑马股的不利因素是吓退许多中小投资者不敢介入。主力庄家反其道而行之，出奇制胜，众人不敢买入，股价自然便宜，主力庄家趁机买便宜货，实现低价大批量收集筹码。当股价大幅上升之后，众人反而开始因为股价上扬而看好该股。主力庄家趁该公司公布利好，甚至制造利好，吸引众人跟风买入而高价套现。制造黑马股是主力庄家操控股价、获取暴利的主要手段。

4.1 寻找"黑马"的秘诀

其实，任何一只个股成为"黑马"，都不是在瞬间完成的，总是有它成长发展的轨迹，下面的标准，可在一只个股中单独存在，也可能共同存在，只要投资者注意观察，是可以作出准确判断的：

（1）选择有主力运作的个股。

有主力，尤其是有强主力介入的股票一般都有暴升的机会。处于主力收集阶段的个股，其底部形态较为明显，在盘口中也会在分时图中和买卖盘中露出痕迹；拉升阶段，成交量巨额放大、加速萎缩、下跌时成交量萎缩，洗盘砸盘，都可看出主力的影子。此时关注和跟进，可搭一段顺风船。

（2）选择技术形态有强实底部的个股。

有主力介入的个股一般底部形态都是坚实的状况，底部越大，持续时间越长，说明主力吸筹越多，控盘的能力越强，以后拉升时上升幅度和空间也越大。

（3）选择临近突破形态边缘的个股。

技术形态临近突破的个股，一般都有较长的整理、蓄势阶段，所以，追踪“黑马”要选底部构成圆底形态刚刚突破、或三角形整理低位向上突破时大胆跟进，在突破临近时或已开始突破时跟进，可避免等待太久。如果个股股价在长期下跌末期，股价止跌回升，上升时成交量放大，回档时成交量萎缩，日K线图上呈现阳线多于阴线。阳线对应的成交量呈明显放大特征，用一条斜线把成交量峰值相连，明显呈上升状。表明主力庄家处于收集阶段，每日成交明细表中可以见抛单数额少，买单大手笔数额多。这表明散户在抛售，而有只“无形的手”在入市吸纳，收集筹码。

（4）选择走势较强的个股。

“强者恒强”。在选股时，如均线系统形成多头排列，股价又站在均线之上，或者是RSI成牛背离的个股，都可大胆介入。

（5）选择有题材，能成为市场热点的个股。

题材永远是股市炒作的理由，也是推动股价上涨的客观因素。有题材的个股，市场容易接受，容易集聚人气来投入炒作，也才能为主力所青睐，上升拉抬的空间较大。

（6）选择换手率高的个股。换手充分，可使股价平均成本不断向上抬高，相应这只个股的上涨底部也被抬高，以后上涨，就比较坚实有力。

黑马股的盘面观察，一般而言，个股进入攻击状态后盘面有清晰的主力运作迹象，上档挂出的卖单非常大，但无论挂出多大的卖单也

会相应的大手笔主动性买盘涌入，将挂单吃掉，随后上档又有大手笔卖单挂出，又有买盘将其吃掉，如此反复上扬，具有持续的攻击能力，投资者可以很清楚地看清楚哪些是主力的单子，哪些是散户的单子，可以很清楚地明白主力已经在其中干活了。

4.2　主力塑造"黑马"实例分析

1. 塑造"黑马"要素

（1）黑马股的特征。

第一，流通盘小或适中。因为盘子不大，方便主力控制盘面走势；盘子太大，需要的资金量大，主力控制起来不是很方便。

第二，能成为黑马的个股在启动前总是会遇到各种各样的利空。利空主要表现在：上市公司的经营恶化，有重大诉讼事项，被监管部门谴责和调查，以及在弱市中大比率扩容等很多方面。虽然利空的形式多种多样，但是，在一点上是共同的，就是利空消息容易导致投资者对公司的前景产生悲观情绪，有的甚至引发投资者的绝望心理而不计成本地抛售股票。

第三，黑马形成前的走势也让投资大众对它不抱希望，长期备受市场冷落。因为走势非常难看，通常是长长的连续性阴线击穿各种技术支撑位，走势形态上也会显示出严重的破位状况，各种常用技术指标也表露出弱势格局，使投资者感到后市的下跌空间巨大，心理趋于恐慌，从而动摇投资者的持股信心（见图4－1）。

第四，能成为黑马的个股在筑底阶段会有不自然的放量现象，量能的有效方法显示出有增量资金在积极介入。因为，散户资金不会在基本面利空和技术面走坏的双重打击下蜂拥建仓的，所以，这时的放

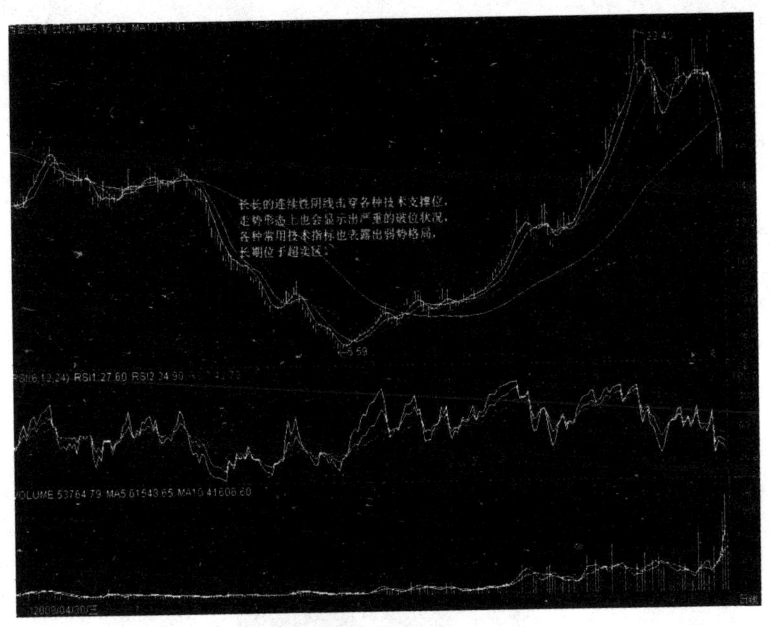

图 4－1　西部资源（600139）黑马特征

量说明了有部分恐慌盘在不计成本地出逃，而放量时股价保持不跌常常说明有主流资金正在乘机建仓。因此，这一特征反映出该股未来很有可能成为黑马。对这一特征应该重点加以关注。

这 4 个因素是构成黑马股的必要条件。主力庄家介入具备以上这 4 个因素的垃圾股，是“劣马”变“黑马”的充分条件。构成黑马股基本的 4 个特征易找，但发觉主力庄家介入是捕捉黑马股的关键。

（2）主力逐步入驻黑马期盘口特征。

跳空高开后顺势杀下，收出一根实体较大的阴线，同时成交量明显放大，但随后并未出现继续放量，反而迅速萎缩，股价重新陷入表面上无序的运动状态；小幅跳空低开后借势上推，尾盘以光头阳线报收，甚至出现较大涨幅，成交量明显放大，但第二天又被很小的成交量打下来。这些形态如果频繁出现，很可能是主力压低吸筹所留下的

600139 西部资源			
委比	-3.25%	委差	-23
卖⑤	25.88		170
卖④	25.87		7
卖③	25.86		1
卖②	25.85		117
卖①	25.84		70
买①	25.83		39
买②	25.82		63
买③	25.81		87
买④	25.80		144
买⑤	25.79		9
现价	25.82	今开	26.29
涨跌	-0.42	最高	26.29
涨幅	-1.60%	最低	25.80
总量	17047	量比	0.89
外盘	6901	内盘	10146
换手	1.62%	股本	2.37亿
净资	1.11	流通	1.05亿
收益(三)	0.230	PE(动)	83.2

图 4-2　西部资源（600139）流通股仅 1.05 亿

痕迹。

从 K 线组合看：

经常出现上涨时成交量显著放大、但涨幅不高的“滞涨”现象，但随后的下跌过程中成交量却以极快的速度萎缩。有时，则是上涨一小段后便不涨不跌，成交量虽然不如拉升时大，但始终维持在较活跃的水平，保持一到两个月后开始萎缩。

由于主力进的比出的多，日积月累，手中筹码就会不断增加。尽管目前的主力已无法操纵大盘，但调控个股走势还是绰绰有余的，往往会在收盘时通过各种手段改变股价走向，从而使一些技术指标逆转，以迷惑一般投资者。

从均线系统看：

由杂乱无章、纠缠不清，逐渐转向脉络清晰、起伏有致。从技术上说，这是黑马与失败案例的最大区别之所在，具有合理的内涵，而且在庄股时代有其必然性。其内在机理是：在建仓阶段，前期由于筹码分散，股价波动的规律性较差，反映到均线系统上，就是短、中、长期均线的不断交叉起伏，随着主力手中持筹的沉淀，市场上的浮筹随之减少，当主力持筹达到一定程度时，往往会把股价的波动幅度降下来，以拉平市场的平均成本，减少其它投资者做短差的机会。

观察建仓阶段：

主力与散户实际上是处于博弈的两端，主力总是力图制造种种假象，迫使散户低价吐出手中的廉价筹码。正因为如此，在底部区域的顶端，主力往往发布种种利空，或者制造形态上的空头结构，意图使市场发生心理恐慌，主动促成股价下跌。这种下跌，表面上很难与“黑马”形态失败所构成的顶区分开来，但下跌幅度的深浅却往往暴露出主力的真实意图。一般来说，如果主力在下跌途中坚定持筹，并且继续逢低吸纳，则除非某些特殊情况出现，否则股价一般难以杀回前期密集成交区之下并维持较长时间。

另外，具体到操作的时候一定要注意大盘的位置，请勿忘记。

2. 塑造“黑马”过程

（1）“黑马”塑造过程中的变化。

① 股东人数大幅减少。

筹码的集中亦或分散，从股东人数的变化中可看得一清二楚，主力吸筹，筹码落在少数人手中，股东人数减少；主力派发，筹码落在散户手中，股东人数增加，若股东人数大幅减少而股价涨幅不大，应是我们重点参与的对象。例如民丰特纸（600235）2000 年末有股东

37600 人，人均持股仅 1400 股；逐步减少到 14880 人，减少了 50%，人均持有流通股增加到 3500 股；再度减少到 7312 人，人均持股数增加到 7100 股。按一般经验，人均持股数超过 3000 股便是庄股的标志，按此标准，该股应属于高度控盘的庄股，经过一年多的缓慢盘升，近期该股升势加速，股价不断创出新高，而成交量保持平稳，低位筹码尚未有松动迹象，显示主力未有派发痕迹。

② 走势长期独立于大盘。

若没有主力集中性的资金运作，走势一般与大盘相差无几，若某股在较长时间内走出与大盘完全不同的走势，这也是判断有无庄家的一个标志。特别是在大盘处在熊市阶段时，某股以横盘代替下跌，充分说明该股不仅潜伏着庄家，而且该庄家实力强大，能把下跌途中出现的抛单照单全收。

③ 基本面出现转机，特别是出现股权转让、资产置换、公司更名等消息，多说明有主力在内运作，伴随着基本面的改观，股价迟早会出现反映。

④ 市场的浮动筹码减少，股价的震幅趋窄，如果主力今天休息则盘口的交易非常清淡，启动之前往往有连续多个交易日的阶段件地量交易过程。

⑤ 股价的 30 日均线连续多个交易日走平或者开始缓慢上移，30 日均线代表着市场平均成本，如果一个股票的 30 日均线走平则意味着多空双方进入平衡阶段，30 天之前买进股票的投资者已经处于保本状态，只要股价向上攻击，投资者就迅速进入盈利状态，由于市场平均成本处于解套状态，该股向上的套牢盘压力比较轻，并且刚启动时市场平均成本处于微利状态，相应的兑现压力也比较轻，因此行情启动之初主力运作将相对轻松。

（2）狙击短线飙涨“黑马”。

① 美欣达（002034）。

② 瑞泰科技（002066）。

③ 沧州明珠（002108）。

④ 凤竹纺织（600493）。

股票上涨的过程中，每次出现大幅度下跌的振荡，次日就是很好的买点。向上趋势形成形态未被破坏的股票，不要害怕实体阴K线，这是捡便宜的最佳时机。成交量的5日均量在线穿60日均量线之后，如果不死叉就可以等待利润扩大。往往“不急不躁”的上涨形态，是运作机构实力强大的标志，可进行跟踪追击。

⑤ 大橡塑（600346）。

当价格进入持续上涨的阶段，就是等待利润扩大的时候。

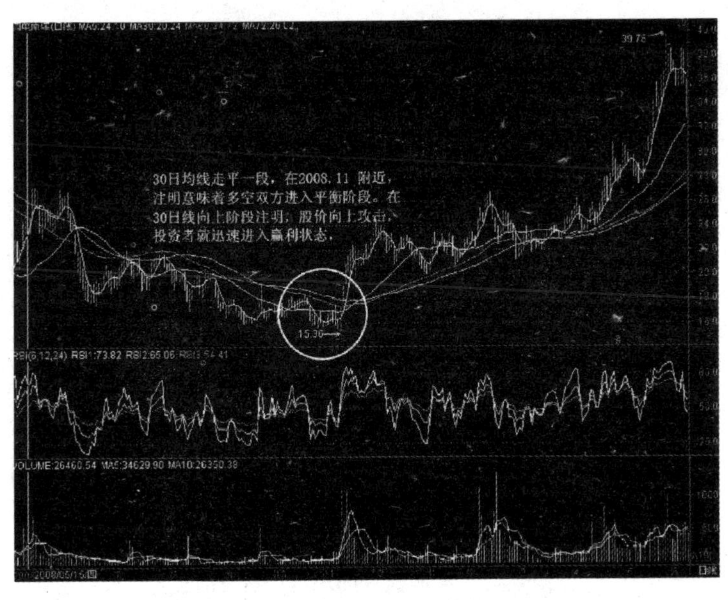

图4－3　国电南瑞（600406）

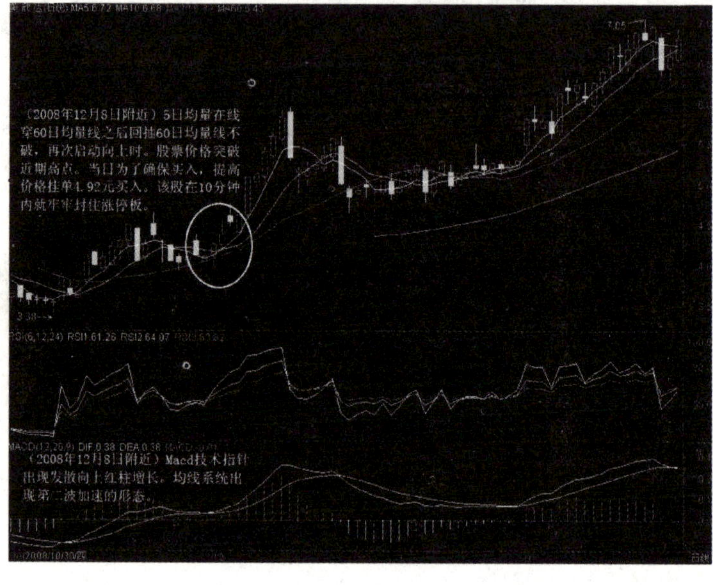

图4－4 美欣达（002034）

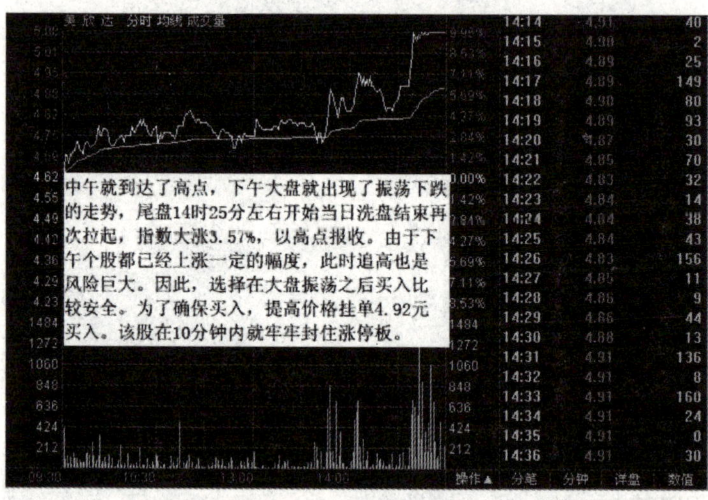

图4－5 美欣达（002034）日分时线

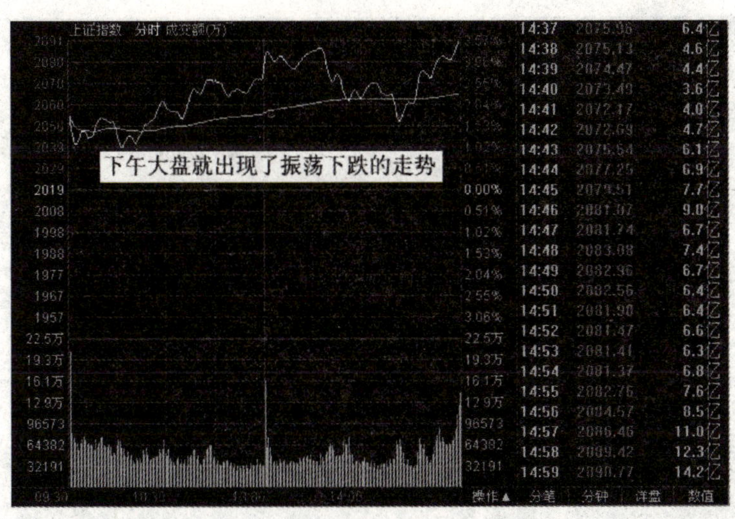

图 4－6　大盘 2008 年 12 月 8 日走势

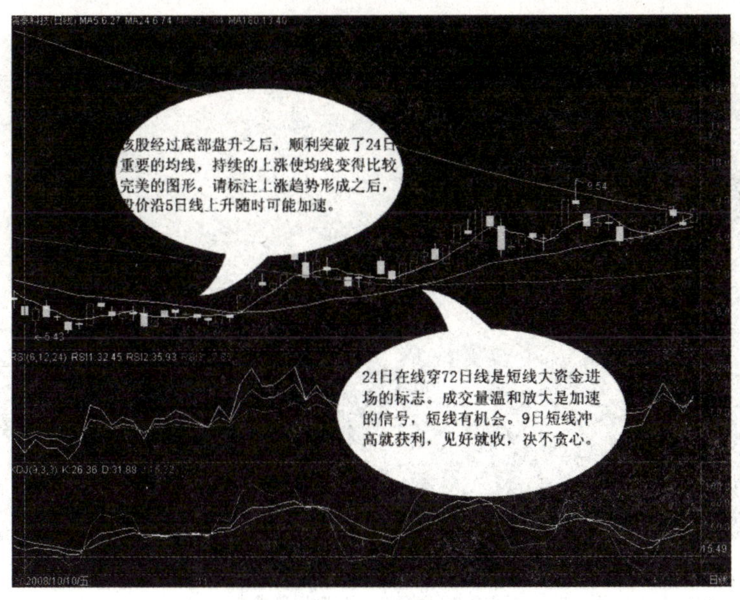

图 4－7　瑞泰科技（002066）

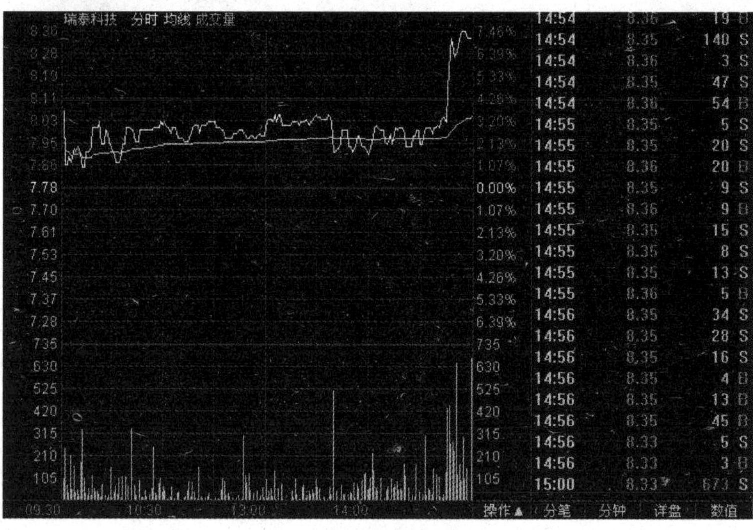

图 4 -8　买入当天个股走势

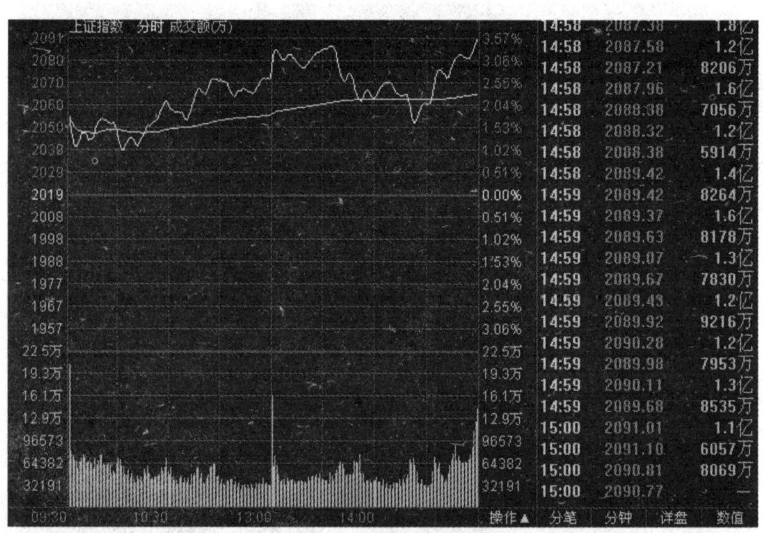

图 4 -9　买入当天大盘走势

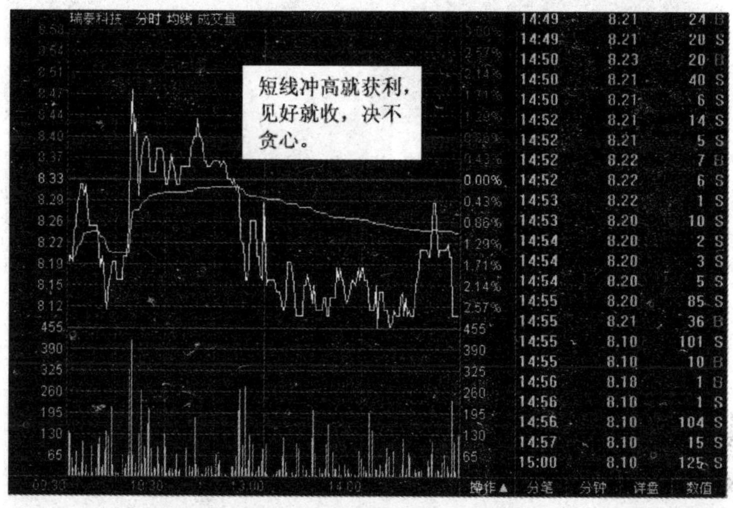

图 4-10 2008 年 12 月 9 日卖出

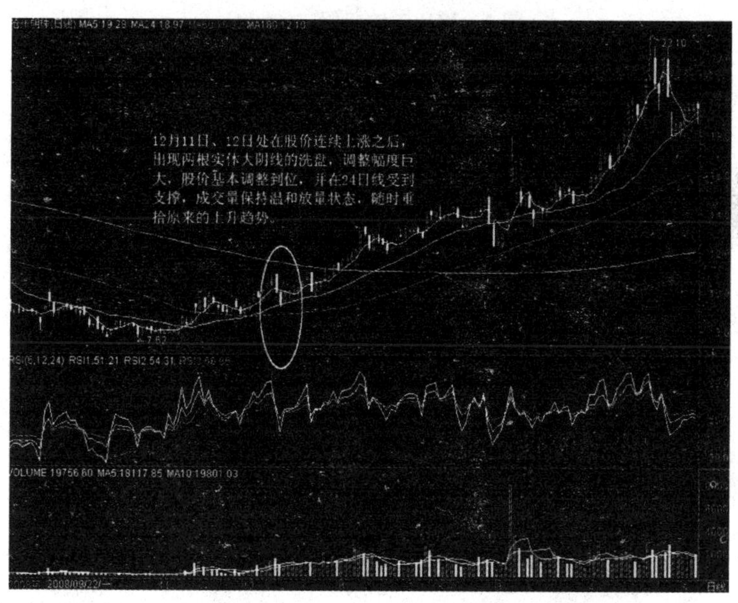

图 4-11 沧州明珠（002108）

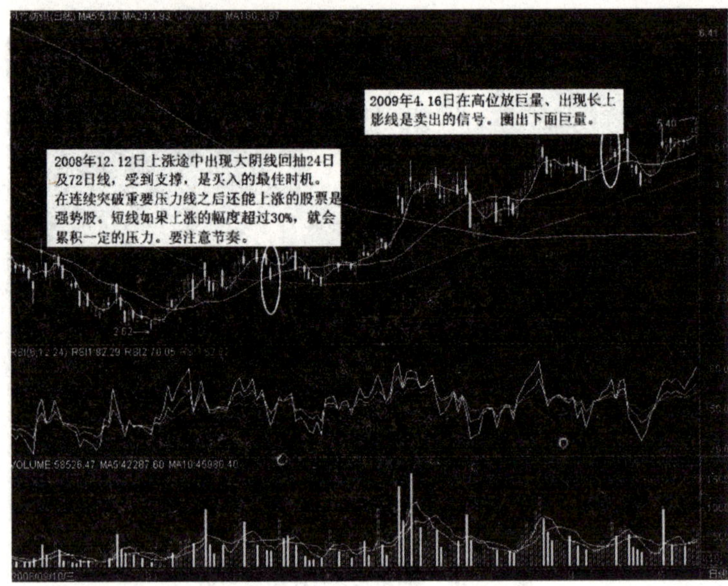

图4－12　凤竹纺织（600493）

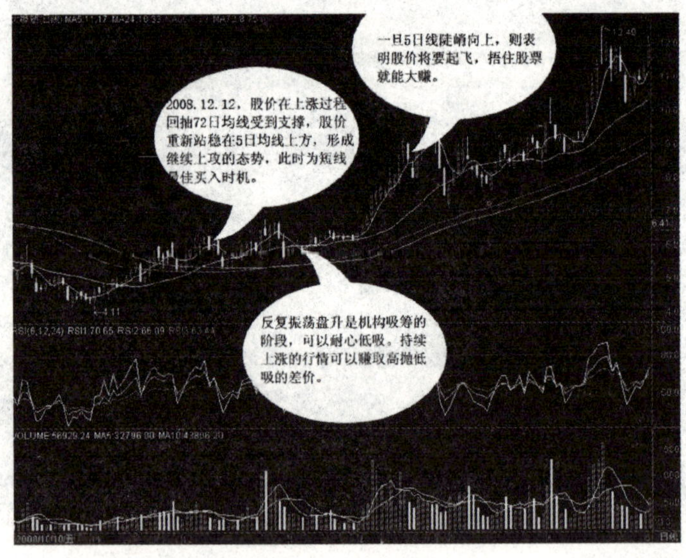

图4－13　大橡塑（600346）

第五章

主力与涨停板

主要内容

5.1　涨停时分看盘解读

1. 正确对待涨停

一些大户和机构操盘手都喜欢追“涨停板“。不论是在牛市中，还是在熊市中，只要涨幅榜前列出现了涨停板的股票，而“买进口”上又堆了不少买单，总会刺激他们在其后的“排队“欲望。他们喜欢追涨停板股票的理由在于：股市中，涨了的股票还会涨，跌了的股票还会跌，谓之强者恒强，弱者恒弱。庄家在低位吸足了筹码，加上股票有朦胧题材，连续拉涨停，容易引发跟风盘的动作，正如“谣言重复千遍，就会成为真理”。在短线暴涨暴利的诱惑下，对一般人来说，很难按兵不动。

从中可以看出，主力敢于把大把大把的钞票在短时间内砸在一个股票身上，其根本目的，是欲在短时间内从这只股票身上获得丰厚利润，故短时间的股价飙升，预示其后短时间的暴跌，这是短线热门股炒作的一般定律。而那些在第一或第二个涨停板介入的投资者，节奏踩得准，短时间自然获利匪浅；节奏一旦踩错，短时间也会损失惨重。

对于庄股的题材，不论是资产重组，第一大股东换人，或是引进新项目，获减税优惠等，涨停板的个股，总有揭开“盖头“的时候，它们连续涨停的原因，才算有个交待。但也有连拉涨停板块的个股，使赚钱的人赚的糊里胡涂，套牢的人套的也是不明不白。

所以，涨停板，就短线炒作来说，是没有多少“道理“可讲的。它完全是一种资金实力和庄家操盘、控盘技巧的展示。靠追涨停板在二级市场生存的投资者，难免经常处在一种“赌“的境地中。作为广大中小散户，一般还是远离此种操作为宜，如果必须为之，要慎之又慎。

大部分涨停不能追，能追的只有少数。对多数涨停来说，属于技术形态不好情况下的涨停、跟风涨停（当然不是说所有跟风涨停都不能买）、分时图情况不佳、大盘暴跌等等。实际在买卖中，必须在个股本身技术形态良好、存在一定上扬空间、分时图显示出的庄家向上做盘意愿强烈以及大盘的条件相对配合等因素都具备的情况下，才能采取追涨停战术，使风险降到最低。

2. 涨停板下看盘分析

涨停股一般分为不开板的涨停（又分为无量空涨型和有量仍封死型），以及开板的涨停板（分为吃货型、洗盘型和出货型）。

（1）不开板的涨停。

股价的运动从盘中解释，即买卖力量的对比。有量仍封死型比无量空涨型可能上涨幅度要稍逊一筹，其含义是有一部分看空的抛出，但看多的更多，始终买盘庞大，拒绝开板，庄家有意显示其超凡实力，只想告诉卖主一声，且慢出手。造成这种情况的原因不外乎：一是突发性政策利好，机构在前一日收盘后得到确切信息，今日开盘后立即以涨停价抢盘；二是个股主力经过吸纳、试盘、震仓后进入急速抬拉阶段，或板块热炒；三是个股潜在重大利好。当然过去常有子虚乌有、瞎编乱造之嫌，个股主力希望所坐庄的个股充当大盘或板块领头羊的作用，以某个涨停价开始连续拉抬几个涨停板，创造赚钱效

应，吸引散户入市跟庄。四是主力融资期限较短，需速战速决。反正，目的是造成巨单封涨停的假象，自己往外甩货，有时打开之后，根据市场分时走势小量再拉上去。

（2）开板的涨停板。

情况较为复杂，主要应从股价涨幅及大势冷暖两大方面分析：

吃货型。多数处于近日无多大涨幅的低位，大势较好。低迷市、盘整市则无需在此高位吃货，特点是刚封板时可能有大买单挂在买一等处，是主力自己的，然后大单砸下，反正是对倒，肥水不流外人田，造成恐慌，诱人出货，主力在吸，之后小手笔挂在买盘，反复震荡，有封不住的感觉。

洗盘型。股价处于中位，有了一定的上涨幅度，为了提高市场成本，有时也为了高抛低吸，赚取差价，也会将自己的大买单砸漏或直接砸“非盘”（不是主力自己的货），反复震荡，大势冷暖无所谓。

出货型。股价已高，大势冷暖无所谓，因为越冷，越能吸引全场注意。此时买盘中就不能挂太多自己的了，因为是真出货，主力或者撤前如果追涨买入，要刻舟求剑。

（3）看穿涨停板。

在涨跌停板交易制度下，以涨停板最有力。但是，物极必反，在相对高位或在大盘不好盘整震荡时，主力有可能借涨停板出货。

不要认为封涨停的主力都是主力大力运作，有时仅四两拨千斤而已，一天某股成交了 200 万股，并封涨停，可能主力仅动用了 20 万股，甚至 10 万股而已。

直拉至 8、9 个点，而未触及涨停，尤其是早盘开盘不久，主力在吸引注意力跟风盘之后掉头向下，往往是诱多，应快跑。

今天封死在涨停，第二天低开，还是出货，因为今天进去的，明日低开没获利，不情愿出，主力要出在你前头，而今天没追进的，第二天以为捡了便宜，跟风盘较多。不光是涨停板，有些尾市打高的，也是为第二天低开便于出货。

比较忌讳的是那种突然放量很大，一下又迅速缩小，那说明主力心态不好，也会引起追涨盘的怀疑；四是看委托盘，真要涨停的股票，一般显示出来的买进委托盘不会比委托卖出盘大，因为主力的真正买盘是及时成交的，看不见，而那种很大的买盘托着股价慢慢上涨的，基本可以认为是主力在出货，不能追进。另一种是在股票本身技术形态不好的情况下，勉强去拉涨停，但是不封死，在涨停板位置慢慢出货，即使收盘最后以涨停报收，第二天也走不了多高。

5.2 大胆追进涨停板

1. 可否追进涨停板

（1）股票操作必须遵循“先大后小”的原则，即“先大盘，后个股”，涨停板买卖也不例外。追涨停，最重要的是必须要等到大盘将要出现买点或已出现买点时，此时一旦市场中出现涨停个股时，应立即买入涨停个股；具体来说，就是当大盘的 30 分钟或 60 分钟 MACD 将出现“小绿”买点时，或已出“小绿”买点，此时一旦市场中出现涨停个股时，应立即买入涨停个股。

（2）实战操作中，利润最大，安全最高的涨停板都会同时出现几种形态的涨停，我们称为“复合式涨停”。

（3）当涨停板个股的涨停价位刚好为一个压力点时（如 30 日均线，60 日均线，年线，半年线等），应放弃操作。

（4）实时图形态应以一波，二波，三波，五波为主，不考虑多波涨停。另外，攻击的气势、力度也应细心揣摩。

前面对涨停板的分析介绍，也可以用来帮助读者判断存在的涨停板是否应该追进。

2. 选择哪只涨停板个股

（1）涨停时间早晚：早的比晚的好；最先涨停的比尾盘涨停的

好得多。

在一天交易中第一个封涨停的最好，涨停时间最好限制在10：10分以前。因为短线跟风盘十分注意当天出现的机会，前几个涨停最容易吸引短线盘的目光，并且在开盘不久就能涨停，本身也说明主力是有计划进行拉高，不会受大盘当天涨跌的太大影响（但不是一点没有影响），如果这时该股票的技术形态也不错，在众人的集体上推下，涨停往往能封得很快，而且买单可以堆积很多，上午收盘前成交量就可以萎缩得很小，在下午开盘时就不会受到什么冲击，涨停封死的可能性就非常大。第二天获利也就有了保障。

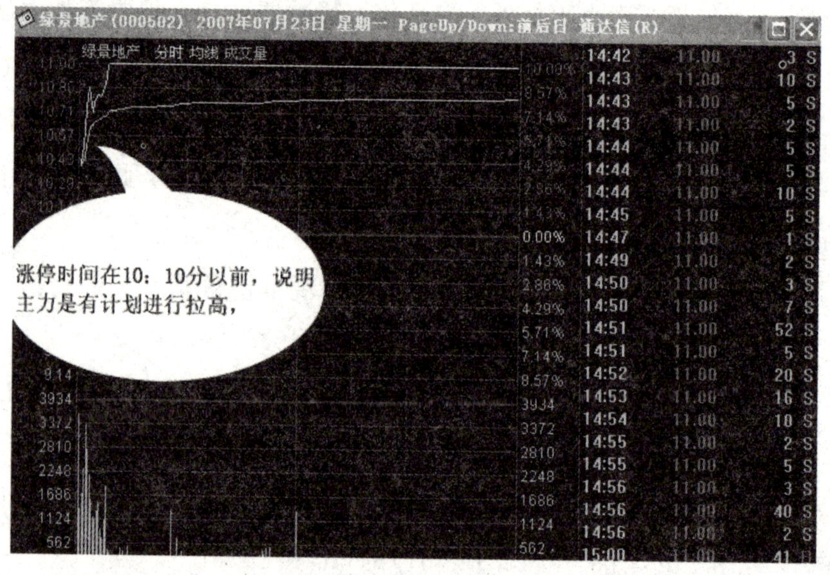

图5-1 绿景地产（000502）分时走势图

如果上午停牌，下午复牌后在1：15以前封涨停的也是相当不错的。能在开盘不久能封住，当然说明庄家有拉高计划，只是由于短线盘很多已经集中在上午的涨停板上，下午的涨停板吸引力相对小一些。

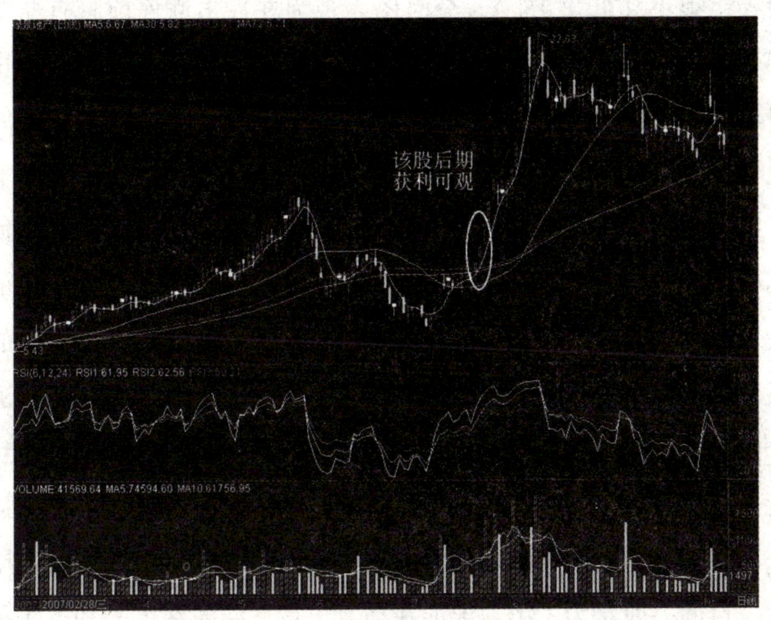

图 5－2　绿景地产（000502）追涨

其它时间段涨停的股票相对差一些，其中 10：10－10：30 以前涨停的股票，如果摸到涨停时换手不大（如果是涨 10% 的股票换手要求低于 2%，如果是 ST 股票，换手要求则是低于 1%），分时图上股价走势比较连续正常，没有出现尖峰情况，分时成交也比较连续，没有出现大笔对倒，则还可以（之所以比较差一些，一是这时候涨停的股票可能是跟风上涨的股票，本身庄家可能并没有事先的拉高计划，只是由于盘面影响，临时决定拉高，所以必须严格限制换手率条件，说明尽管拉高仓促，抛压还是比较小，明天才有机会冲高；二是由于涨停时间比较晚，在上午收盘前成交量不一定能萎缩的很小，那么在下午开盘时，受到抛盘的冲击相对大一些，风险也相应大一些。在 10：30－11：10 涨停的股票，这种风险更大，经常有下午开盘后涨停就被打开的情况）；在下午 1：15－2：00 涨停的 ST 股，如果涨停时换手很小（低于1%），分时图表现为在冲击涨停前只有非常稀少不连贯的成交，只是在冲击涨停是才逐渐有量放出，并且在冲击涨停时股价走势比较连贯，没有大起大落，则也可以（之所以这个时间段以考虑ST股为主，原因就是ST股的涨停只有5%，在上午的交易中，即使散户买进，今天涨停，散户获利也不大，第二天的获利抛压也不会太大，但是涨10%的股票就不同，上午涨停那么上午买进的散户获利就相当大，第二天的抛压相当重，风险就太大了。ST股的换手条件也是为了防止获利盘太多，增加风险）。2：00－3：00间涨停的个股，除非大盘在连续阴跌后在重大消息的刺激下出现反转走势，或者是在下午走强的板块中的龙头股（这时大盘还必须处于强势中），否则轻易不要去碰。（理由很简单，这时候的涨停是主力尾市做盘，目的一般是为了第二天能在高点出货，同时在上午和下午买进的散户获利很大，第二天的抛压也就很重。主力在尾市拉高不是用资金去硬做，而是一种取巧行为，此时跟进，风险非常大）。

（2）第一次即将封涨停时，这时候换手率的大小，小的当然比大的好。

在大盘处于弱市和盘整市时这一点尤其重要，理想情况是普通股换手低于2%，ST股低于1%，在大盘处于强势时这个换手条件可以适当放宽，对龙头股也可以适当放宽，但无论在任何情况下，不能超过5%，包括涨停被打开后又被封住时换手率的情况。这些对换手率的限定实际是也是限定今天就已经获利的买盘数量和说明今天抛压的大小，这时获利盘越小、抛压越小，第二天的上攻余地也就相应越大。

（3）个股形态，盘整一段时间后突然涨停的比连续上涨后再拉涨停的好；连续大跌后以涨停方式开始反弹的也可以；庄家仓位重的

比庄家仓位轻的好。

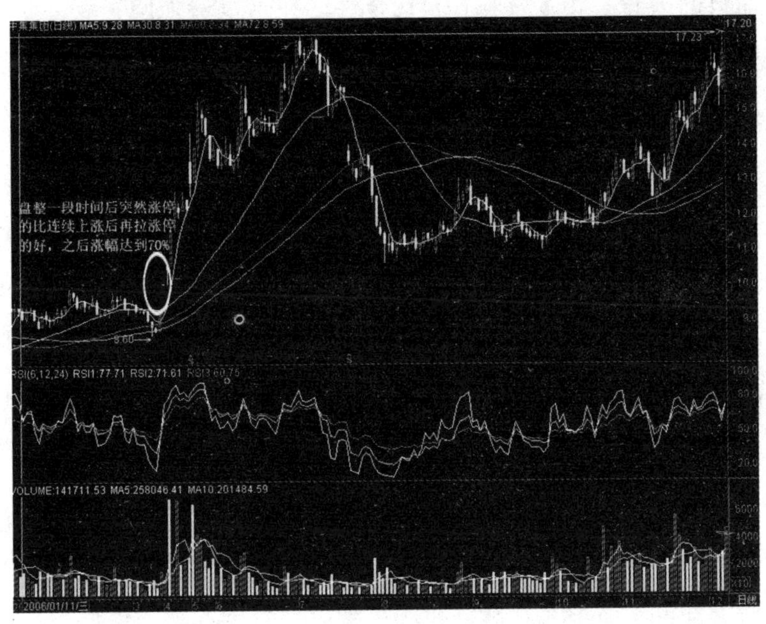

图 5－3 中集集团（000039）

盘整要求在至少 5 到 6 天内没有出现大阴大阳，均线系统不能出现 BIAS 太大的情况，拉到涨停的位置后离强阻力区域不能太近，要给第二天的高开留下一定空间；对于主力持仓太重、基本只有主力自己参与交易的股票，首先必须看日 K 线，判断一下主力这时的意图，再决定是否参与。在一般情况下，盘整后突破的股票是最好的，由于普遍的心理预期是突破后上涨空间打开，第二天的获利幅度会大一些；而对于超跌反弹的股票，由于反弹性质决定，高度不能预计太大，要保守一些。而连续上攻的股票，由于在低位买进的人可能随时抛出，形成大抛压，因此除非是在大牛市，否则追涨停的时候一定要小心。而对于主力仓位比较重的股票，主力由于出货需要，常常是在涨停后继续拉高出货，才能降低仓位，所以反而相对安全些，当然具体情况要求大盘不能太差。由于个股形态分析需要较好的功底，在这里，请自己去看看相关资料，自己体会。在这里最强调一点，就是即使今天涨停，这两天的获利盘依然不多，最好是洗盘后上攻涨停。

（4）大盘情况，如果大盘今天急跌，破位的就更不好，有涨停也不要追。

在一般情况下，大盘破位下跌对主力和追涨盘的心理影响同样巨大，主力的拉高决心相应减弱，追涨盘也停止追涨，主力在没有接盘的情况下，经常出现第二天无奈立刻出货的现象，因此在大盘破位急跌时最好不要追涨停。而在大盘处于波段上涨时，涨 10% 的机会比较多，总体机会多，追涨停是可以胆大一点；在大盘波段弱市时，要特别小心，尽量以 ST 股为主，因为 ST 股和大盘反走的可能大些，另外 5% 的涨幅也不至于造成太大的抛压。如果大盘在盘整时，趋势不明，这时候主要以个股形态、涨停时间早晚、分时图表现为依据。

（5）高开高走拉涨停的股票追起来安全些，最好开盘价就是最低价。

这里一是考虑 K 线组合，高开高走涨停说明走势极其强劲，更容易吸引跟风盘，第二天能走得更高，二是由于今天没有在低价区成交，获利盘获利较少，抛压出现的位置也会相应提高，从而留出更大的获利空间。

（6）有重大利好首次被披露，拉涨停的股票比较好（不过得考虑股价是不是已经拉得很高，股价早就反应这个利好了）。

如果股价事先没有反映利好，一旦涨停，上攻力量就很强，机会很大；即使股价事先已经反映了这个利好，如果大盘条件比较好，主力往往也会拉出涨停，这时只要股票形态好、分时图漂亮，也有很大的获利机会。

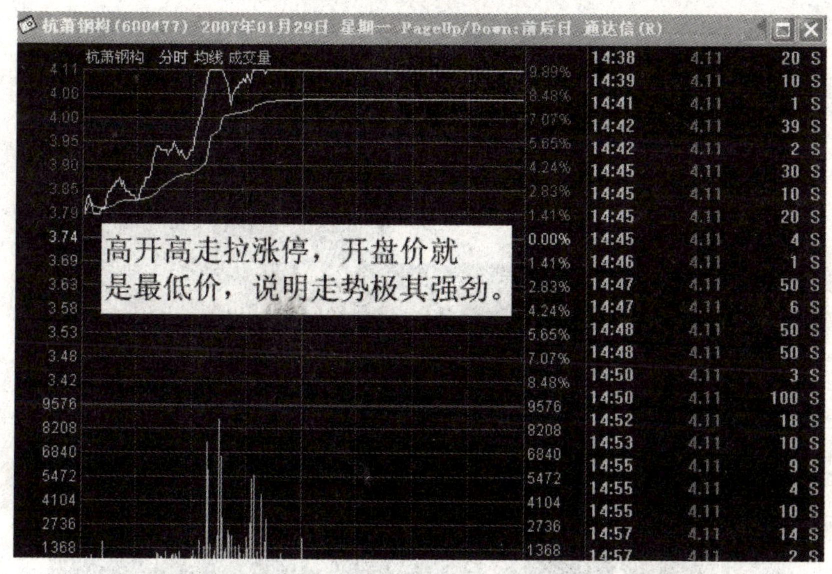

图5－4　杭萧钢构（600477）分时走势图

（7）龙头股的涨停比跟风股好；有同类股跟风涨的比没有同类股跟风涨的涨停股好。

这里要求大盘条件要相对有利，能够支持板块上扬。这种情况出现，不仅容易吸引短线盘，还可以吸引中线盘，再加上股评吹捧，往往其中的主要个股能够在涨停后出现继续高开高走的强劲走势，这时追涨停也是最安全的。

（8）分时图上冲击涨停时气势强的比气势弱的好。

看分时图需要很高的技巧和感觉，语言很难表达出来。主要要注意的方面有：一是均价线，均价线应该是开盘后保持向上，支持股价上涨；二是分时图里股价从盘整到冲击涨停，如果盘整区离涨停的距离在5%以内，那么冲击涨停速度快比较好，但是如果盘整区离涨停比较远，那么最好是不要一直冲向涨停，而是冲高一下再盘整（盘整区提高），再迅速冲向涨停；三是分时图里的成交分布问题，要求上

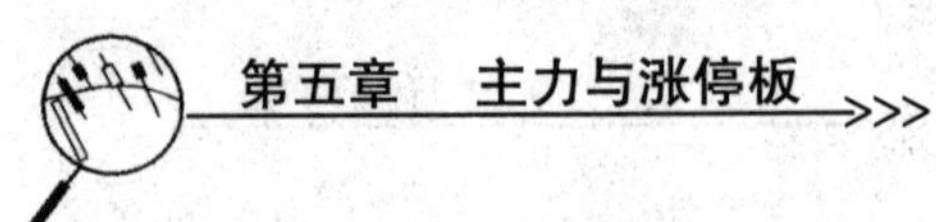

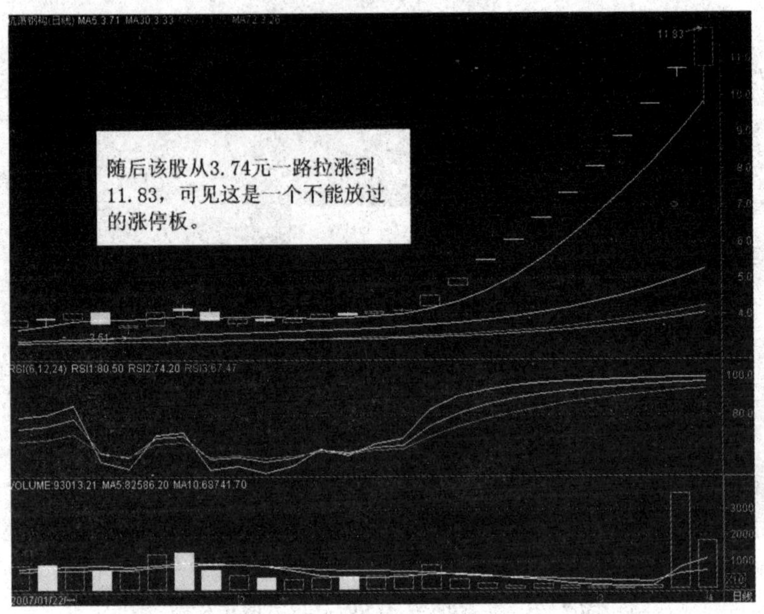

图5－5　杭萧钢构（600477）追涨

涨成交要放大，但是放大要适当，并且比较均匀连续。比较忌讳的是那种突然放量很大，一下又迅速缩小，那说明主力心态不好，也会引起追涨盘的怀疑；四是看委托盘，真要涨停的股票，一般显示出来的买进委托盘不会比委托卖出盘大，因为主力的真正买盘是及时成交的，看不见，而那种很大的买盘托着股价慢慢上涨的，基本可以认为是主力在出货，不能追进。

3. 涨停板的介入点

这个介入点非常重要，追涨停板是一项高风险高收益的投机活动，也是一门艺术。介入点一定要在待涨停个股最后一分钱价位快被消化殆尽（只剩一百多手卖单）时要快速挂单，敢于排队，一般都有希望成交，而且这个点位最安全。哪怕买不上都行。留得青山在，

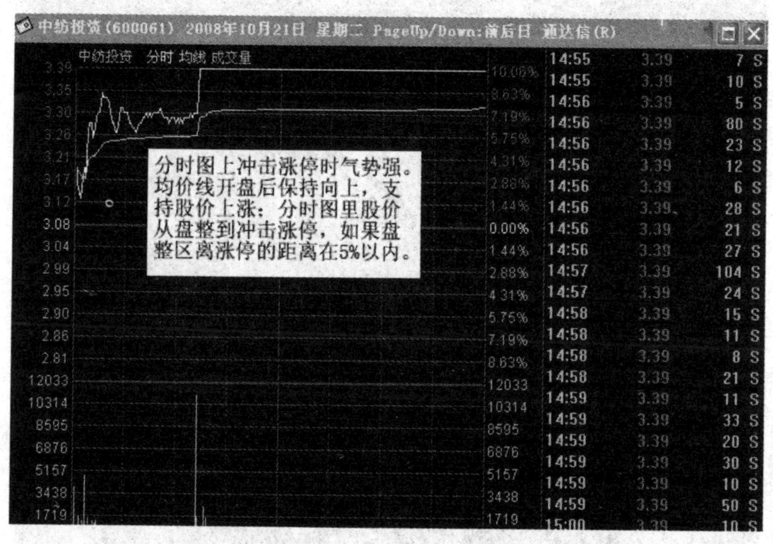

图 5－6　中纺投资（600061）分时走势图

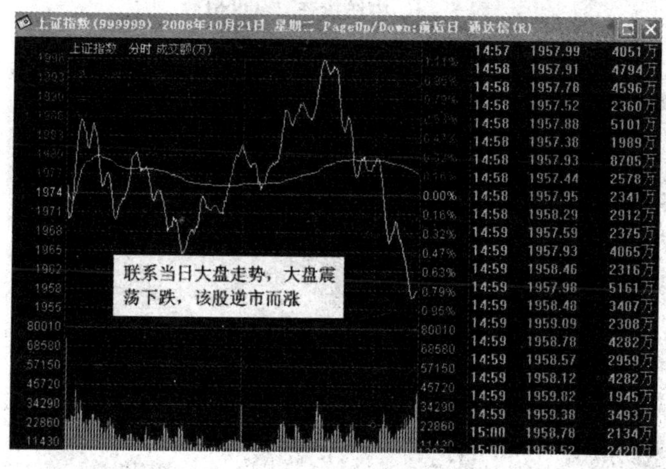

图 5－7　上证指数分时走势图

不怕没柴烧！最怕的就是在股票差 2－3 分钱涨停时就急不可待的追进，结果往往当天被套，损伤惨重。当然上面说的不是一定要在涨停价才买，如果看盘经验很丰富，在感觉到今天涨停可以封死的时候，

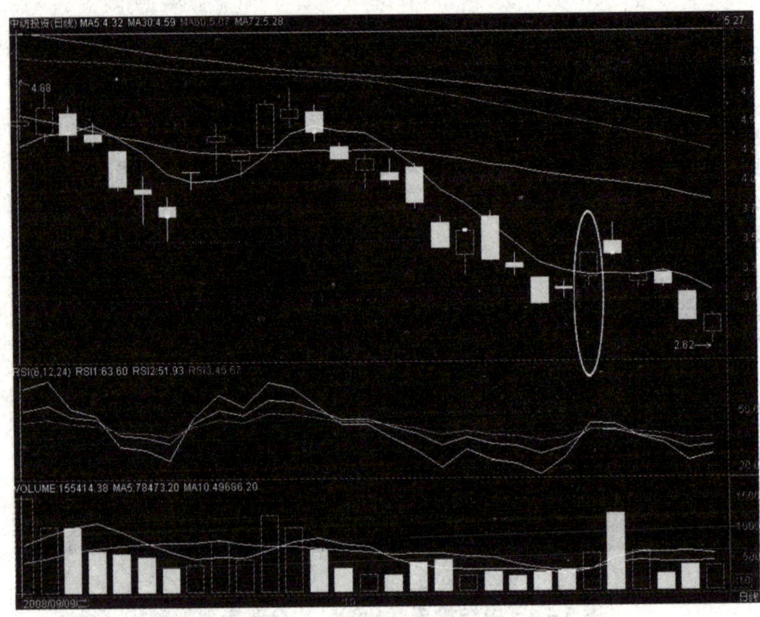

图 5－8　中纺投资（600061）

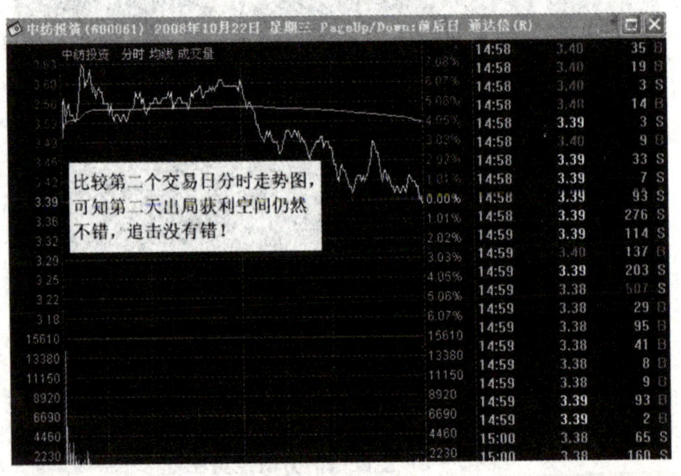

图 5－9　中纺投资（600061）追涨后的分时走势图

可以提前买进，可以避免排队，二来可以扩大获利空间。但是如果看盘经验比较少，那么最好是在大盘处于波段强势的时候按照上面的原

则介入，虽然机会要减少，但是比较可靠。

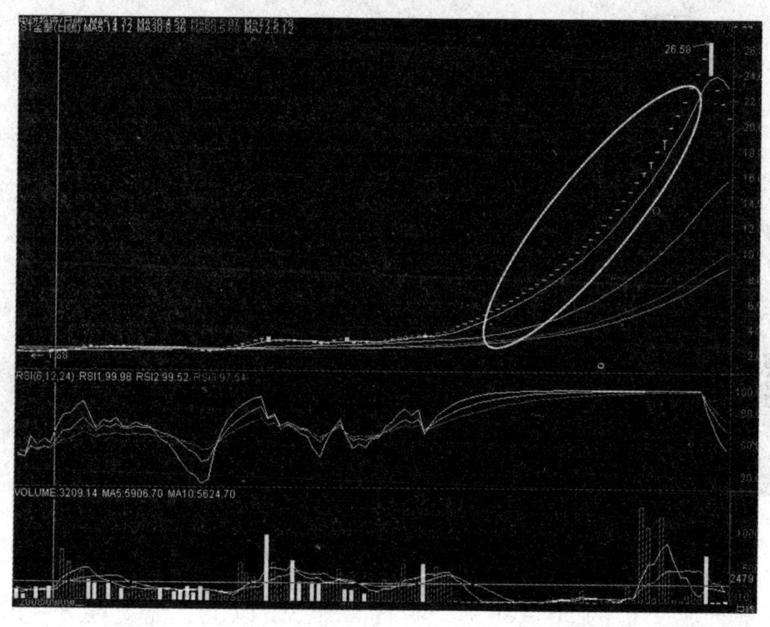

图 5－10　ST 金泰（600385）多日涨停

4. 涨停板的卖出

看看这气势，壮观吧！连拉 30 多个涨停板，难以置信。您能守到哪一个涨停板呢？可见追进涨停板后，何时卖出也是个重点。

（1）当握有一只强势股的时候，最好是紧紧盯住股价日 K 线图，在日 K 线一直保持在十日均线之上，可以一路持有，一旦股价以长阴线或盘势（有效）跌破十日均线，应立即出货。要抛在股票涨时，千万不要看见它跌时再想到去抛它，一般来说一只股票连拉三根中阳线后就是考虑短线抛出去的时候了。

（2）收市后对涨停个股的分析：主要看日成交量和封盘量。封

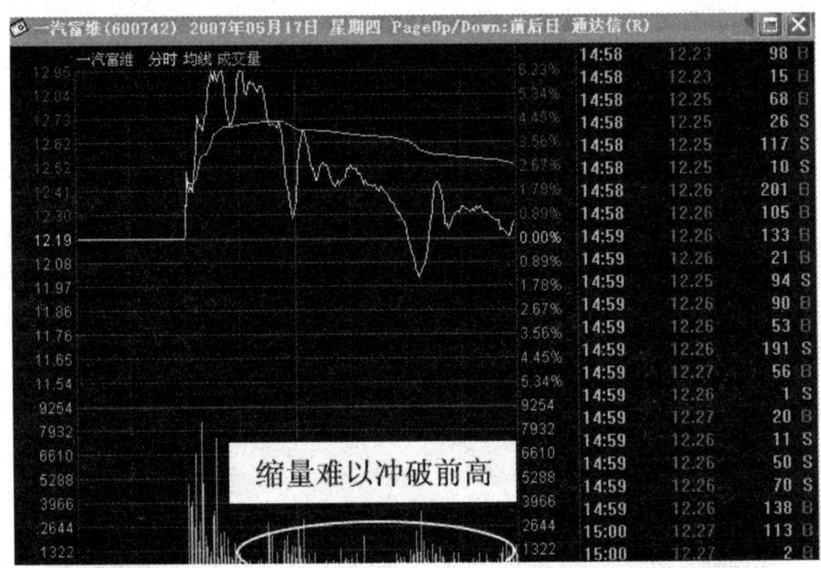

图 5－11 一汽富维（600742）分时走势图

盘量是日成交量的 50－80%，明日高开 5% 以上，能上摸 8－10%，也有第二个涨停封盘的可能。封盘量是日成交量的 30－50%，明日高开 3% 以上，能上摸 6% 左右。封盘量是日成交量的 10% 以下，明日上摸 2－3%，订好加手续费的价位，明日竞价卖出，不赔先走人。

（3）会看均线者，则当 5 日均线走平或转弯则可立即抛出股票，或者 MACD 指标中红柱缩短或走平时则予以立即抛出。

（4）不看技术指标，如果第二天 30 分钟左右又涨停的则大胆持有。如果不涨停，则上升一段时间后，股价平台调整数日时则予以立即抛出，也可第三天（最多第四天收阴，坚决走人！）冲高抛出。

（5）追进后的股票如果三日不涨，则予以抛出，以免延误战机或深度套牢。追涨停套住了怎么办，此时就要以准备的另一半资金解套为重要操作目的了。

（6）如果你昨天追了涨停但涨停没封住，那么今天开盘后马上

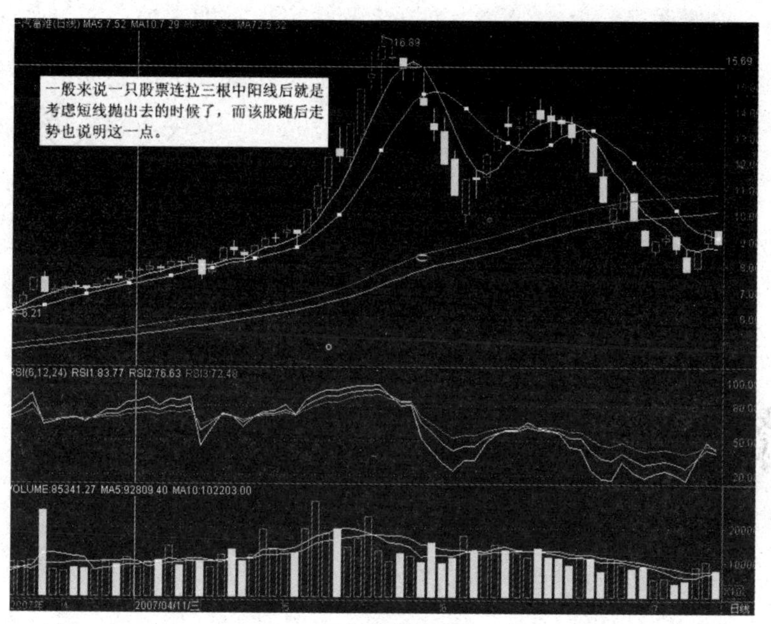

图5－12　一汽富维（600742）追涨和出局

出掉。

（7）涨停封得很勉强，涨停被多次打破，建议早出为妙，3%是可以忍受最大的损失额。

（8）涨停封得很死，这时候要看涨停后的成交情况，涨停后成交萎缩很快，如果出现连续几分钟没成交就更好了，还要看收盘前几分钟封单大小，当然大的好。如果昨天的涨停封得好，今天就可以看得高点，要根据昨天的情况估计今天开盘的大概位置，如果大大低于自己的估计，别犹豫，马上杀出去。

不利的消息出来以后，一般先看看开盘价，如果开盘比预期低很多，说明主力和追涨盘在消息打击下，信心不足，就应该立即出掉。二是比预期高开很多，这时候不妨稍微等一下，可能会有更好的获利，但是一旦出现下跌走势，接近你的预期价格，要立刻出掉，锁定利润，当然如果你比较保守，高开后你也可以立即出掉；三是如果股票昨天涨停的换手率不大，低于3%，今天开盘价格比预期低，但是开盘成交非常小，估计以现在的成交量持续下去全天成交量比昨天涨停还小时，这时候可以等待，到股价开始放量上冲，全天成交量估计比昨天涨停放大不少时择高卖出。

追涨停时及时锁定利润出局是非常必要的，即使后面涨得更多，也不要后悔，否则，你将因为过于贪心而丧失很多可以及时出局的机会以至被套。

第六章

用软件学看图

主要内容

◈ 6.1 权威股市分析软件简介

◈ 6.2 认识软件中的基本窗口

◈ 6.3 各软件的基本功能

◈ 6.4 各软件的特殊功能

……

6.1　权威股市分析软件简介

“工欲善其事，必先利其器”，要想在股市中获取利润，首先要有看盘的好工具，现在我们就把市场上所出现的一些权威股票分析软件介绍给广大投资者，让大家对炒股的软件有个了解，看看自己更适合哪种类型的产品。

1. 大智慧

大智慧证券信息平台是一套用来进行行情显示、行情分析并同时进行信息即时接收的超级证券信息平台。它已包括了目前大部分证券投资分析工具的实用功能；整合了行情分析、盘口分析、竞价分析、趋势分析、技术分析、基本面分析、盘中选股、指标选股 、基本面选股、基本分析等功能于一体。特别融入了强大的大智慧资讯系统：可标识信息地雷、警示即时行情、描述生命历程、分析盘中异动、研判大市趋向、综合名家点股等，为证券市场的投资者提供全方位的信息分析手段。

大智慧是一套用来进行行情显示、行情分析并同时进行信息即时发布、接受盘中资讯的超级证券咨询系统。尽管“大智慧”的操作非常简单，但我们在使用的时候仍需了解以下内容：

(1) 即使您对大智慧不太了解，也照样可以使用大智慧。大智慧所有功能在菜单中均可实现。更加提供快捷菜单功能，将常用热键摆在您手边。

（2）如果您在操作中遇到什么困难，只需按 Alt + H，就可以立刻得到当前画面下的操作提示。除此之外，在“帮助”菜单中也包括了对大智慧的基本功能和特色功能以及特色指标的介绍。

（3）使用大智慧软件的用户，如果您是第一次使用，请先在注册向导中申请一个新的账户，按照向导的过程在您选择了营业部后即可获得授权的用户名和密码。登陆后，在大智慧菜单中的我的营业部内就能看到该营业部发布的信息了。如果已经有账号，请按〖开始登陆〗按钮直接进行登陆。再次使用大智慧，就可直接登陆了。

（4）投资顾问是助您理财、分析的好帮手。所以，用户可以根据自己的风格和需要选择适合自己的投资顾问。方法是在开机菜单的第十一项选择“我的专家”或是在下拉菜单的第四项选择“我的大智慧”之“我的投资顾问”即可。选择了投资顾问后，投资顾问就能为您提供及时的分析报告以供参考。

2. 同花顺

同花顺软件是在继承了天网 3. X 版的基础上开发的新一代网上分析交易系统。它是一个集行情分析、实时资讯、委托交易、个性理财和社区交流于一身的分析平台，同花顺软件有如下特点：

（1）资讯全面，形式多样。

“同花顺”是一个强大的资讯平台，能为投资者提供文本、超文本（HTML）、信息地雷、财务图示、紧急公告、滚动信息等多种形式的资讯信息，能同时提供多种不同的资讯产品（如大智慧资讯、巨灵资讯等），能与券商网站紧密衔接，向用户提供券商网站的各种资讯。而且个股资料、交易所新闻等资讯都经过预处理，让您轻松浏览、快速查找。丰富的资讯信息与股票的行情走势密切地结合，使用户能方便、及时、全面地享受到券商全方位的资讯服务。

(2) 指标丰富，我编我用。

系统预置了近两百个经典技术指标，并且为了满足一些高级用户的需求，还提供指标、公式编辑器，即随意编写、修改各种公式、指标、选股条件及预警条件。

(3) 页面组合，全面观察。

“同花顺”提供了大量的组合页面，将行情、资讯、图表、技术分析与财务数据有机组合，让投资者能多角度、全方位地进行观察、分析，捕捉最佳交易时机。

(4) 财务图示，一目了然。

“同花顺”将各种复杂的财务数据通过图形和表格的形式表达出来，使上市公司的经营绩效能清晰地展示出来。并可以在上市公司之间、板块之间做各种比较、计算，还配以丰富的说明，让以前没有财务分析经验的投资者轻松地掌握。

(5) 个性复权，简单方便。

不仅提供向前、向后两种复权方式，还有“个性复权”，投资者在使用此功能时只用输入一个时间，将以这一天的价格为基准对前后历次除权做复权。另外可以选择时间段复权，即仅对某段时间内的除权做复权。

(6) 智能选股，一显身手。

有简单易用的“智能选股”，投资者只用在需要的被选条件前面打勾即可轻松选股。还有“选股平台”，可以利用所有的100多个选股条件和200个技术指标，轻松编制各种选股条件组合。从而在一千多只股票中选择出自己需要的股票。

（7）区间统计，尽收眼底。

在K线图里能统计出区间内的涨跌、振幅、换手等数据，能帮助投资者迅速地统计出一个股票在一段时间内的各项数据。而且还提供阶段统计表格，这样就能对一个时间段内的数据在不同股票之间进行排序、比较。

（8）个人理财，轻松自如。

在“个人理财中心”里投资者可以轻松地对其财务状况做出统计分析，轻松掌握目前每个股票的持仓成本、股票资金的比例、历史上每次交易的盈亏、总盈亏、账户内股票资金总额的变动状况等个人财务资料。

（9）报表分析，丰富全面。

“同花顺”为投资者提供了“阶段统计”、“强弱分析”、“板块分析”及“指标排行”等多种报表分析的功能。让投资者在不同股票、板块、指标之间比较的时候有了更多、更丰富的项目和依据。

（10）键盘精灵，智能检索。

“键盘精灵”可以让投资者通过字母、数字，甚至汉字来检索感兴趣的股票、技术指标等，不管输入的字符出现在股票代码的什么位置，都能一网打尽，甚至还可以用通配符来进行模糊查找。

（11）风格定制，个性张扬。

“同花顺”是一个多用户的系统，在多个用户使用同一个程序时，可为不同的用户保留其个性化设置（如自选股、程序风格等）。“同花顺”允许用户修改显示风格，包括程序中几乎所有的页面、字体、颜色、背景色等，给您一个尽情展示个性的空间。

（12）人性设计，用过方知。

“同花顺”充分为各种用户考虑，增加了很多人性化设计：打印

功能，数据、图片输出功能，监视剪贴板功能，快速隐藏功能，大字报价功能，高级复权功能，访问上市公司网站功能，等等。

3. 通达信

通达信软件是通达信电子科技有限公司开发的基于 Windows 平台运行的新一代网上行情交易软件。该软件融合且优化了目前国内证券主流分析软件的主要功能，集行情分析、技术分析、财务分析、资讯信息、互动交流、个人理财于一体，具有以下特色：

（1）版面定制，展现个性。

版面定制可以让用户按照自己的需要将软件的分析界面任意设置成多个分析窗口，让用户可以在同一个版面上查看到更多的信息。用户也可以将定制好的版面保存、导出或导入和其他的用户交流定制的版面。

（2）移动筹码，精确分布。

移动筹码分布帮助您站在庄家的角度，尽览多空双方的牌局，明确筹码以怎样的数量和价格分布在股东，尤其是庄家手中，从而判断股票行情性质和趋势，预测涨升时机，提醒在“上涨乏力”时将筹码派发给庄家，在“物极必反”时默默地收捡未来的黑马。

（3）交易系统，五彩 K 线。

通过交易系统指示，该软件可以帮助投资者在 K 线图上标出醒目的买入卖出信号，便于投资者更好地分析某只股票的历史规律，以预测未来。自动识别各种典型的 K 线组合。特定的 K 线模式往往有非常准确的指示作用，系统提供许多种常用五彩 K 线公式，当选中某一模式后，系统自动在 K 线图上将属于该模式的 K 线标识出来，一目了然。另外，系统还支持最高最低点指示。

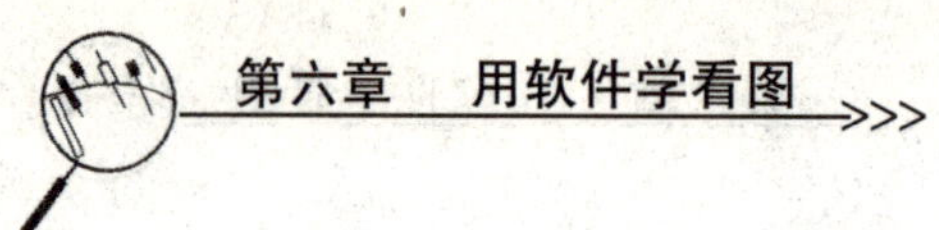

（4）精确复权，功能强大。

独一无二的精确自动复权处理，保证技术分析绝对的连续。除权时精确考虑送股、配股和分红对股价的影响，使技术指标分析更准确、更完整。支持所有周期的复权，支持前复权、后复权，而且支持权息数据库的维护和显示，进一步消除除权对走势的影响。

（5）智能选股，筛选黑马。

集成版软件智能选股器为投资者提供条件选股、定制选股、智能选股、插件选股和综合选股五种选股模式，无论从技术面还是基本面，投资者都能快速地选出自己心仪的股票。还可以将不同分析周期的多个条件组合起来进行组合条件选股，并将选股结果保存到板块中。

（6）指标全面，妙用无穷。

集成版软件囊括了各种经典和流行的技术分析指标、工具和方法，且不乏独创性的分析技术研究成果。各种分析方法极其灵活、方便，可让投资者恣意发挥、痛快使用。同时能动态调整任一分析指标的技术参数，在调整过程中，可预览画面变化，真正的所见即所得。

（7）数据维护，简单快捷。

取补数据、整理、清理数据等操作。当天数据的盘后转档可以方便地进行收盘。选股和测试等时数据不够时，系统会自动提示。

（8）时空隧道，风云再现。

分时重播可以重现盘中交易时的动态效果。它将从开盘到当前盘中时间的分时走势图快速回放，回放的过程完全吻合实际的走势变化。用户能够快速地浏览重绘的走势图，股票的涨跌、分笔成交、盘口异动、成交量、买卖金额的变化等。

（9）全面资讯，把握战机。

资讯工具让您在客户端发表个人观点，及时了解市场重要信息。您还可以收藏有价值的资讯，并通过资讯检索迅速找出需要的信息。

（10）信息地雷，引爆市场。

信息地雷，提供独有的“信息地雷”功能。只要在盘中出现重要市场评论、公告信息及预测、买卖参考等内容，都会在相应的分时走势图上出现地雷标志。

个股资料显示上市公司基本资料，如总股本、流通股本、分红送配、除权除息等信息。基本资料可以智能检索，点击右键，选择智能检索，输入股票代码、名称或关键字（“+”号表示相与关系），就可快速查找。用 Tab 键可以在不同的资料来源间进行切换。集成版软件资讯将提供最新的基本资料和权息资料。

公告消息显示接收到的公告新闻。公告信息窗口也提供了资料浏览与检索的功能，支持关键字的检索，且支持关键字的“与或”逻辑语义。消息面支持深交所、上交所。格式有多文件、单文本、HTML、新闻网关、远程落地等。

（11）多股同列，纵观全局。

将屏幕等分成小窗，每个小窗显示一只股票的价量走势，方便您同时观察多只股票（最多可同时观察十六只股票）。支持多个股票的走势图同列和分析图同列。多走势图同列与多分析图同列的可用 F5 一键切换。

（12）键盘精灵，快速操作。

快速选股、选指标功能，首创拼音代码查询技术（键盘精灵），使用股票名称拼音首字母编码，可以方便地查找到股票；使用指标的英文缩写名，可方便地找到所要指标；同时还支持拼音选板块和拼音选功能，如 WT 即委托，FXT 即进入分析图。

（13）自编公式，随心所欲。

用户可通过公式管理器自定义指标公式、条件选股公式、交易系统公式和五彩K线公式，把自己的想法变成公式，充分发挥您的聪明才智。通过自定义指标公式，投资者可以用自己的指标来分析历史数据；通过自定义条件选股公式，可以选出您想找的股票；通过专家系统公式，可以自己作专家，确定买卖时机；通过自定义五彩K线公式，还可以在K线图上搜寻特殊的K线形态。

（14）鼠标伴侣，跟踪提示。

无论是鼠标停靠在指标或是指示上都有详细的注解提示，充分体现集成版软件的人性化设计。如果有多只股票出现，鼠标跟踪提示框还会分辨股票信息，智能显示股票名称。如果出现多种类型的指标与指示，鼠标跟踪提示会智能地对类型加以详细的区分。如果是股本变迁指示，鼠标跟踪提示还会区分除权、配股、送股等不同情况，并且以不同的格式显示，指出具体时间及精确数据。

（15）高度自动化。

智能化自动添加新股，自动补充日线、基本资料、除权数据、公告新闻、股改数据和评论等。

自动升级，当用户在线时，通过在线升级程序自动将用户系统升级到最新版本。自动换页，激活此功能，使行情窗口、即时窗口、分析窗口按一定时间刷新。

（16）指标画线，快捷方便。

为用户提供仿AutoCAD式的画线功能，不仅能够画线，还能将已经画的线平移、旋转、压缩、拉伸和删除。支持趋势线、线段、直线、百分比线、黄金分割线、波段线、线性回归、线性回归带、回归信道、周期线、费波拉契线、阻速线、甘氏线、箭头标记、文字标

记、抛物线等画线工具，多达数十种的特殊画线功能，如等量图、压缩图、宝塔线等，画线方便快捷。画完线后可以方便地调整画线位置及角度。放大缩小画面不会对画线产生影响，画线永久记忆，除非用户强制删除。画线的颜色可自行选择和定义。

（17）个人理财，精打细算。

全新的智能化投资管理器，提供多类报表，可以设置密码。本系统特地设置了备忘录功能，以方便投资者用该记事本随时记录一些重要消息和事件，以及灵光突现的炒股感悟和心得。投资盈亏计算，在进行买卖股票之前，可方便快捷计算出自己的盈亏价位、手续费、资金额。

（18）预警系统，耳听八方。

市场雷达：根据投资者设定的条件监控整个股票市场的动向，帮助投资者发现可能忽略或者不能注意到的风吹草动。自定义涨跌幅度、量比、绝对价位、成交量异动、指标突破价位、封停和打开停板等一系列的预警条件，系统将在条件满足时提醒投资者有异动的股票及其异动的特征，投资者可以在分析的同时把握住市场异常变化的瞬间，抓住每一个买卖的时机。

系统预警：用户可选择一些自己感兴趣的股票进行预警，可以设定价位突破的上下限值。如果这些股票的行情变动异常，则弹出对话框进行预警。

（19）在线人气，洞察先机。

行情主站采集所有客户端的人气，按照一定算法统计出个股的关注度和共鸣度，告诉您近期市场关注的热点可能在哪里出现。

（20）运行系统。

①硬件配置。

- CPU：Pentium（586）/166 以上。
- 硬盘：高于 250M 可用硬盘空间。
- 内存：64M。
- 显示适配器：800×600 以上分辨率、256 色显示模式。

②软件配置。

- 中文版 Windows98/2000/NT/XP/Vista。
- 西文版 Windows98/2000/NT/XP/Vista ＋ 汉字系统。

4. 钱龙

钱龙网上分析软件分为钱龙旗舰版系列及钱龙金典版系列。旗舰版是钱龙公司提供的一款网上股市分析软件，不仅囊括了历来较受欢迎的经典指标，还具有智能报表、条件编辑、迭加分析、数据导出等功能，设计了多套参数快速切换、自设坐标、指标叠加等功能。金典版继承了 dos 版钱龙的一些功能，该软件特别针对钱龙传统用户的使用习惯和功能需求设计，精心建立了传统钱龙的经典界面、经典操作方式、经典功能和经典的指标参数。除上述功能外，钱龙软件还有以下特点：

（1）用“智能键盘”找板块股。

对于需要查询的股票却又忘了代码的事情屡屡发生，许多投资者对此颇感头痛。现在在钱龙上只需键入所要查询股票的开头字母组合，使用〖↑〗、〖↓〗寻找到您所需的股票，按〖ENTER〗确认，即可方便查询到自己所需要的股票行情。

在使用中，“智能键盘”还有个比较实用的功能，假如只记得该股票名称为某某汽车，可以使用“··QC”（QC 是汽车的拼音缩写）作为输入名称，这时会跳出所有末尾为汽车的股票名称，依次选

择您所需要的股票按〖ENTER〗确认即可。

（2）使用钱龙自带计算器进行计算。

在钱龙中特别附带了计算器工具，假如投资者对一些股票、税费、资金方面的问题需要进行计算的，您只需按〖170+ENTER〗或〖ALT-J〗即可使用钱龙计算器，相应键入数字符号操作，按〖ENTER〗即得结果。

（3）钱龙友情提示。

当您在操作遇到什么困难时，只要按〖ALT-H〗或〖112+ENTER〗，就可以立刻得到当前画面下的操作提示。除此之外，还可以直接键入·键，系统会自动提示你可以使用的快捷键，您只需用光标选取，按〖ENTER〗操作即可。

5. 海王星和双子星

（1）海王星软件。

海王星软件由中国银河证券股份有限公司研制开发，2001年9月正式上线使用。目前已在中国银河证券股份有限公司下属全部167家证券营业部开通服务，并在北京、杭州、上海、广州、武汉、郑州、大连、烟台、成都、南京、合肥、哈尔滨、厦门、汕头、深圳等15地建设了17个镜像站点。

海王星客户端软件安全、快捷、功能全面、操作方便，具有以下突出特性：

①免费：下载使用完全免费。

②方便：整个客户端软件仅900K，下载方便。

③安全：支持多种经国家权威机构验收的安全证书认证。

④快捷：行情分析和委托交易速度飞快，响应时间小于一秒。

⑤齐全：个股资料齐全，公告信息准确及时。

⑥兼容：行情分析系统兼容钱龙操作方式，功能更加简捷方便。

⑦自动：客户端系统自动升级。

（2）双子星软件。

双子星是中国银河证券股份有限公司开发的基于 Windows 平台运行的第二代网上行情交易软件。双子星软件融合且优化了目前国内证券主流分析软件的主要功能，融强大的信息资讯服务、多模式智能选股、大盘趋势分析和资金管理等多种独创性设计和功能于一体，可以较为有效地帮助投资者趋利避险。双子星功能强大，操作简便，具有全方位扩展性。其显著特点是增加双资讯信息地雷、区间统计、概念分类、火焰山筹码分布、个人理财等功能，支持外汇、期货及国外交易所的行情等。此外，该软件具有以下功能：

① 全面的资讯信息浏览功能。

• 接入中国银河证券股份有限公司的网站以及其他财经网站，为投资者提供丰富的财经新闻信息、评估信息等。

• 同时接入中国银河证券股份有限公司独家的资讯系统，为投资者提供资深的市场研究、评判信息。

• 接入巨灵信息等多家 F10 资料。

② 筹码分布。

移动筹码分布、火焰山、活跃度等多种不同的成本分析方式，可准确得知股票持仓成本，获利盘、套牢盘一目了然，是跟庄取胜比较方便的一款软件。

③ 财务分析。

强大的上市公司财务数据分析功能，全面分析上市公司财务状况，并首次使用图表方式直观显示上市公司的经营状况，各公司的底子及

发展趋势一目了然。

④ 信息地雷。

全面显示实时信息、历史信息，多方面提供投资买卖参考，及时把握投资机会。

⑤ 精确除权复权。

消除送、配股、分红对股价的影响，全面支持月、周、日、分钟线复权，全部权息数据可用报表显示，支持前后复权，不同时段分段复权，帮助投资者准确掌握庄家建仓成本。

⑥ 区间统计。

精确显示任意时段内的涨跌、振幅、均价、换手等信息，是分段操作的制胜法宝。

⑦ 时空遂道。

历史再现，如再现历史当天的分时走势、当天的各类报表等，同时显示 n 天的分时走势等，可以充分细致地了解股市的发展变化。

⑧图象叠加，对比分析。

指标、K 线等不同的图形可任意叠加，如将大盘与个股 K 线同时叠加，对比分析发现个股的异动走势。

⑨坐标翻转。

可将 K 线图等各类技术指标的坐标 180 度翻转，为顶、底的判断提供一个好的工具。

⑩个人理财。

全新的个人理财模块，是投资的好帮手，提供了多账户管理，个人投资盈亏分析、图表显示，下单等功能。

⑪实时预警。

量比突破、大单报警、n 分钟涨幅突破……，投资者可以灵活地设定预警条件，及时发现股票的异动，先人一步把握机会。

⑫数据下载。

提供完备的数据下载功能，包括各类行情数据、财务数据和资讯数据，支持断点续传，并对下载数据进行自动整理。

⑬单击排序。

任一报表可按任一列进行单击排序，便于及时发现异动股。

⑭数据、图像输出。

行情图形、行情报表、财务报表等均可以打印输出，同时也可以输出为文本、Excel 表格等格式，方便进行再次分析。

⑮全开放的分析软件平台。

• 字体、颜色、单位。

字体、颜色、数据输出单位均可以自定义，并可存为各种风格，类似于 Windows98 的桌面主题功能。

• 指标、曲线、公式。

可以自定义公式、曲线、技术指标、选股公式等，并可对其进行强加密，给投资者提供了最为开放的平台支持。

• 菜单、快捷键、工具栏。

完全支持鼠标、菜单、快捷键、工具栏操作，菜单、快捷键等均可自由定义，可以定义大众化分析软件的风格，兼容大家的操作习惯。

• 资讯、财务、网站。

可以灵活控制资讯、财务、网站等在用户端的显示，可以实现网站的所有功能。

⑯方便的导入导出功能。

页面、表格、公式、板块分类、自选股、字体配色方案……均可

以进行导入导出，也可以对特色指标公式进行强加密保护。

⑰个性化分级版本管理。

不同的用户可以定制出多种版本，实现个性化服务。

统一身份认证，使用更为简便。网站社区、行情用户、手机、短信、股灵通等进行统一认证，免去用户需多次登录的繁琐操作。

6. 飞狐交易师

飞狐交易师集各类证券分析软件之所长，是一套在 Win32 位平台上进行各种证券分析的系统，功能强大、操作方便、界面友好，适合各类证券投资者使用。其还具有以下特点：

（1）自由全面的数据服务。

①支持互联网、多种股票行情接收卡的实时行情接收。

②盘中、盘后补分笔、分钟线、日线、F10 资料、公告信息、信息地雷等。

③自动批量下载安装行情、财务、除权等各类数据。

④历史多日实时图，盘面回放，历史回忆长周期中的短周期走势。

⑤可获取、调用多套各种格式 F10 资料，并从中提取财务数据。

⑥支持多市场，需期货、外汇、外盘的数据源。

（2）方便迅捷的盘面监控。

①综合排名、热点聚焦、指标排序、条件选股，及时捕捉盘中热点。

②所属板块、板块联动、板块运算、板块指数，及时发现强势板块。

③异动雷达、预警系统，按自设条件监控设定的券种，并可远程

报警。

④实时图上的量比指标、买卖力道、大盘涨跌率、叠加比较等。

（3）强大开放的公式平台。

①内置一百多种各类指标公式，包括所有经典技术指标。

②可自编各种技术指标、条件选股、交易系统、五彩K线、组合条件。

③公式可内嵌VBS及JS脚本，支持外挂DLL扩展、二次开发。

④技术指标、条件选股、交易系统测试、优化、检验、评价平台。

⑤可定制的开放式电脑自动解盘、股评系统。

⑥指标公式导入、导出，公式资源丰富，交流方便。

（4）立体专业的技术分析。

①宝塔线、等量图、逆时钟图、成交堆积等多种图形分析。

②标准、远期、近期等多种形式移动成本分析。

③任意历史时段行情查看、排序、区间统计。

④训练模式回顾历史，模拟K线展望未来。

⑤独有的自然日、阴阳历、节气、月相、易学相关分析。

⑥三十余种画线工具，任意拖动、修改、精确定位，自动保存。

（5）全面周到的基本分析。

①走势图上的信息地雷、用户备忘录。

②灵活的二级板块管理，已内置十多类二百多种证券分类板块。

③强大的F10资料选股功能，搜索F10资料的关键字组合、股东状况。

④投资账户、资金、交易管理，投资指数、投资净值、组合风险分析。

(6) 体贴人性的工作环境。

①键盘精灵，丰富的快捷键，无处不在的右键菜单，简易灵活的操作。

②可定制的系统框架、系统参数、行情报价表、分析图形、窗口布局。

③数据、图形拷贝、输出，可粘贴到其它应用软件中做进一步分析、处理。

(7) 发展共享的社区家园。

①系统在线自动升级。

②互动、互助式用户专区。

③技术支持专家12小时在线服务与支持。

④数据、信息服务，公式指标赠送，相关培训教育。

⑤社区用户积分制度，用户发挥特长，参与产品发展并分享利益。

6.2 认识软件中的基本窗口

1. 软件基本操作一览

（1）鼠标操作。

①单击：移动鼠标到某目标并按鼠标左键一次，称“单击”该目标。

②双击：移动鼠标到某目标，保持位置不变，连按鼠标左键两次，称“双击”该目标。

③拖动：移动鼠标到某目标，按下鼠标左键不放并同时移动鼠标到另一位置，再放开左键，称“拖动”该目标。

（2）键盘操作。

键盘可分为功能键区、输入控制区和数字键盘区。但每个软件这三个区域的具体用键都有差别。

①功能键区。

功能键一共有12个，分别为F1～F12键。功能键的使用视不同的应用软件而略有不同，一般而言，功能键主要是能节省击键次数，许多应用程序使用它们时，仅按一个键就能执行通用功能。

②输入控制区。

输入控制键区分为字母、数字等输入区和编辑控制区这两个部分。

● 输入区。

输入区主要包括英文或中文字母、阿拉伯数字、标点符号等键盘所有区域。

◆字母键。

字母键共有 26 个，分别为键盘上大写字母标记的 A ~ Z 等 26 个字母，当使用者需要输入英文或中文字母时，敲击这类字母键就可完成输入。

◆数字键。

数字键共有 10 个，分别为键盘上的 1 ~ 10 这 10 个阿拉伯数字。这 10 个数字键上有两行符号，下一行是数字（1 ~ 0），上一行是一些符号，所以它们又可用作一些符号的输入。

◆符号键。

在输入区部分也有一些符号键，它们为“;”、“<”、“>”、“/”、“|”和“\”等键，这些键可以输入标点符号。

● 控制区。

控制区主要包括回车键、转换键、翻页键和光标键等一些控制软件运行的控制键。这些键有的单独使用，有的要与其他键组合使用，其作用随与其组合的键的不同而改变，并且随着软件的不同而起不同的作用。

◆回车键。

回车键是指表示为“Enter”的键。它是一个重要的控制键，共有两个作用，一是用来表示用户输入结束，二是起命令已经接受的作用。

◆Ctrl 键和 Alt 键。

Ctrl 键和 Alt 键通常是组合起来一起使用的键。它们与一些字母键组合使用，可以发送一些特殊的信息。

◆光标键。

光标键主要包括“←”、“→”、“↑”、“↓”这四个平移键。“←”键是左移光标键，是把光标向左移动到所要查看的内容上的键；“→”键是右移光标键，是把光标向右移动到所要查看的内容上的键；“↑”键是上移光标键，是把光标向上移动到所要查看的内容上的键；“↓”键是左移光标键，是把光标向下移动到所要查看的内容上的键。另外，这四组键还可以与 Ctrl 键等组合使用，会起到其他的效果。

• 翻页键。

翻页键包括“Page up”和“Page down”这两个键。“Page up”为上翻键，主要是向上翻页键；“Page down”为下翻键，主要是向下翻页键，在有些软件中翻页还可通过“↑”、“↓”两个键来进行操作。

• 其他键。

除了上述一些常用的键外，在控制区里还有“Insert”、“End”、“Delete”、“Break”和“Lock”等键，但是，这些键在股市分析软件上的使用机会不大。

（3）数字小键盘区。

数字小键盘区是需要激活 Numlock 功能键。在激活状态下，键盘右上侧的 Numlock 灯处于发亮状态，此时可以运用小键盘方便地输入数字；关闭 Numlock 功能键，小键盘就与光标控制键一样是用来控制光标运行的。

2. 主窗口

投资者在打开任何一款软件的时候，都会出现一个初始界面，我们把这个界面叫做主窗口，投资者可以用鼠标或键盘在此窗口内进行操作，从而得到更多的分析功能。下面是一些软件的主窗口界面。

	初始版面键
	报价分析
	即时分析
	技术分析
	报表分析
	个股资料
	财经资讯树
	个人理财
	交易委托
	公式管理器
	选股器
ETF	ETF 基金分析

图 6-1　通达信主窗口

（1）通达信的主窗口（如图 6-1 所示）。在主窗口的左侧还有一排常用的快捷功能键，如图 6-2 所示。

（2）钱龙的主窗口（如图 6-3 所示）。

（3）大智慧的主窗口（如图 6-4 所示）。

（4）飞狐交易师的主窗口（如图 6-5 所示）。

	初始版面键
	报价分析
	即时分析
	技术分析
	报表分析
	个股资料
	财经资讯树
	个人理财
	交易委托
	公式管理器
	选股器
	ETF 基金分析

图 6－2　通达信快捷功能键

系统 大盘 行情 分析 功能 港股 基本资料 资讯 风云榜 公司展示 智能 工具 委托 帮助

图 6－3　钱龙主窗口

行情 指数 板块 分析 功能 股权分置 大智慧 平台 工具 外汇 委托

图 6－4　大智慧主窗口

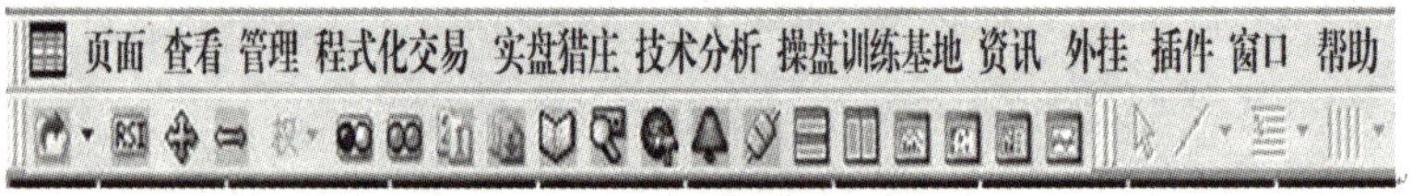

页面 查看 管理 程式化交易 实盘猎庄 技术分析 操盘训练基地 资讯 外挂 插件 窗口 帮助

图 6－5　飞狐交易师主窗口

3. 大盘信息窗口

大盘信息窗口是显示当天上证指数及深证指数的信息窗口，投资者可以通过该窗口来了解当天上证和深证指数的变动情况。各软件的大盘信息基本界面如图 6－6 所示。

上证指数 000001	上证指数 00001	上证指数 000001	上证指数 1A0001
A 股成交 B 股成交 国债成交 基金成交 权证成交 债券成交 其他成交	上证指数 上指涨跌 — A 股指数 上 A 涨跌 — B 股指数 上 B 涨跌 — 成交总额 成交手数	最新指数 指数涨跌 涨跌幅度 昨日收盘 今日开盘 今日最高 今日最低 总成交量 总成交额	最新 涨跌 涨幅 总额 总量 前收 今开 最高 最低
最新成交 今日开盘 昨日收盘 指数涨跌 指数涨幅 指数振幅 总成交量 总成交金额 最高指数 最低指数 上证换手	委买手数 委卖手数 — 委比 — 上指开盘 上指最高 上指最低 — 上涨家数 平盘家数 下跌家数	委比 委买卖差 — 上涨家数 平盘家数 下跌家数	上海证交所 五档委买手数 五档委卖手数 委比 — 上涨　涨停 下跌　跌停 平盘　空盘 — A 股 B 股 基金 债券 权证 其它
涨家数　跌家数			
通达信	大智慧	钱龙	飞狐交易师

图 6－6　各软件大盘信息窗口

（1）通达信。

在通达信的大盘信息栏里可以查看 A 股成交、B 股成交、国债成交、基金成交、权证成交、债券成交、其他成交、最新指数、今日开盘、昨日收盘、指数涨跌、指数涨幅、指数振幅、总成交量、总成交金额、最高指数、最低指数、上证换手、上涨家数以及下跌家数的数据。

（2）大智慧。

在通达信的大盘信息栏里可以查看上证指数、A 股指数、上 A 涨跌、B 股指数、上 B 涨跌、成交总额、成交手数、委买手数、委卖手数、委比、上指开盘、上指最高、上指最低、上涨家数、平盘家数及下跌家数的数据。

（3）钱龙。

在钱龙的大盘信息栏里可以查到最新指数、指数涨跌、涨跌幅度、昨日收盘、今日开盘、今日最高、今日最低、总成交量、总成交额、委比、委买卖差、上涨家数、平盘家数、下跌家数、A 股指数、A 股涨跌、B 股指数、B 股涨跌、工业指数、工指涨跌、商业指数、上指涨跌、地产指数、地指涨跌、公用指数、公指涨跌、综合指数、上证 180、180 涨跌、基金指数、基指涨跌及国债指数等数据。

（4）飞狐交易师。

在飞狐交易师的大盘信息栏里可以查到指数的最新、涨跌、涨幅、总额、总量、前收、今开、最高、最低数据，上证五档委买手数、上证五档委卖手数、委比、上涨、涨停、下跌、跌停、平盘、空盘等数据。

前述软件中单项信息的具体意思如下：

（1）最新指数：大盘最近一分钟的指数。

（2）涨跌：大盘最近一分钟的指数 - 前一个交易日收盘时的指数。

（3）今开/昨收（大盘）：今天的开盘指数/上个交易日的收盘指数。

（4）最高/最低（大盘）：到当前位置，当日最高/最低指数。

（5）总成交量：到当前为止成交手数的总和，单位为“万手”。

（6）总成交额：到当前为止所有股票累计成交金额的总和，单位为“万元”。

（7）委比：（委买档手数之和 - 委卖档手数之和）/（委买档手数之和 - 委卖档手数之和）×100%。委比数字的变化范围是 - 100%

到 +100%。

（8）委差：委买档手数之和 - 委卖档手数之和。

（9）上涨/下跌/平盘家数：在最近一分钟内上涨/下跌/平盘的股票数量总和。

4. 个股的信息窗口

个股信息窗口是显示个股即时走势的信息窗口，投资者可以通过该窗口来了解每只股票当时买卖的所有信息。各软件的个股信息基本界面如图 6－7 所示。

600713	南京医药
委比	委差
卖⑤ 卖④ 卖③ 卖② 卖①	
买① 买② 买③ 买④ 买⑤	
现价 涨跌 涨幅 总量 外盘	今开 最高 最低 量比 内盘
市盈 换手 净资	股本 流通 收益

通达信

600713	南京医药
卖五 卖四 卖三 卖二 卖一	
买一 买二 买三 买四 买五	
成交 涨跌 幅度 总量 现量 委比 金额 涨停	均价 换手 开盘 最高 最低 量比 市盈 跌停
外盘	内盘

钱龙

600713	南京医药
卖 盘	5 4 3 2 1
买 盘	1 2 3 4 5
成交 升跌 幅度 总手 现手 总笔 外盘 换手	均价 开盘 最高 最低 量比 每笔 内盘 涨停

大智慧

600713	南京医药
委比	委差
卖⑤ 卖④ 卖③ 卖② 卖①	
最新	现手
买① 买② 买③ 买④ 买⑤	
涨跌 涨幅 振幅 总手 总额 换手 分笔	均价 前收 今开 最高 最低 量比 均量
外盘	内盘

飞狐交易师

图 6－7　软件上的个股信息窗口

（1）通达信。

在通达信的个股信息窗口上，显示的主要内容包括股票名称、代码、委比、委差、买卖五档手数、现价、涨跌幅、总量、外盘、今开、最高、最低、量比和内盘等数据。

（2）钱龙。

在钱龙的个股信息窗口上，显示的主要内容包括股票的名称、代码、买卖五档手数、成交、涨跌、幅度、总量、现量、委比、金额、涨停、均价、换手、开盘、最高、最低、量比、市盈、跌停、外盘及内盘等数据。

（3）大智慧。

在大智慧的个股信息窗口上，显示的主要内容包括股票的名称、买卖五档手数、成交、升跌、幅度、总手、现手、总笔、外盘、换手、均价、开盘、最高、最低、量比、每笔、内盘及涨停等数据。

（4）飞狐交易师。

在飞狐交易师的个股信息窗口上，显示的主要内容包括股票的名称、买卖五档手数、涨跌幅、振幅、总手、总额、换手、分笔、外盘、均价、前收、今开、最高、最低、量比、均量及内盘等。

前述软件中单项信息的具体意思如下：

（1）买一、买二、买三、买四、买五：该个股当前时刻委托买入的最高/次高/第三高/第四高/第五高价格。

（2）卖一、卖二、卖三、卖四、卖五：该个股当前时刻委托卖出的最低/次低/第三低/第四低/第五低价格。

（3）成交：该股票目前最后一笔成交的价格。

（4）总量：当前时刻成交手数的总和，单位为“手”。

（5）现量：该个股最近一笔成交大额手数。

（6）金额：到最近一笔为止该个股当日的累计成交金额，单位为“万元”。

（7）涨停/跌停：为抑制投机行为，证监会对每个交易日中该只股票的成交价格，相对于前一交易日收盘价的最大升跌幅作了一个限制，即为涨跌幅限制。现在涨跌幅限制是当日成交价只能在前一交易日收市价 ±10% 内（ST 股票为 ±5%），当成交价为前一交易日收市价的 +10%/ +5% 时，此成交价即为涨停，当成交价为前一交易日的 -10%/ -5% 时，即为跌停。

（8）均价：当日的累计成交额/当日的累计成交量。

（9）换手：最近 5 日成交量的总和（股数）/普通股股份总数。

（10）开盘：该个股当日的第一笔成交价格。

（11）量比：是评价当日累计成交量的指标，量比 = （当日累计成交量）/（过去 N 日每分钟平均量 × 当前开市多少分钟）。

（12）市盈：是该个股每股市价与每股盈利的比率，每股市价是指每股普通股在证券市场上的买卖价格。市盈率数值小说明股价低、风险小，值得购买；过大则说明股价高、风险大，购买时应谨慎。

6.3　各软件的基本功能

投资者利用软件进行的最基本的操作就是分析大盘走势、观察个股分时走势及对个股进行技术分析。

1. 大盘走势分析

大盘当日动态走势（如图6－8所示），主要内容包括当日指数、成交总额、成交手数、委买/卖手数、委比、上涨/下跌股票总数、平盘股票总数等。另有指标曲线图窗口，可显示多空指标，量比等指标曲线图。

各软件可以通过以下方法激活该功能：

（1）通达信。

用鼠标单击主窗口栏目中的“分析”栏目，点击“大盘走势”即可（如图6－9所示）

（2）钱龙。

用鼠标单击主窗口栏目中的“大盘”分栏，可以显示“中证系列指数”、“上证系列指数”、“香港系列指数”、“深证系列指数”（如图6－10所示）。

（3）大智慧。

①从开机菜单中选择“大盘分析”，单击鼠标左键或按〖Enter〗键进入子菜单，确定选项后按〖Enter〗键确认并执行操作，按

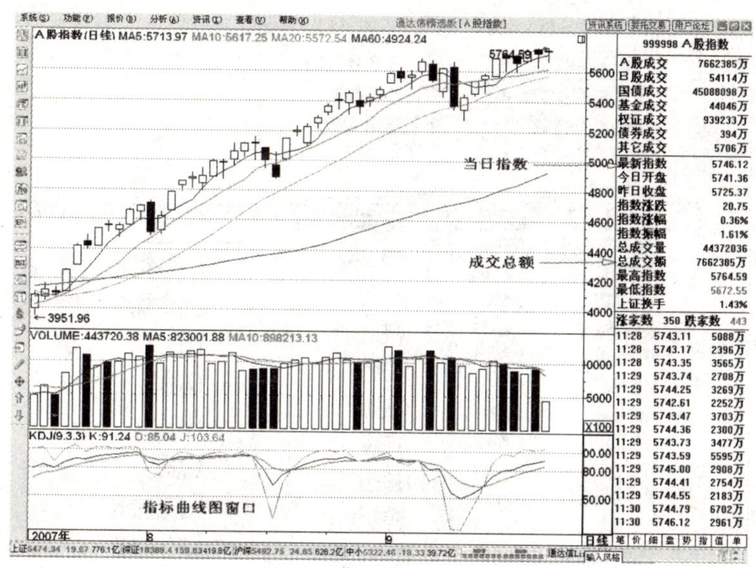

图 6－8　大盘走势分析

分析(A)　资讯(I)　查看(V)　帮助(H)

大盘走势　　上证180走势
分时走势　　上证综指走势　F3
分时成交明细　F1　　上证A股走势
分价表　F2　　上证B股走势
逐笔成交明细　　上证ADL指标
详细买卖盘　　上证多空指标
量比/多空指标　　上证50走势
买卖力道/涨跌率　　上证基金指数
ETF基金分析　　上证红利指数
K线分析　　深证100走势
多股同列　Ctrl+M　　深证成份走势　F4
移动筹码分布　Ctrl+U　　深证综指走势
主力大单　Ctrl+J　　深证A股走势
深证B股走势
深证ADL指标
深证多空指标
上证新综指数
沪深300走势
中小企业指数

图 6－9　通达信大盘走势激活界面

〖Esc〗键退出当前菜单。

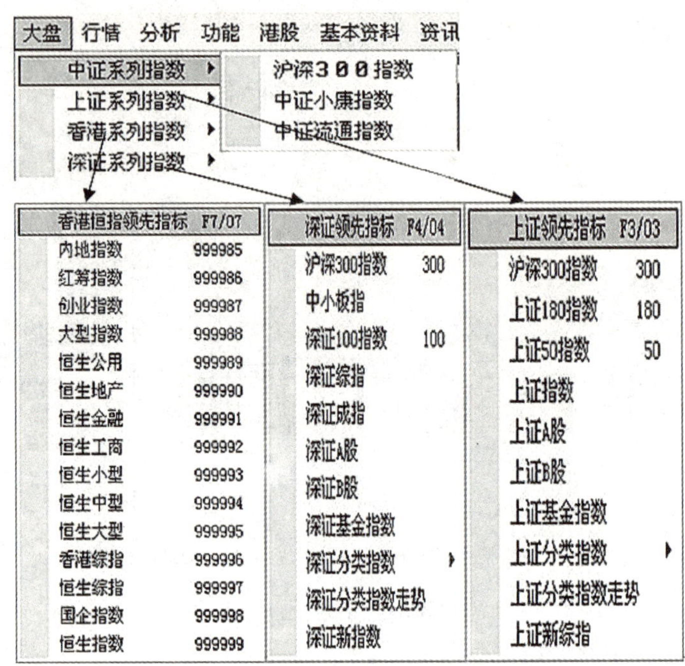

图6－10　钱龙大盘走势激活界面

②从下拉菜单上选择“大盘走势”，确定选项后，单击鼠标左键

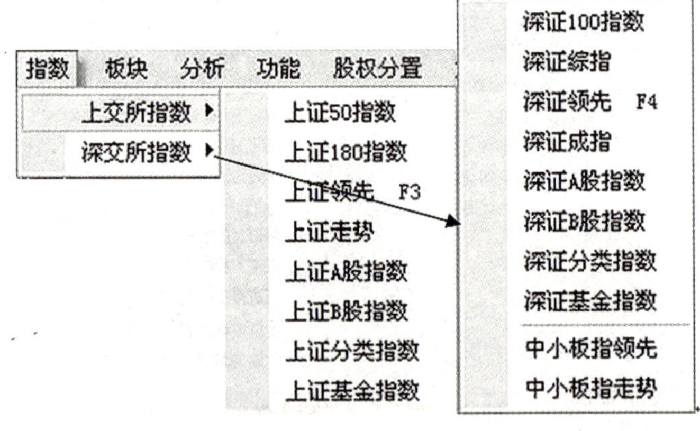

图6－11　大智慧大盘走势激活界面

或按〖**Enter**〗键确认并执行操作。具体操作如图 6 – 11 所示。

2. 个股分时走势

投资者一般都非常关心个股的分时走势，在各软件中也有很多便于投资者搜索个股分时走势的功能，下面我们通过对通达信、大智慧及钱龙软件的个股走势分析的详解来了解个股即时分析在股票软件中的运用。

(1) 通达信。

在通达信软件里面，进入个股分析的方式有以下几种：

①先直接输入某个股票的代码，单击〖Enter〗键确认。

②在某股票的即时走势界面上，直接按〖F5〗或〖05 + Enter〗。

③在主窗口中单击〖功能〗，再点击〖即时分析〗。

④在键盘精灵里直接输入〖.5〗，然后回车。

个股即时分析界面主要包括个股分时走势、报价栏、功能子窗口、游标明细小窗口、即时成交明细核价量分布表，如图 6 – 12 所示。

图表说明：

①右上角显示股票代码及名称。

②白色曲线为每分钟该股票成交价连线，黄色曲线为其均价线。

③黄色柱状线是每分钟累计成交量，以 100 股为单位。

④鼠标或小键盘“ + ”进行功能切换。

⑤F1 或 01 查看每笔成交明细，F2 或 02 查看分价表。

⑥用 Tab 键切换上下午分时走势。

⑦为了更真实、更直观地反映最近一段时间内的分时状况，以便发现最近一段时间内的股票走势状况，可以在分时图上显示多日的分时线，

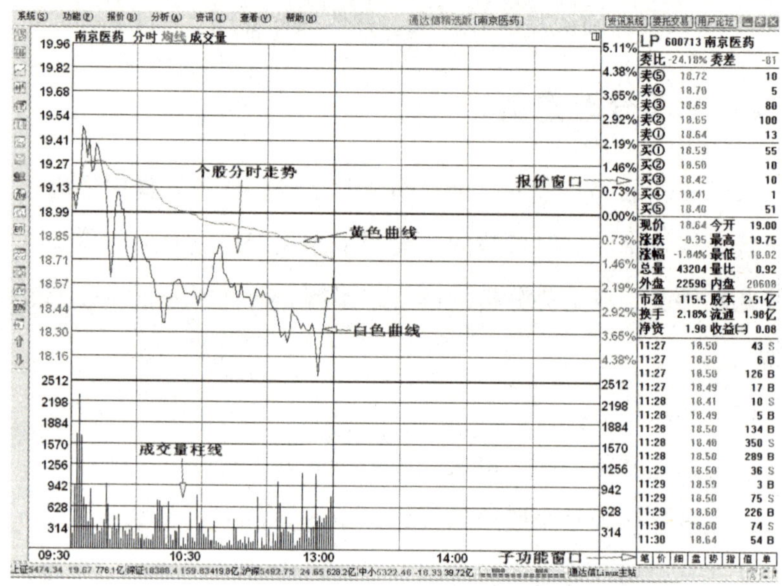

图 6－12　通达信个股即时分析界面

最多可以显示 10 天的分时。

⑧“L”表示该股票的关联股票信息，用户用鼠标点击这些符号就可以查看相关信息。“P”表示券商对这只股票的评级。

⑨主图叠加，除分笔成交图，其它分析周期都可做主图叠加。主图叠加最多可以进行 2 只股票的叠加。

在即时分析的主窗口单击鼠标右键菜单，投资者还能享受通达信在即时走势中提供的一些特色功能。包括 10% 坐标、分时重播、多日分时图、设置价位预警、股票叠加所属板块等一些特色功能，如图 6－13所示。

①切换操作：可以让投资者进入前只股票、分析图、个股资料。

②大盘走势：可以看到上证、深证各种指标的走势。

③分区间统计：可以统计各个区间的成交量、最大、最小值等，还可以查看大单成交、价量分步和修改大单的限值。

④叠加股票：可以和大盘走势叠加，还可以和自己认为和它有关联的股票相叠加，让投资者更好地掌握先机。

⑤多日分时图：可以查看最多 10 日的分时走势图。

⑥分时重播：可以在收盘后再重新观看当天的分时走势，并且可以自己设置速度。

⑦设置价位预警：当股价上穿后下落到设置价位产生警告。

⑧半场走势：是指只查看半场分时图。

⑨涨跌停坐标：是指以当天的涨跌停价格来显示最高和最低端。

⑩所属板块：指的是这个股票属于那个行业、地区、概念等。

⑪标记当前证券：是指选中股票所在行。〖Ctrl〗+〖Q〗进行文字标记，可以写下当时对这个股票的心得体会。

⑫加入版块：是指选中股票所在行。〖Ctrl〗+〖R〗加入自选板块或者自己新建的板块。

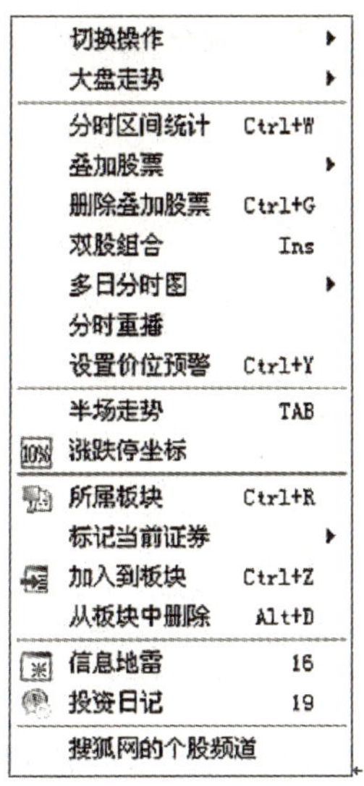

图 6－13　即时分析窗口右键菜单

⑬信息地雷：可以让你随时留意到盘中最新消息。

（2）大智慧。

在大智慧软件里面，进入个股分析的方式有以下几种：

①从开机菜单中的〖分类报价〗或〖自选股报价〗中选定个股，然后按〖Enter〗键确认并执行操作。按〖Esc〗键退出。

②从下拉菜单〖行情报价〗中进入相应的行情列表，从中选定个股，然后按〖Enter〗键确认并执行操作。按〖Esc〗键退出。

③直接输入个股代码或个股名称拼音首字母，然后按〖Enter〗键确认并执行操作，如深发展输入“000001”或“SFZ”即可。按〖Esc〗键退出。

大智慧的个股即时分析的界面如图 6－14 所示。

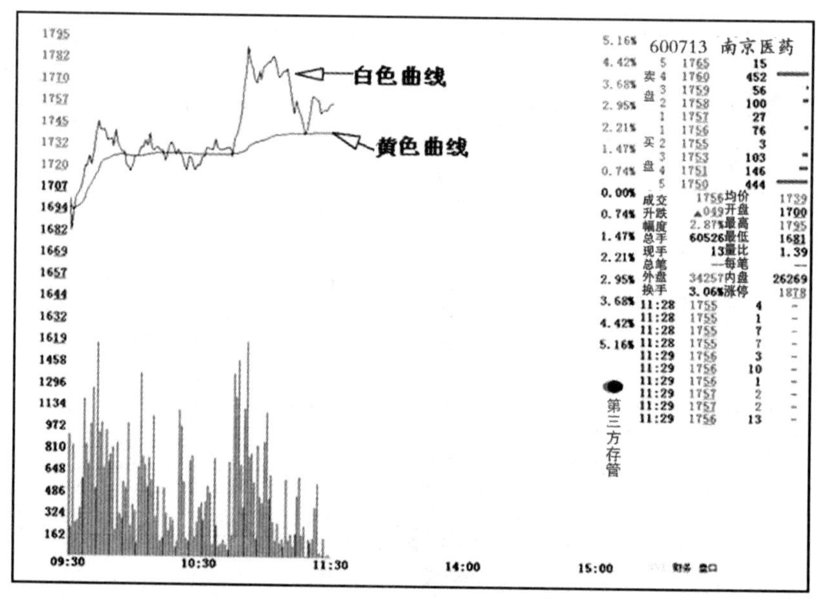

图 6－14　大智慧个股即时分析界面

图表说明：

①右上角显示股票代码及名称。

②白色曲线为每分钟该股票成交价连线，黄色曲线为其均价线。

③黄色柱状线是每分钟累计成交量，以100股为单位。

④通过 Enter 键循环切换个股 K 线图、行情列表、分时走势画面。

⑤PageUp 查看上一个股动态分时走势，PageDown 查看下一个股票动态分时走势。

⑥“－”键用于改变盘口显示方式，“＋”键循环切换右下角特色基本面窗口、个股分时走势图、个股分时成交明细。

⑦通过“＋”键切换至特色基本面窗口，可以浏览竞买竞卖指标、大单比率、五日换手总量、市盈率、每股收益、每股净资产、总股本等基本面数据。同时，大智慧还提供流通股本、流通市值、公司上市日期、概念板块等重要数据参考。让用户可以在短时间内大致了解上市公司一些重要财务数据。

在即时分析的主窗口单击鼠标右键菜单，投资者还能享受大智慧在即时走势中提供的一些特色功能。包括画面切换、动量指标、量比指标、OX、添加股票至自选、删除股票从自选、输出 Excel 数据文件等一些特色功能，如图 6－15 所示。

① 画面切换：可以让你进入当前股票的实时走势图、K 线分析图、行情报价表。在 K 线分析图下，选定技术指标后，通过 07 + Enter 或 F7 可自定义指标参数（包括参数、式样和坐标的设定）。

② 添加/删除股票从自选：可以将当前打开的个股添加进入自选股版面或从自选股版面删除。

③ 输出 Excel 数据文件：是将当天每一时点该股相对应的每股价格输出到 Excel 表格中。

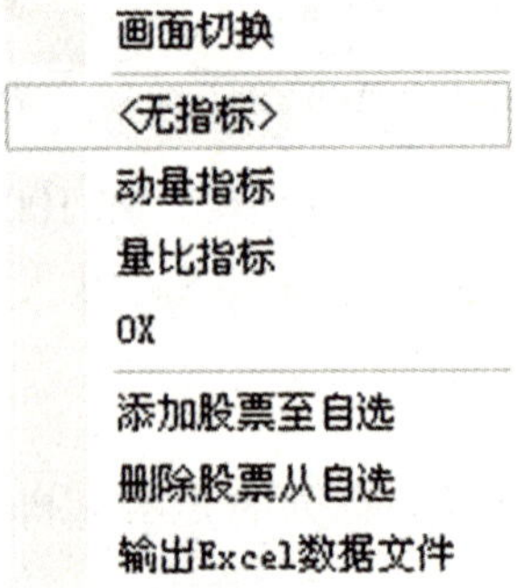

画面切换
<无指标>
动量指标
量比指标
OX
添加股票至自选
删除股票从自选
输出Excel数据文件

图 6－15　大智慧即时分析窗口右键菜单

④ 01＋Enter 或 F1，查看个股分时成交明细；02＋Enter 或 F2，查看个股分价成交明细；10＋Enter 或 F10 查看个股基本面资料。

⑤“大智慧”提供“上证指数”（“深证成分”）叠加功能。在个股分时走势图下，点击鼠标右键，从中选择“上证指数”（“深证成分”），可将“上证指数”（“深证成分”）叠加到个股分时走势图上。

（3）钱龙。

在钱龙软件里面可以通过以下几种方式进入个股分时走势界面：

①直接输入个股代码或个股名称拼音首字母，然后按〖Enter〗键确认并执行操作，如“深发展”输入“000001”或“SFZ”即可。按〖Esc〗键退出。

②从下拉菜单“分析”中点击〖分时走势〗，再按〖Esc〗键退出。

③从开机菜单中的“行情”或“自选股报价”中选定个股，然后按〖Enter〗键确认并执行操作。按〖Esc〗键退出。

个股即时走势的图形如图 6－16 所示。

图表说明：

分时走势图由两大走势图组成：上方为该股票的分时走势图，下

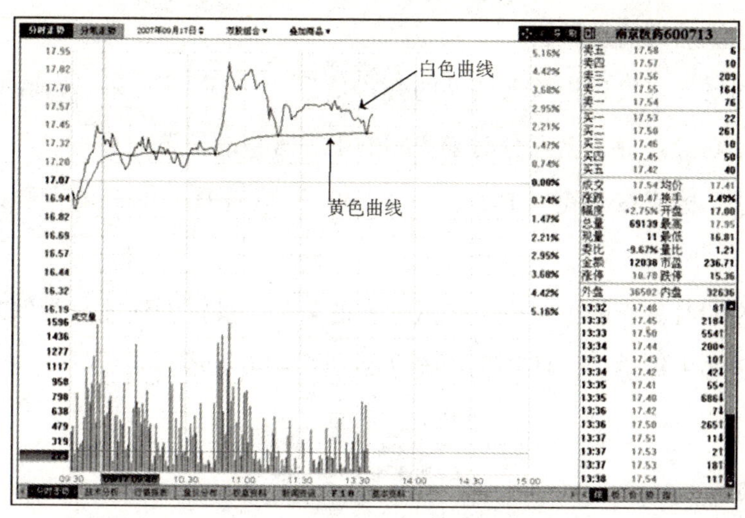

图 6 –16　钱龙个股即时分析界面

方为动态指标图。

①分时走势图。

分时走势图中有两条线，白色为分时走势曲线，黄色为均价线。

• 分时走势曲线：每分钟内最后一笔成交的价格构成的曲线。

• 均价线：顾名思义，就是均价构成的曲线，均价 ＝ 截止当前分钟该股票的当日累计成交金额 / 截止当前分钟该股票的当日累计成交量。

②动态指标图。

下方的动态指标图，可通过右键菜单选择切换为：

• 量比：该股票的分时量比走势图。

• 买卖力道：该股票的买卖力道走势图。

③即时明细小窗口。

点击鼠标左键，就可以显示或隐藏明细小窗口。显示内容请单击此处查看。

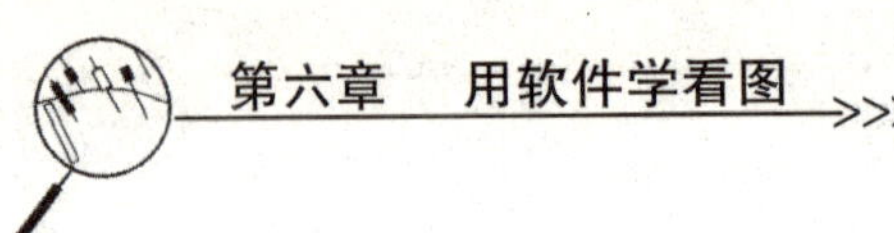

④敏感的信息雷达。

如果当日收到相关该商品的公告信息/实时资讯（来自财经直播室的）财经点评，会在分时走势图的下方醒目的位置处显示，双击信息雷达图标或按热键〖15/16/17 + Enter〗可查看。单击可查看详细说明。

在即时分析的主窗口单击鼠标右键菜单，投资者还能享受钱龙在即时走势中提供的一些特色功能（如图 6 – 17 所示）。

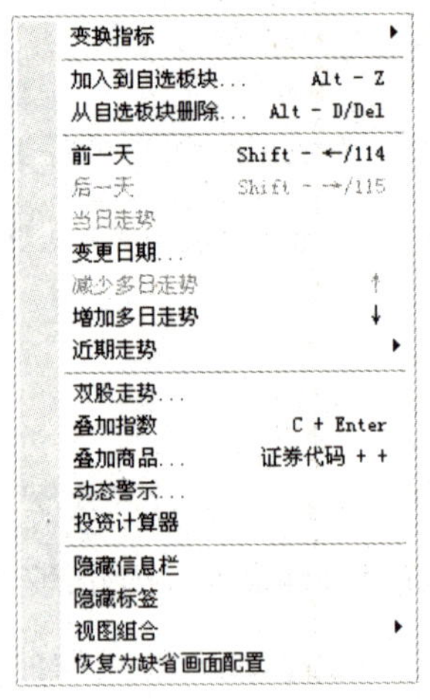

图 6 – 17　钱龙即时分析窗口右键菜单

①切换指标：可切换分时走势画面的动态指标图，即成交量、成交额、量比、买卖力道等。

②加入自选板块：将该股票加入到自选股。

③从自选板块删除：将该股票从自选板块删除。

④近期走势：可查看多达五天的连续走势。

⑤双股走势：可同屏查看两个股票的即时分析走势。

⑥商品叠加：在某商品的分时走势图中可叠加任意商品的走势图，分析其走势相关性。

⑦投资计算器：可使用投资计算器计算您的利润以及保本点等等。

⑧隐藏标签：可以隐藏画面下方的画面精灵标签。

3. 个股技术分析

技术分析画面粗略地讲就是我们所说的 K 线图，它是对个股历史走势的全纪录。因为在这个画面我们可以运用大量的技术指标进行分析，所以我们称它为技术分析，这里我们只以通达信为例来进行分析说明，其他软件操作相似，如图 6－18 所示。

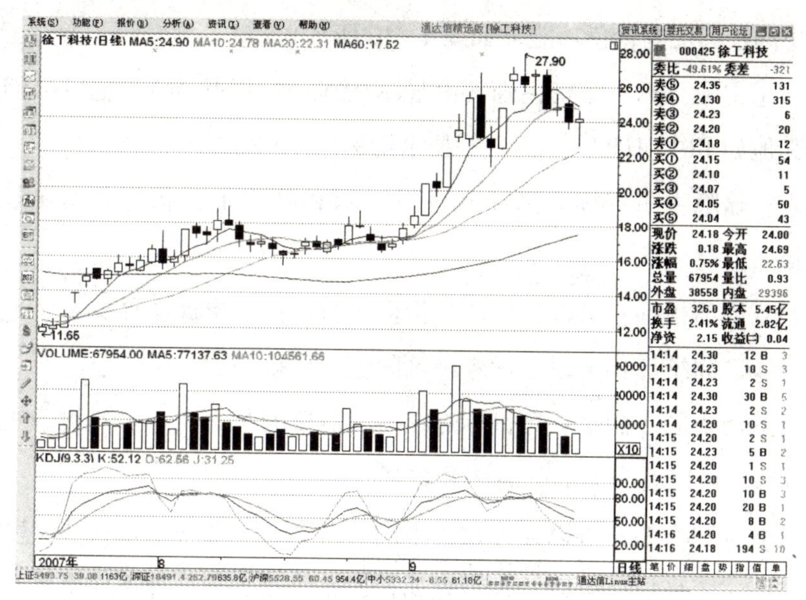

图 6－18　个股技术分析界面

画面说明：

①主图及副图标题显示区（右上角）会提示股票名称、代码、指标名称和对应数值。

②周期切换区显示当前分析周期。

③主图区可作股票或指标的叠加，副图区指标可随意更换。

④主图上有股本变迁等指示。

⑤复权处理独一无二的精确，保证技术分析绝对的连续。除权时精确考虑送股、配股和分红对股价的影响，使技术指标分析更准确、更完整。支持所有周期的复权，支持前复权、后复权，而且支持权息数据库的维护和显示，进一步消除除权对走势的影响。

在个股技术分析主窗口单击鼠标右键，会出现一个功能菜单：包含有主图指标、叠加指标、叠加股票K线、当前指标、专家指示、分析周期、窗口个数、复权处理、区间统计、标记当前证券、画线工具、历史同步回忆等特色功能（如图6－19所示）

①主图指标：是指主画面上显示的线，可以是MA，也可以切换成其他如BBI、HMA 、CYC等技术指标。

②显隐主图指标：是让你可以显示和隐藏主图指标。用Tab键切换。

③当前指标：可以让你调整指标参数、提示指标注释。

④区间统计：可以显示各种区间统计数据。

⑤历史同步回忆：用鼠标点在一只股票的某天图上，在键盘上按〖Enter〗可以看当天的分时图和数据。

⑥主图类型：可以让你设置不同的K线图，如K、KR、BAR等。

⑦主图坐标：可以让你设置如普通、等比、等分等不同坐标。

⑧分析周期：可以显示分钟线日线、周线、月线等周期图。

⑨窗口个数：可以让你设置1、2、3等多个显示窗口。

⑩复权处理：提供前复权、后复权，让你更容易地看到股价的走势。

⑪画线工具：提供各种数据线供你分析。

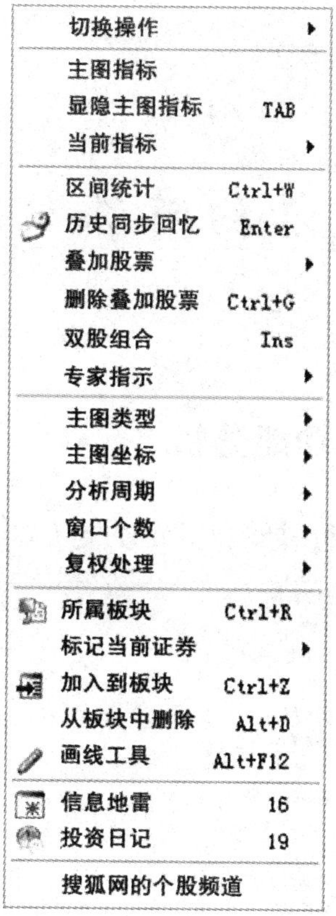

切换操作 ▸
主图指标
显隐主图指标　TAB
当前指标 ▸
区间统计　Ctrl+W
历史同步回忆　Enter
叠加股票 ▸
删除叠加股票　Ctrl+G
双股组合　Ins
专家指示 ▸
主图类型 ▸
主图坐标 ▸
分析周期 ▸
窗口个数 ▸
复权处理 ▸
所属板块　Ctrl+R
标记当前证券 ▸
加入到板块　Ctrl+Z
从板块中删除　Alt+D
画线工具　Alt+F12
信息地雷　16
投资日记　19
搜狐网的个股频道

图 6-19　个股技术分析窗口右键菜单

6.4　各软件的特殊功能

1. 通达信特殊功能分析

（1）短线周期：1 分钟线和多分钟线（如图 6－20 所示）。

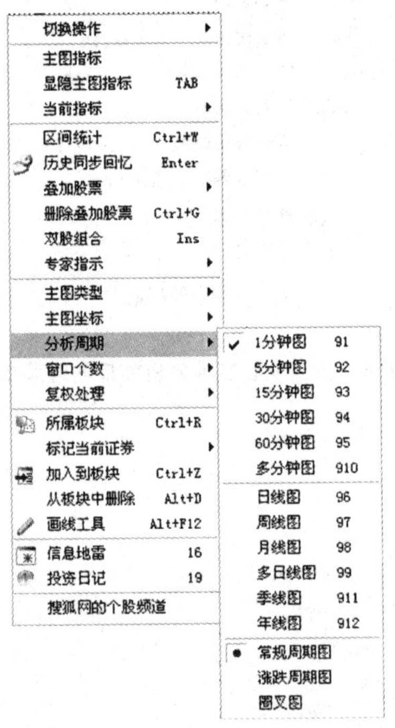

图 6－20　短线周期界面

通达信系统支持 1 分钟线、季线、年线等 12 种周期，在 1 分钟周期下使用各种技术指标（比如 MACD 等各种金叉、死叉研判方法或用户自定义的公式)。用户也可以自定义多分钟周期，比如采用3分种周期等进行分析。

(2) 涨跌周期图和圈叉图（如图6－21，6－22所示)。

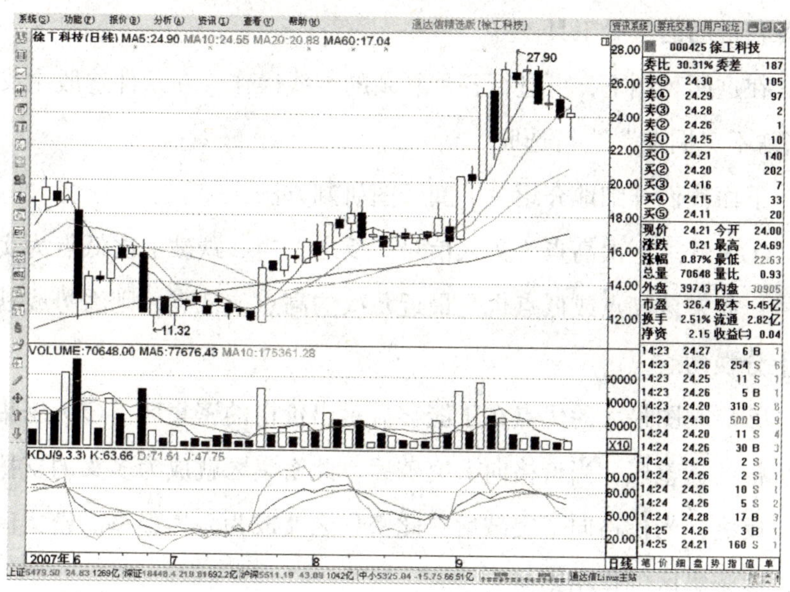

图6－21 涨跌周期图

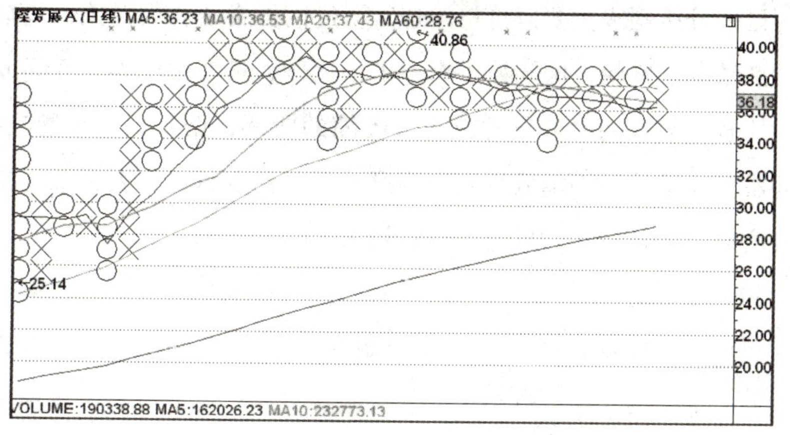

图6－22 圈叉图

在选择周期后，还可以选择“涨跌周期图”或“圈叉图”，涨跌周期图的图表与K线不同，它表示价格升跌，并把连续的升或降合并成一个数据；因为它同时也提供了成交量和其他分析指标，所以是投资者较常用的选股工具。

在这两种图下，可进行各种复杂的画线操作。在条件选股中支持“涨跌不定周期”进行选股。

下面我们详细地介绍一下圈叉图研判方法：

①×升过上次高点为买入信号，反之，当○跌破上次低点为卖出信号；如果该高点或低点也是最近几次的高点或低点，则涨势或跌势将十分强劲。

②○×图最大的优点在于能够显示出价格的密集区。○×密集区是价格的盘整区，当价格向上突破后，此密集区就成为多头的支撑堡垒；反之，当价格向下突破后，此密集区就成为阻力堡垒。密集区越宽，该密集区的作用则越大。

（3）区间统计（如图6－23所示）。

区间分析报表主要以价格渗透跌幅度的异常变化为对象，包括区间的涨跌、涨跌幅、区间换手率、市场比例、量变幅度等。区间成交异动比较找出区间内量异常放大或萎缩的股票，据此判断市场热点；区间震荡幅度比较确定股价稳定程度，震荡幅度越小，表明市场的稳定程度高，风险越小；反之，危险较大。

（4）信息地雷。

目前很多软件都提供了“信息地雷”功能。信息地雷是指软件提供商、证券公司和咨询公司等软件服务机构，将上市公司各种历史信息以及新的公告、新闻、市场评论等内容，以“＊”等符号的形式挂在相应的即时走势图和K线图上的一种信息提供方法。

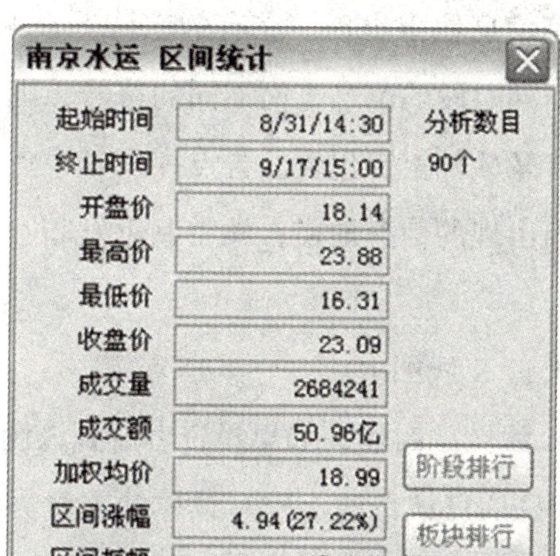

图 6－23　区间统计界面

上市公司的各种历史信息和最新的公告、新闻，都会出现在股票的 K 线图上，这样就可以对股票过去的信息有更全面的了解，从而为投资者及时准确地掌握大盘和个股的各类信息提供帮助。

①在个股或大盘即时走势图上。

在个股或大盘即时走势图上，地雷的标志为“＊”或“☆”等符号，一般是出现在个股或者大盘的即时走势图的顶端。在有的软件上，把这种即时走势图中出现的地雷称为“实时地雷”。

• 操作方法。

在大盘或者个股分时图上，直接将光标移动到相应的“＊”等符号上，然后用鼠标左键双击“＊”符号，就进入信息地雷内容的浏览。

• 分析判断。

在行情列表下面，如果股票名称后面有信息地雷标志，代表该股分时走势图上面有信息地雷出现。在有的软件上，不同颜色的“*”等符号，是代表不同时段的信息，而不同的符号，则代表资讯的来源不同。比如在大智慧软件上，包含公告点评及盘中点股；地雷颜色发亮：当天半小时内出现的信息地雷；地雷颜色发暗：当天半小时以前出现的地雷。

②在个股或大盘K线图上。

在查看个股K线图的时候，如果投资者看到该图上最上方也出现“*”等符号，则是信息地雷的标志。具体的查看方法与个股即时走势图相似。无论是实时的信息地雷，还是历史的信息地雷，投资者只要双击图标（小箭头、小星号），就会弹出一个对话框显示公告信息、资讯的内容。在有的软件上，把这种掀挂在K线图上的地雷称为“历史地雷”。

（5）详细买卖盘。

通达信提供每只股票每次成交时当时的10个挂盘信息，同时也可以在历史同步回忆中查看历史上某天的详细买卖盘（需要行情主站提供数据支持）。

（6）预警系统。

作为投资者，不可能随时监控所有股票，这样在瞬息万变的股市上难免会错失良机。投资者可以通过预警系统监控任何值得注意的情况。投资者可以通过点击状态栏右下角空白栏的图标来进入预警系统。

① 市场雷达预警。

用户设置市场雷达预警后，对市场上大单成交、封涨跌停情况、大买卖盘成交等信息可以及时了解，如图6－24所示。

②条件预警。

市场雷达[运行中]

ST黑豹	15:30	6.63	48	封涨停板
SST天海	15:30	14.33	30	封涨停板
兰州民百	15:30	12.93	300	封涨停板
*ST锦股	15:30	15.31	10	封涨停板
重庆百货	15:30	37.28	3	封涨停板
*ST沧化	15:30	6.65	7	封涨停板
东软股份	15:30	45.78	5	封跌停板
*ST耀华	15:30	9.75	10	封涨停板
*ST金瑞	15:30	13.22	3	封涨停板
*ST长信	15:30	10.15	1	封涨停板

关闭雷达　存盘　分析　设置

图 6－24　市场雷达预警

用户可以选择预警公式条件对自己关注的股票进行实时跟踪预警，如图 6－25 所示。

条件预警设置

预警股票 | 公式设置 | 其它设置

股票代码	股票名称	昨收价	上破价	下破价

可修改上破下破价　添加股票　修改设置　删除股票　清空列表

通达信　确定　取消

图 6－25　条件预警

（7）选股器。

投资者可以通过单击“功能”键下的选股器来进行个股的筛选，选股器中提供了四种选股方式：条件选股、定制选股、智能选股、插件选股。

①条件选股。

条件选股是根据提供系统或用户编制的条件选股公式进行选股，选定一个条件选股公式或多个组合条件后，计算机自动帮您选出当时或历史上某一段时间内满足条件的所有股票，列在行情显示窗口，同时可保留成板块。

操作说明：

- 在“选择指标”项选择一个条件公式，可以调节其参数。
- 点〖加入条件〗按钮加入到组合条件列表中，如果还想加入另外的条件与之组合，可以选择条件“与”（所有组合条件都满足才行）或条件“或”（组合条件中只要有一个条件满足就行）。
- 点〖保存条件〗按钮，存盘，下次可从“装入条件”调出。
- 设定选股范围。可按任意时间区间或最近100个数据。
- 点击〖执行选股〗即进行选股，并将选股结果存入条件股板块中；如果点击〖选股至板块〗，则要求选择一个存放选股结果的板块。在选股过程中，可以中途停止。选股完毕后，系统将选股的结果列入行情窗口显示给用户查看。

条件选股的基本界面如图6－26所示。

②定制选股。

定制选股是为不会使用公式编辑器而编制的一套易用的选股工具。用户可定制三类条件：股票基本资料，实时行情，其他条件。

操作说明：

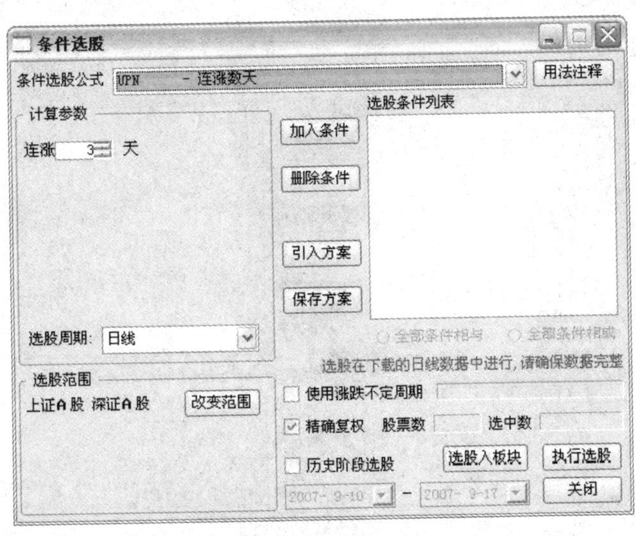

图 6－26　条件选股界面

当从左边的列表中选中一个项目后，双击或点“加入条件”按钮，将会弹出一个对话框，用户可以输入您想要满足的条件，确定后即可加入一个条件，也可以加入多个组合条件，可将条件存盘，或从盘上将存盘条件装进来。其他操作与条件选股类似。

定制选股的基本界面如图 6－27 所示。

③智能选股。

智能选股系统自动搜索到四类共计 121 种 K 线形态的股票：

• 低进定式：符合该组形态的股票一般是庄家处于吸筹阶段，股票一般都是中小盘次新股，股价较低。由于股本不大，庄家很容易吸入足够的筹码以至控盘，由于股价比较低，又有很大的拉高空间，再加上比较好的题材，是易于炒作的股票。处于该阶段，庄家还刚刚开始建仓或建仓刚刚完成，所以庄家不能暴露自己的意图，只能暗中打压股价、吸纳筹码，有货的投资者一定要捂紧自己的筹码，千万不要被轻易震仓出局。忍得一时寂寞，成就日后辉煌。无货的投资者则不

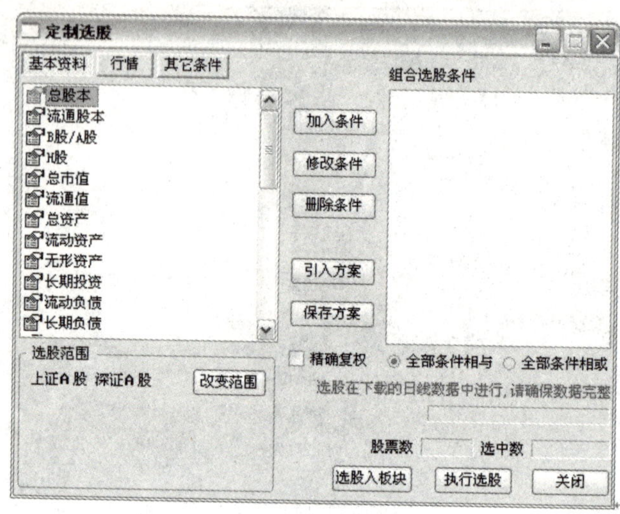

图 6－27 定制选股界面

必急于入货，可等入庄主力正式发动行情（放大量、拉大阳）时及时介入。做中长线的投资者适合选择这种股票，做短线投资者也需留意有这么一些潜在黑马！

• 高进定式：符合该组形态的股票一般为庄家已基本控盘的股票，包含两种情况：

◆经历了建仓和一段时间的整理，庄家的手中已持有大量的筹码，庄家操作意图开始表现得比较明显，为了避免投资者追入，庄家或进一步洗盘整理以造成假象或迅速拉高，在 K 线形态上一般走出上升通道横盘向上的形态或者是开始迅速拉高的形态，虽然尽力地掩饰自己的意图和目的，却是欲盖弥彰，庄家的意图和目的在智能选股下暴露无疑。

◆庄家手中持有绝大部分的筹码，控盘很稳，虽然经历了一次以上的拉高，但手中依然握有重兵，可能在短期内再次发动行情。

• 高出定式：符合该组形态的股票一般已经历了一次以上的拉升

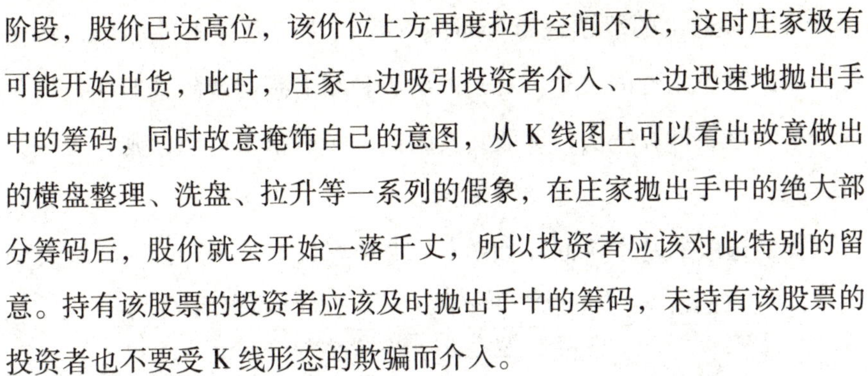

阶段，股价已达高位，该价位上方再度拉升空间不大，这时庄家极有可能开始出货，此时，庄家一边吸引投资者介入、一边迅速地抛出手中的筹码，同时故意掩饰自己的意图，从K线图上可以看出故意做出的横盘整理、洗盘、拉升等一系列的假象，在庄家抛出手中的绝大部分筹码后，股价就会开始一落千丈，所以投资者应该对此特别的留意。持有该股票的投资者应该及时抛出手中的筹码，未持有该股票的投资者也不要受K线形态的欺骗而介入。

● 低出定式：符合该组形态的股票一般是庄家已在最短时间内出完货的股票，由于主力机构出货手法非常巧妙，所以绝大部分的投资者都不能全身而退。主力机构的退出，可能导致市场缺乏信心，从而使该股票崩盘；也可能使股价在市场散户行为下缓慢下滑。无论是上述情况中的哪一种，投资者都不应继续抱有任何的希望，应该及时的抽身退出。

● 基本指标：通过分类小、中、大盘次新股和小、中、大盘绩优、绩平、绩差股，给投资者一目了然的总体上的把握。

● 技术指标：通过 BIAS 、SAR 、KDJ 、RSI 、MACD 、MTM 等技术指标显示出可能在短期内发动行情的股票，给出信号。

操作说明：

智能选股是根据形态学的专家知识以及基本指标、技术指标面而完成的一套选股工具。其功能建立在基本分析、形态分析和指标分析的基础上，利用最新计算方法实现专家思想模型化。它具有强大的自适应性，能一眼识破庄家的常规坐庄手法，根据出现的K线形态提出合理的买入、卖出建议。

进入智能选股后，需要计算一段时间（如果已经计算，则进入时从断点继续计算或直接进入），计算后将列出满足特定条件的股票，用户可以对选出的股票进行分析或存为板块。点〖条件注释〗按钮可观看此特色条件的注释。对于网络版和图文版，智能选股的数据每隔一小时重新计算一次，保证其实时性，而对于盘后版，则一天只计算一次。

智能选股的基本界面（如图6－28所示）。

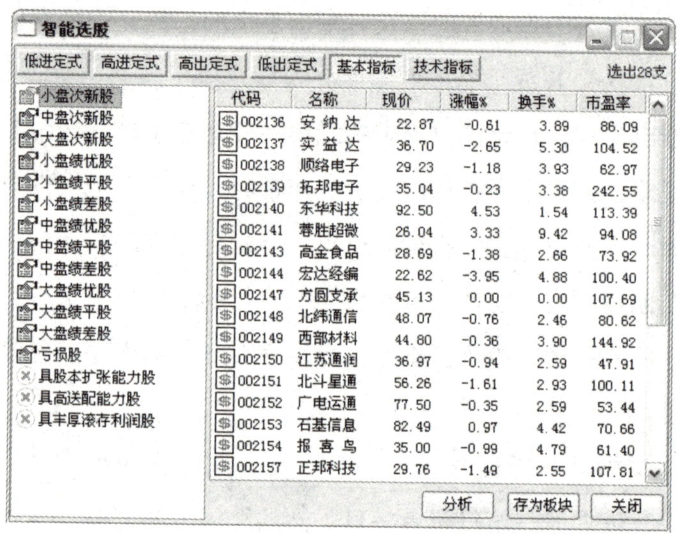

图6－28　智能选股的基本界面

④插件选股。

插件选股是为高级用户出于保密或速度的需要而以插件方式完成的选股工具。插件的接口定义由通达信公司提供。

⑤综合选股。

通过用户自己设置指标、财务、行情、条件、K线来设置满足投资者需求的股票。

2. 大智慧的特殊功能分析

（1）个股预警。

大智慧的个股预警的监控条件分为四类：股票价格突破指定的上下限；股票涨跌幅突破指定的上下限；成交量突破指定的上下限；成交额突破指定的上下限。监控范围由用户自由设定。可以将设定的条件用于监控所有A股，也可以只监控自己感兴趣的某几只股票。一旦有了满足预警条件的股票出现，系统立即弹出预警窗口并发出声音提示，并且系统会将已经发出的预警情况记录下来供用户参考。个股预警界面如图6－29所示。

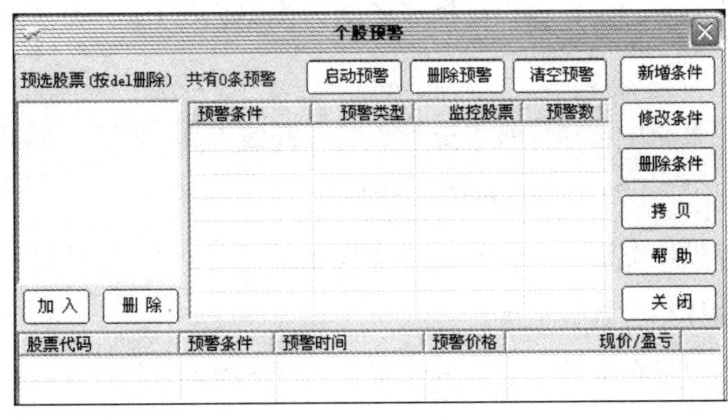

图6－29　个股预警界面

①个股预警的启动。

• 从菜单〖功能〗→〖个股预警〗，即可打开预警窗口。

• 使用大智慧快捷通。

②预警的使用。

• 预警条件窗，用于显示当前系统中已经设定好的预警条件。

• 预警记录窗，用于记录系统历史上发出的预警，包括股票代码、预警时间、预警条件、预警价格，以及当前股价和目前的盈亏情况（与预警时刻比较）等。

③如何设置预警。

在预选股票的窗口下面有“加入”、“删除”的按钮，就是增加您要预警的股票，点击〖新增条件〗或〖修改条件〗按钮，将弹出预警条件设定对话框，用于设定预警条件。（最多提供10只股票的预警）对于价格或涨跌幅预警需要设定上下限。负数表示跌幅。若只需要涨幅预警可以只设定涨幅上限，下限设为0。

（2）画线工具。

大智慧提供多种画线工具，可任意设置角度，自动保存。让用户多角度地分析趋势，捕捉最佳买卖点。可以通过以下方式进入画线工具功能：

①主菜单中选择〖技术分析〗的〖画线工具〗项。

②热键：〖09 + Enter〗或〖F9〗。

具体操作方法：

①选择相应画线工具。

②用鼠标在K线上选择好起点，并拖拽线条对其位置以及方向进行修正。

③系统会自动地保存画线，可用〖Ctrl + D〗清除所画线段。

画图工具的基本界面如图6－30所示。

操作说明：

① 趋势线。

选取一点做为趋势线起点，按住鼠标左键不放并移动鼠标，窗口中的线会随之移动，将直线放至适当位置，松开鼠标左键即可生成趋势线。选取线中任意一点按住鼠标左键不放，移动鼠标可平移该线。

②趋势线段。

选取一点做为趋势线起点，按住鼠标左键不放并移动鼠标到目标地点，松开鼠标左键即可生成趋势线段。选取线中任意一点按住鼠标

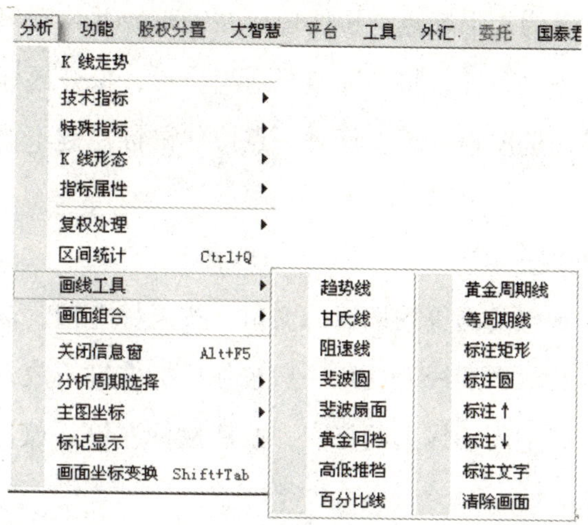

图 6－30　画图工具基本界面

左键不放，移动鼠标可平移该线。

趋势线段和趋势线不同处在于：

- 趋势线：一条无限延长的射线；
- 趋势线段：以始点和终点为距离的直线线段。

③ 平行线。

首先画一根趋势线（或趋势线段）。然后选中“平行线”，在想作平行线的点上单击，就能画出一条和刚才所作的趋势线（或趋势线段）平行的射线（或线段）。

④ 标注文字。

取一个想要重点标记的点作为文字标注点，按鼠标左键，在随后出现的对话框中，输入想要输入的文字，并确认，窗口即会出现相应文字。点中文字上的任意一点按住鼠标左键不放，移动鼠标可移动文字。

⑤ 标注矩形。

选取一点做为矩形起点，按住鼠标左键不放并移动鼠标，窗口中的矩形大小会随之改变，将鼠标放至适当位置，松开鼠标左键即可生成相应的矩形，选取矩形线上任意一点按住鼠标左键不放，移动鼠标可移动该矩形。

⑥ 等周期线。

将鼠标移到想要画等周期线的窗口，按鼠标左键，该窗口即会出现等周期线。选取周期线上任意一点按住鼠标左键不放，移动鼠标可移动周期线。点中周期线上的亮点，按住鼠标左键不放，移动鼠标可改变时间周期。

⑦ 黄金周期线。

将鼠标移到想要画黄金周期线的窗口，按鼠标左键，该窗口即会出现黄金周期线。选取线上任意一点按住鼠标左键不放，移动鼠标可移动黄金周期线。

⑧ 上下箭头。

取一个想要重点标记的点作为上下箭头的输入点，按鼠标左键，并确认，窗口即会出现相应的上下箭头。点中箭头上的任意一点，待箭头周围出现方框，按住鼠标左键不放，移动鼠标可移动箭头。

⑨ 标注圆。

选取一点做为圆形起点，按住鼠标左键不放并移动鼠标，窗口中的圆形大小会随之改变，将鼠标放至适当位置，松开鼠标左键即可生成相应的圆，选取圆上任意一点按住鼠标左键不放，移动鼠标可移动该圆。

⑩ 高低推档。

高低推档以股价近期走势中重要的峰位或底位为基础，计算未来走势中的转势点。当股价上涨时，以底位股价为基点，用鼠标左键点

击此点，并按住鼠标左键不放，拖动鼠标使0线对齐当前价位，0线上38.2%、61.8%等黄金分割线可能是继续涨时的阻力位。反之，当股价下跌时，以高位股价为基点，用鼠标左键点击此点，并按住鼠标左键不放，拖动鼠标使0线对齐当前价位，0线下的38.2%、61.8%等黄金分割线可能是继续下跌时的支撑位。选取线中任意一点按住鼠标左键不放，移动鼠标可移动各线。

⑪黄金回档。

行情发生转势后，无论是止跌转升的反转抑或止升转跌的反转，以近期走势中重要的峰位和底位之间的涨额作为计量的基数，将原涨跌幅按0.191、0.382、0.5、0.618、0.809分割为五个黄金点。股价在反转后的走势将有可能在这些黄金点上遇到暂时的阻力或支撑。使用黄金回档时，以近期走势中重要的峰位和底位之间的一点为基点，用鼠标左键点击此点，并按住鼠标左键不放，拖动鼠标使边线对齐相应的峰底点，松开鼠标左键系统即生成黄金回档线。选取线中任意一点按住鼠标左键不放，移动鼠标可移动各线。

⑫百分比线。

以近期走势中重要的峰位和底位之间的涨幅作为计量的基数，将原涨跌幅按0.25、0.50、0.75、1.00的比例四等分，即生成百分比线。百分比线可使用户对价格的涨跌幅度有直观的了解，便于确定阻力位与支撑位。

使用百分比线时，以近期走势中重要的峰位和底位之间的一点为基点，用鼠标左键点击此点，并按住鼠标左键不放，拖动鼠标使边线对齐另一相应的高底点，松开鼠标左键系统即生成百分比线。

⑬斐波圆。

与其他线性作图工具相比，斐波圆更多地考虑了时间的因素，反映的是支撑阻力位随当前价格变化而变化的动态关系。符合宇宙恒动的大自然法则。是三维空间分析向四维空间分析过渡的一种尝试。

使用斐波圆时，以近期走势中重要的峰位和底位之间的一点为圆心，用鼠标左键点击此点，并按住鼠标左键不放，拖动鼠标使外圆对齐另一相应的高底点，松开鼠标左键系统即生成一系列斐波圆。圆的半径根据斐波数列给出，圆与走势线的交点可能是支撑位或阻力位。选取线中任意一点按住鼠标左键不放，移动鼠标可移动各线。

⑭斐波扇面。

将高低点之间的涨跌幅度按斐波数列分割生成一系列点，高点或低点与它们的连线即是斐波扇面。斐波扇面可推测后市的发展方向及阻力位与支撑位。与其他线性作图工具相比，斐波扇面更多地考虑了价格的因素。

使用斐波扇面时，以近期走势中重要的峰位和底位之间的一点为基点，用鼠标左键点击此点，并按住鼠标左键不放，拖动鼠标使虚线对齐另一相应的高低点，松开鼠标左键系统即生成斐波扇面。

⑮阻速线。

阻速线的原理与江恩角度线较相似，也是通过一些特殊的角度来确定价格的变化方向。当价格上升或下跌的第一波形态完成后，利用第一波的展开幅度和这些特殊角度可推出后市发展的几条速度线，作为支撑和阻力位置。

使用阻速线时，以近期走势中重要的峰位和底位之间的一点为基点，用鼠标左键点击此点，并按住鼠标左键不放，拖动鼠标使虚线对齐另一相应的高底点，松开鼠标左键系统即生成阻速线。

⑯甘氏线。

甘氏线试图将价格随时间的变化关系界定在特殊的上升或下降角

度线内，并以此来推测后市的发展方向及阻力位与支撑位。

这些特殊的角度一般为22.5度、30度、45度、60度等，其中30度、45度、60度这三个角度线最为重要，45度线一般认为是多空分界线，30度、60度线则为多空忍受线。

使用甘氏线时，以近期走势中重要的峰位和底位之间的一点为基点，用鼠标左键点击此点，并按住鼠标左键不放，拖动鼠标使45度虚线对齐另一相应的高低点，松开鼠标左键系统即生成甘氏线。

⑰清除画线。

清除当前窗口中的所有画线。如果要清除窗口中某几根选定的画线，只需要点中要删除线段上任意一点，待直线两端出现亮点，按〖鼠标右键〗→〖删除〗可删除该线。

（3）智能选股。

条件选股通过公式系统的描述和统计功能实现各种技术形态和技术指标的测试和检验，同样它也遵守公式系统的基本格式和法则，但是由于功能的不同，又有些扩展的格式和不同的表达方式。大智慧软件支持的选股方式同通达信相同，另外它还包括个股诊断的功能。投资者可以通过以下方式进入智能选股，在开机菜单中进入〖分析〗，选择〖智能选股〗进入。

智能选股的基本界面如图6-31所示。

操作说明：

①技术指标选股是根据指标线的数值范围，或指标线是否向上或向下突破某数值来进行选股。与条件选股公式不同的是，技术指标选股还需要设定具体指标线发生了某种变化。例如要选出60日均线大于10的股票，需要首先选中MA技术指标，然后设置指标线MA4（60日均价线）大于10。

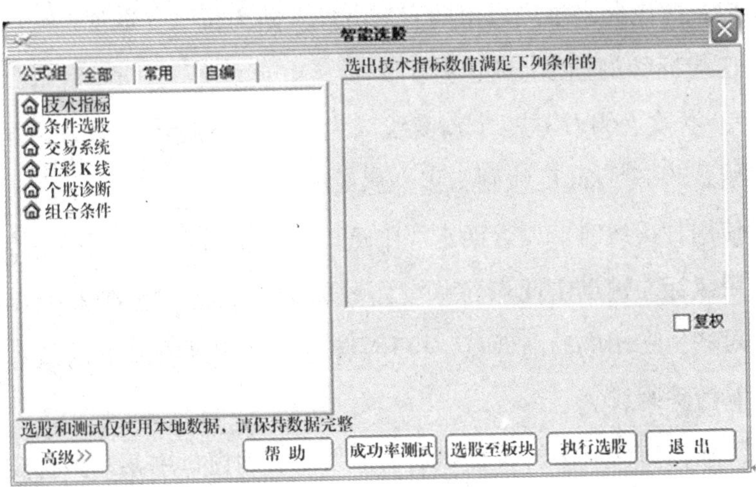

图6-31　智能选股界面

②条件选股使用选股公式来选股，是大智慧选股的标准方法。所谓条件选股公式，就是专门针对条件选股功能设计的分析公式，这种公式可以直接使用，不需要另外设置过多的参数。从选股条件列表框中选取需要的条件，然后设置参数、分析周期，按“执行选股”按钮，即可将所有符合条件的股票选入动态显示牌中显示。

举例：假设想从深沪两市的A股中选日线“MACD（12，26，9)”发生金叉的股票，可以这样做：在对话框左边的选股条件列表中找到条件选股/MACD，将对话框右边的参数表数值设定为12，26，9，将“分析周期”设定为日线，然后按执行选股即可（如图6-32所示)。若需要设定选股范围或进行历史阶段条件选股，可以按〖高级〗按钮选股范围缺省为沪市A股和深市A股，若要改变范围，请点击〖改变范围〗按钮；也可以将当前动态显示牌中显示的股票作为选股范围。历史阶段选股，就是选择历史上某一时间范围内该条件至少发生过一次的股票。

如果想将选股结果保存到其他板块中，可以按〖选股至板块〗按钮，则选股结果直接保存到指定板块。注意若执行“选股至板块”，板块中原有内容将全被覆盖。

交易系统是一套完整的交易分析方法，它提供了买入和卖出两个方向的条件。条件选股系统可以选出交易系统发出某种信号的股票。选择某交易系统公式后，需要再选择需要查找的信号类型，可以是多头买入条件、多头卖出条件、空头买入条件、空头卖出条件、止损条件或任意交易信号等。

③五彩K线往往对后市有非常准确的指示作用。利用大智慧的五彩K线选股功能，可选出某种K线形态的股票。值得注意的是，有些K线形态是指示后市看跌的，用这些K线形态来选股，则是“卖出”选股。

④大智慧的组合条件选股，允许用户将不同分析周期的各种选股条件按“条件与”或“条件或”的方式组合，从而生成更多的选股方法。技术指标状态、条件选股、交易系统买卖指示、K线形态、基

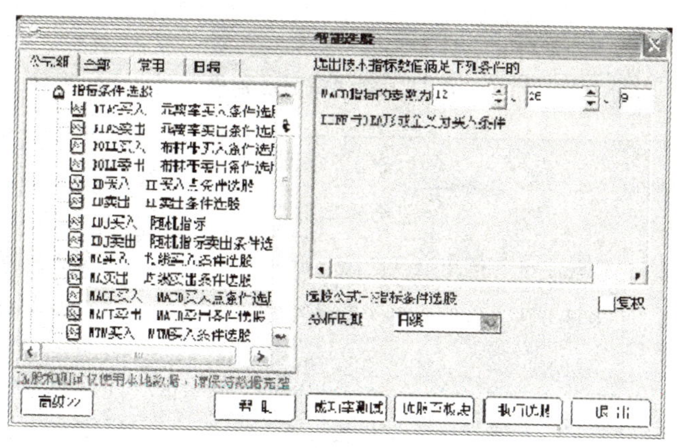

图6－32　举例说明

本面选股等各种选股条件均可参与组合。

⑤成功率测试：按测试按钮进行测试后，计算机会将测试结果显示出来供投资者分析。

⑥选股至板块：将选出来的股票添加至指定板块。

⑦执行选股：指定完选股范围之后，就可以执行选股功能了。

（4）短线精灵。

短线精灵实时监控沪深A股的涨跌、成交、盘口、资金流动及板块热点，迅速给出异动信息，帮助投资者及时把握市场机会。投资者可以通过点击主窗口的〖大智慧〗栏目，进入短线精灵。界面图形如图6－33所示。

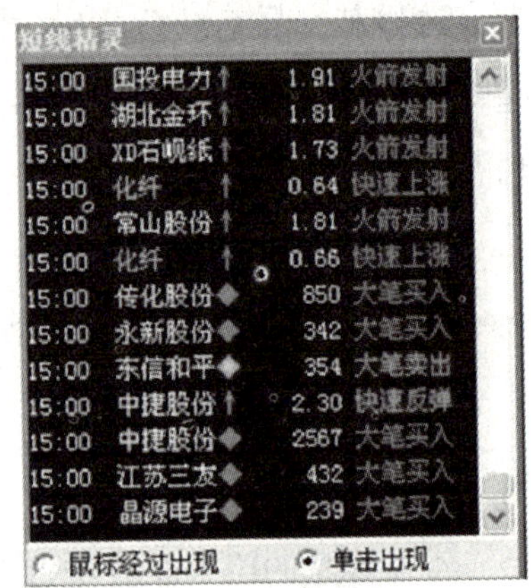

图6－33　短线精灵窗口

图中蓝色字块表示板块名称，黄色字是股票名称，双击某股票或板块可以查看当前走势。短线精灵的类别说明表见表6－1：

表6－1　短线精灵类别表

类别	说明	数字含义
股价异动报警		
1. 火箭发射	快速上涨并创出当日新高	5分钟涨幅
2. 快速反弹	当日下跌之后形成快速反弹局势	5分钟涨幅
3. 高台跳水	当日经过一轮上涨之后形成快速下跌的局面	5分钟涨幅
4. 加速下跌	当日下跌后再次形成快速下跌的局面	5分钟涨幅
成交报警		
5. 大笔买入	有大笔主动买入成交	本笔成交量

续表

6. 大笔卖出	有大笔主动卖出成交	本笔成交量
盘口报警		
7. 有大买盘	5 档买盘中有大笔挂单	买盘合计
8. 有大卖盘	5 档卖盘中有大笔挂单	卖盘合计
涨跌停板报警		
9. 封涨停板	当前一笔成交封住涨停	涨停价（Internet）/本笔换手（Dos）
10. 封跌停板	当前一笔成交封住跌停	跌停价（Internet）/本笔换手（Dos）
11. 打开停板	当前一笔成交封住涨停	涨停价（Internet）/本笔换手（Dos）
12. 打开停板	当前一笔成交封住跌停	跌停价（Internet）/本笔换手（Dos）
指数涨跌动因报警		
13. 拉升指数	显著拉抬指数	5 分钟内对上证指数或深证综指的拉升值
14. 打压指数	显著打压指数	5 分钟内对上证指数或深证综指的打压值
板块报警		
15. 大幅放量	板块大幅放量	板块指数的量比
16. 快速上涨	板块快速上涨	板块指数的 5 分钟涨幅
17. 快速下跌	板块快速下跌	板块指数的 5 分钟跌幅

（5）星空图。

星空图又名 XY 散点图，图中的星星，就是一个板块中的所有商品，它们在一个二维坐标系中分布，其位置由一对数据决定。通过观察星星在星空图中的位置和分布，可以分析一个或一组股票的状况。星空图反映了某个股在其所属分类板块中的价格、涨幅、流通盘大小、震幅等指标在星空图二维坐标中的位置。星空图中的星星数量取决于进入星空图时当前个股的所属板块，该板块也会反映在星空图的标题栏中。

投资者可以通过以下途径进入星空图界面：

①数字热键：敲打〖00 + Enter〗进入大智慧散户星空图。

②点击开机界面的第八项〖特色功能〗后，再单击第八项的〖星空图〗即可。

③菜单操作：主菜单中〖星空图〗一栏。

首次进入星空图时，会出现“风险提示”，该提示会停留 2 秒钟，然后消失。

在星空图的界面里可以进行以下快捷操作：

①按“/”键，切换股盘图、速控星象图、涨盘星象图的画面。

- 股盘图（流通盘[百万] - 散户数[百]）。
- 涨盘图(流通股[百万] - 涨幅[%])。
- 集速图(控盘度[手] - 集速[%])。

②按〖 * 〗键切换价盘星空图、散户星空图的画面。

- 散户星空图(流通股[百万] - 持股数[手])。
- 价盘星空图(流通股[百万] - 股价[元])。

注：以上括号内的是指横 - 纵轴的坐标内容，如散户星空图中横轴为流通股，纵轴为持股数。

③按〖Enter〗键以散户数指标的个股（动态）K 线状态，再按〖Enter（或 Esc）〗返回。

④按〖Alt + H〗浏览帮助。

⑤按〖F7〗进行财务筛选。

⑥F8：针对于 1 日集速图、5 日集速图、20 日集速图、60 日集速图之间的切换。

注：该步操作只有在当前为集速图的情况下才有效。

⑦点击鼠标右键，可以进行股盘图、散户星空图、集速图、价盘星空图、涨盘图等的切换。在查看星象图的坐标时，它的 X 轴和 Y

轴的名称所表示的内容即确定了点在坐标平面的位置，其中括号里面的是单位。如股盘图，X 轴是流通股，Y 轴是散户数，在图形的下方有包括证券名称、总股本、流通股本、流通市值、股价、涨幅、每股收益、市盈率等相关内容，只要将坐标停留在某一点上，就能查看相关内容。您可以根据自己的分析得出相关的结论。

每幅图上一般都会有四种颜色的点，绿色表示当前正在下跌的股票，红色则代表上涨，白色表示当前停牌的股票，黄色代表已看过的股票。

⑧功能键：

- 〖PageUp〗：以坐标中心为基准，横坐标的前一只（左）股票。
- 〖PageDown〗：以坐标中心为基准，横坐标的后一只（右）股票。
- 〖Home〗：画面中最左的一只股票。
- 〖End〗：画面中最右的一只股票。
- 〖+〗：以坐标为中心放大画面。
- 〖－〗：以坐标为中心缩小画面。
- 〖←〗〖↑〗〖→〗〖↓〗：移动光标。

⑨如果想看某一只股票在星空图的位置，只需敲击股票代码按回车即可，双击该股票的星空坐标可进入个股散户线指标的分析图，按〖Esc〗返回。

⑩无论在何种星空图下，只要选中某只股票，点“·”键，就能在界面的左上角看到个股点评。再按“·”键，进入综合评价。

散户星空图的基本界面如图 6－34 所示。

图中横坐标是流通盘、纵坐标是人均持股数。例如：键入

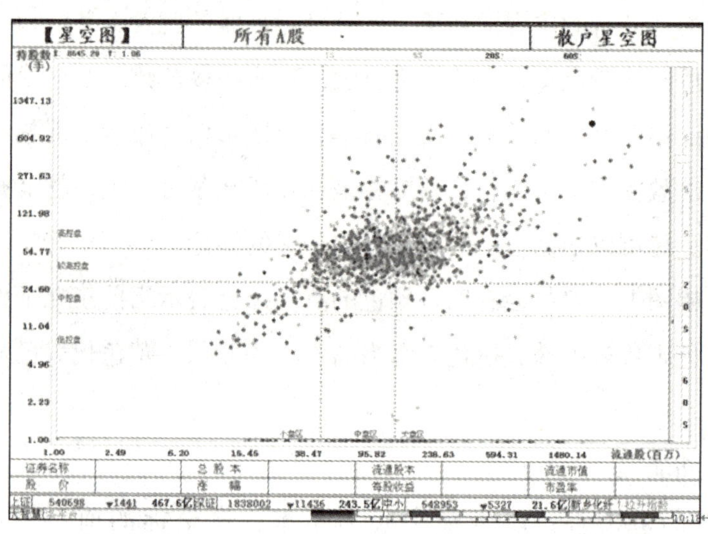

图 6－34　散户星空图界面

600713（南京医药）回车，就会看到该股横坐标是 198.07，表示该股流通盘是 19807 万股，纵坐标 80.31，表示人均持股 8031 股。

在该图界面下，可以看到，有两条黄线将图纵向分为三个区域，这三个区域从左至右依次是小盘股、中盘股和大盘股；又由三条不同颜色的横线将界面由上到下分为四个区域，依次是高控盘区、较高控盘区、中控盘区和低控盘区。

在此图的右侧，您可以见到 1S、5S、20S、60S 的字样，分别代表了 1 日、5 日、20 日、60 日的集速，每只股票对应的集速就在此反映。每格集速显示栏分为 10 等分，绿色为跌，负值，代表散户数增加，筹码分散；红色为涨，正值，代表散户数减少，筹码增加。如果值在 0 ~ 10（以百分比为单位）之间则显示栏中的红（或绿）色就以 10 等分的比例显示（如 60S = －5，则绿色在框中占一半大小），如果值大于 10，则显示栏的颜色为满格。这样可以比较直观地观测个股的涨跌情况。

①在分区中，可以清晰地看到处于不同控盘区的股票情况，在流通盘一定的情况下，持股数越高，说明筹码更多被少数人（通常为主力）所掌握而集中；集中速率如果也上升，说明资金进场的速度加快，应该关注；持股数越低，说明筹码越分散；集中速率下降，说明资金离场的速度加快，应该警惕主力出货。

②高控盘区的持股数往往很高，筹码集中形成高度控盘，但太高则要注意风险，警惕主力变现。但也有反例：比如一些机构长线看好某只股票的长期价值，虽然该股票的当前表现不佳，但仍然被各大基金持有。

③低控盘区持股数较低，筹码分散，散户性主导行情，除非主力进场放量，否则离上涨的周期往往很长；值得注意的是：由于长期超跌，也会导致偶尔反弹行情。

③ 对于中度控盘区域可以多加关注，这时主力通常控制一定流通筹码，持股数也比较高，应当密切注意集中速率的变化，主力具备发动行情启动的能力，往往是孕育黑马的区域。

④散户星空图的区分标准：

- 高控盘区：持股数大于 60 手。
- 较高控盘区：30≤持股数 <60。
- 中控盘区：15≤持股数 <30。
- 低控盘区：持股数 <15。
- 小盘股：流通 A 股 <5 000 万股。
- 中盘股：5 000 万股≤流通 A 股 <15 000 万股。
- 大盘股：流通 A 股≥15 000 万股。

集中速率的基本界面如图 6 – 35 所示。

集中速率主要反映散户数上升和下降的幅度：

①通常情况下集中速率越高，散户数下降越快，资金入场越快；

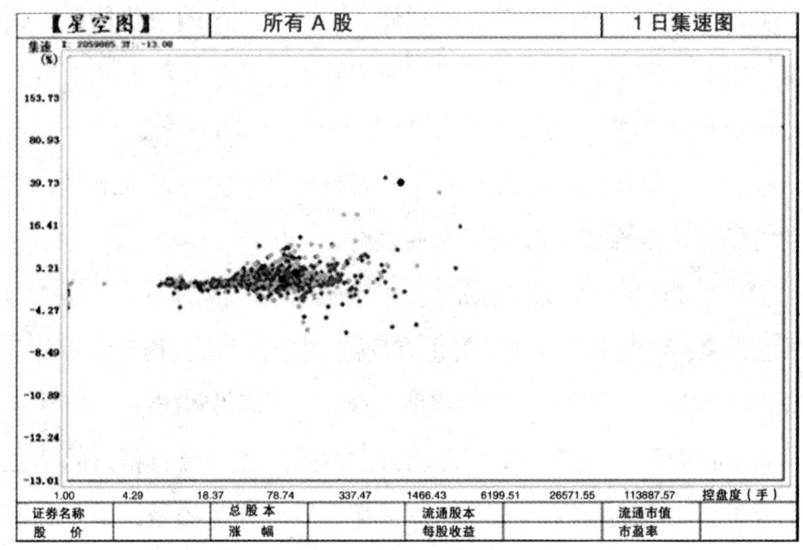

图 6－35　集中速率界面

但也要注意这样一些特殊情况，有些股票主力一直进入其中，股价已经拉高几个台阶，这时集中速率一直居高不下。

②集中速率越低，散户数上升越快，资金离场越快；其中 1S 表示 1 天集中速率；5S 表示 5 天的集中速率，依次类推，不同数值表示不同天数的集中速率。

价盘星空图的基本界面如图 6－36 所示。

①横坐标 X 轴对应流通盘，指股票的流通盘的大小；纵坐标 Y 轴对应股价，代表不同股票价位。

②从图中可以看出中国股市和股价关系最为密切的基本面因素就是流通股本。

③其中黄颜色曲线代表市场平均流通市值，上方白色曲线代表 1.5 倍市场平均流通市值，下方白色曲线代表 0.5 倍市场平均流通市值。

④按 PageDown 或 PageUp，移动光标键可以查看股票的集中速率

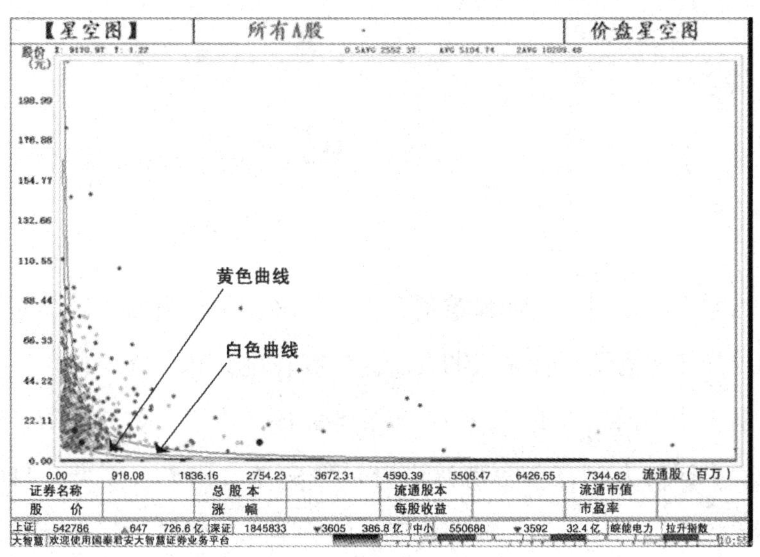

图6－36　价盘星空图界面

研判。

• 从图中我们可以看到流通盘越小，股价往往很高；流通盘越大，股价相应要低。这是中国股市目前的规律和现状。

• 最上方区域股价涨幅很高，特别是一些股票价格一直居高，很多时候由于机构长期介入其中，高控盘使得价值发生偏离，形成“黑洞”股票，投资者应当注意其变现的压力。但有些真正具有投资价值的股票除外。

• 最下方的股票价格低，应区别对待，对于有实质性重组的潜力的，可以多加留意，对于具有内在的原因，如ST股，或基本面、财务状况持续恶化的股票则要谨慎。所以风险与机会共存。

• 对于流通盘适中，中低价位的股票，在图中处于左下方的个股，未来有价格上升空间，加上市场上资本运作的便利，往往是牛股产生的温床。

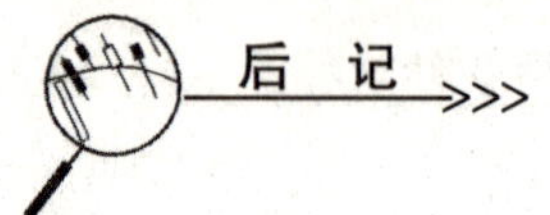

后　记

当本书结稿时，我如释重负，经历了多少个日夜的忙碌、多少次同行的交流，为了尽快完成朋友所托，我食之无味，终于，在一个冬日的阳光明媚的周末下午，独自寂静地完成了本书。窗外，阳光即将逝去，小区的人们在不舍地沐浴着短暂的冬日阳光，笑声、叫声弥漫。我的心情无比舒畅，能够将自己的所学、所爱结合起来奉献给广大的读者朋友，内心的满足难以言表。太阳余光的温暖在慢慢散去，而我的心里有轮正午的太阳。

不是每一个人都会在证券行业里奔波，也不是每个人都有职责必须接触基金、券商行业里的专业人士。但是，当证券投资理财日益成为主流，它与人们的生活走得越来越近，关注和了解股票，研究分析各类主力操作股票的策略和手法，这些成为无数百姓的兴趣。

读者朋友，当您潜心翻阅本书，洞悉了股市的种种内幕，领悟了主力行为的真谛，是否感觉更加明亮透彻！根据当前的国情，股市有些弊端的消除还需要一段时间，然而深入了解后，您会知道该如何在这段时间里更好地保护自己，为国家的证券行业健康发展贡献自己的微薄之力。

股市变化莫测，主力财智双全、精英汇集且成长飞速，要紧紧握住时代脉搏，走在时代前端，还需不懈努力！相信在广大读者朋友的支持下，我也会不断前进，争取写出更好的作品奉献给读者朋友！